橋本俊和・橋本智子

モラル・ハラスメント

こころのDVを乗り越える

緑風出版

~目 次~

モラル・ハラスメント
　こころのDVを乗り越える

第1部
モラル・ハラスメントって、なんですか？

9

1章 結婚生活が辛い。　　　　　　　　　　　　　10

夫は私を殴ることはないし、優しいときもあるのですが、なにかにつけて私を傷つけるような言葉や態度をくり返します。いきなり怒り出して、私にひどい罵声を浴びせたり、何日も何日も無視し続けたりもします。それが、いつどんなきっかけで起こるのかがわからなくて、恐いのです。

2章 妻の暴言や暴力がひどい。　　　　　　　　　17

いつどんなことでキレるかわからない妻。しかもひとたびキレたら手がつけられません。特に言葉が本当にひどくて、私の全てを否定してくるので、ものすごく落ち込みます。これもDVだと思うのですが……。

3章 誰も信じてくれません。　　　　　　　　　　20

夫は誰の目にも穏やかで優しそうな人です。ご近所やママ友の間では「愛妻家の素敵なご主人」「子煩悩なパパ」で通っています。でも、一歩うちの中に入ると……。

4章 具体的には、こんな感じです。　　　　　　　24

人に説明するのはとても難しいですし、こうしてひとつひとつ取り上げてみると、どこの夫婦にもあることとも思えるのですが……。

コラム　家庭の外でも　　　　　　　　　　　　　　62

5章 優しいときもあるんです。　　　　　　　　　65

夫は四六時中、私をいじめているわけではありません。機嫌がいいと、とても優しいのです。ただ、いつどんなきっかけで豹変するのかわからないのですが……

6章 心も体も、なんだかおかしくなってしまったみたい。　70

私は、やはりモラル・ハラスメントを受けているのでしょうか？　誰かに、診断してもらえないのでしょうか？

7章 子どもどころじゃないんです。　　　　　　　77

夫の要求に振り回され、その世話と家事にいっぱいいっぱいの毎日で、子どもにかまっていられないのです。そんな私の顔色を、子どもがうかがうようにもなりました。その一方で、幼稚園ではお友達をいじめるような言動があるようです。

8章 私の大切な人が被害にあっています。私にできることは何ですか？　82

親やきょうだい、友人の立場で、被害者のために、どんなことができる

でしょうか？ そのときに、何か注意しなければならないことはありますか？

第2部
「気づく」ことの意味

9章　逃げる決心が、できません。　　　88

たしかにこの生活はほんとうに辛いのですが、これからの生活のこと、子どものこと……、いろいろ考えると、やっぱりここにいるしかないと思うのです。

コラム　私たちも、しっかりがんばっています。　　　98

10章　別れる以外に、本当にどうしようもないのでしょうか？　　　103

夫がモラル・ハラスメントをやめさえすれば、一緒に暮らせるのです。カウンセリングなどを受けてもらうことで、何とかならないのでしょうか？

11章　単なる亭主関白か、超未熟夫か、とも思うのですが……　　　109

夫が少々横暴だったり、母親的な役割を妻に求めたりすることって、普通にありますよね。それと、モラル・ハラスメントって、どう違うんでしょうか？

コラム　子どもが生まれたら、彼は変わってくれるかもしれない？!　　　115

12章　私のほうこそ加害者なのかも……　　　116

夫はいつでも、どんなことでも私が悪いと責めるので、本当にそうなのかもという思いが消えません。実際に、夫と対峙していると私は感情のコントロールがきかなくなってしまい、訳のわからないことをわめき散らしたり、それこそひどい暴言を吐いてしまうこともあります。

13章　夫に親権を取られないか、不安で踏み切れない。　　　119

夫は、離婚してもいいが子どもは絶対に置いていけと言います。本当に子どもを夫に取られてしまうのではないかと怖くて、身動きが取れません。

第3部
別れることを決めたら

14章 夫にどうやって、離婚の意思を伝えたらいいのでしょうか。 126

夫は私が離婚の話をしても、おそらく聞く耳を持ってくれませんし、私ももう夫のことが怖いので、話し合いなどできそうにありません。

15章 家を出るときに、私から「離婚したい」と言ってはまずいのですか？ 129

先に離婚を言い出したほうが不利になるということをよく聞きます。かといって、黙って家を出て行ったら後々もっと不利にならないか、心配です。

コラム 一億円の手切金？ 135

16章 夫は、別れるなら自殺するとまで言うのです。怖くて家を出られません。 137

離婚したいと伝えたら、夫は、金は一銭も渡さない、それでおまえが生きていけるわけがないなどと脅し、それでも私の意思が揺るがないと「俺が悪かった、別れないでくれ」と涙ながらに土下座したり、果ては自殺までほのめかします。本当に自殺されたらと思うと、怖いです。

17章 家を出た後、夫が私と子どもに近寄れないようにしたい。 144

夫は絶対に、私たちを連れ戻そうと、しつこく追いかけてくると思います。DV防止法でそれを防ぐことはできますか？ それ以前に、絶対に夫に居場所を知られないようにする方法はありませんか？

18章 「昼逃げ」の準備をしています。家具や通帳、持ち出しても大丈夫？ 152

家を出る決意ができました。今こっそり引越の準備をしているところですが、今後の生活を考えてできるだけ出費を抑えたいので、家にある家具や家電などで必要なものは持って出たいです。通帳やカード類ももちろん、私が持っていたいです。

19章 ほとんど着の身着のまま出てきました。荷物を取りに帰りたい。 158

当初は一時的な避難のつもりで家を出たのですが、落ち着いて考えることができ、もう二度と家には戻らない決意ができました。夫は絶対に引き止めにかかると思うので、家にある私たちの荷物は、夫のいない間に持ち出してしまいたいのですが……。

20章 弁護士は、どうやって探したらいいですか？ 160

弁護士はどうやって選んだらいいのか、どういう弁護士がいい弁護士なのか、どういうところに注意したらいいのか、何もわかりません。

コラム 弁護士でない、離婚問題の「専門家」を名乗る人たち 164

21章　弁護士費用は、どれくらいかかるのでしょうか？　166
弁護士費用はとても高いというイメージがあります。私にはとても払えそうにないですが、弁護士に依頼することはできないのでしょうか？

第4部
離婚への道案内
171

22章　調停や裁判は不安。話し合いで解決したい。　172
調停委員の言葉に傷ついたとか、全く聞く耳を持ってくれないとか、態度が威圧的で、言いたいことも言えないとか、調停についていい話を聞いたことがありません。裁判となると、もっと怖じ気づいてしまいます。普通の話し合いで何とかならないものかと思うのですが……。

23章　私が全ての権利を放棄すれば、離婚してくれると言います。　182
「慰謝料も、財産分与も、養育費も、何もかも放棄すると一筆書け。そうしたら離婚してもいい。親権もやる」と言われました。どうしたらいいでしょうか？

24章　養育費は必ず取れる？　190
夫は、離婚してもいい、親権もおまえにやるが、養育費は一切払わないと言って譲りません。養育費を全くもらえないのは、やはり不安なのですが……。

25章　モラル・ハラスメントで、離婚できますか？　196
夫の言動にさんざん傷つき、辛い思いをしましたが、誰に話してもわかってもらえませんでした。まして、裁判官に理解してもらえるとは思えません。それでも、裁判をすれば離婚できるのですか？

コラム　美元さんの言い分　202

26章　裁判で離婚できなかったら、どうなるの？　205
もしも裁判で、「離婚を認めない」という判決が出たら、私は、夫の元に戻って結婚生活を続けなければいけないのですか？

コラム　それでも私は別れたい　208

27章　依頼している弁護士が、なんだか信頼できない。　212
モラハラ離婚は得意という宣伝文句を信用して依頼したのですが、疑問になってきました。なかなか連絡も取れないし、あまり説明もしてくれないし、質問もしづらくて、私の離婚問題が今どうなってるのかも、よくわかりません。

28章　調停は引き延ばされ、でも生活費はもらえない。 217

夫は調停をひっかき回し、話を混乱させ、時にはドタキャンしたりで、全く話を先に進ませません。それなのに、「勝手に家を出て行ったんだから、おまえには生活費をもらう権利などない。戻ってきたらこれまでどおり食わしてやる」と言い張ります。

　　　コラム　ちょっとだけ立ち止まってみよう、熟年離婚　　222

29章　夫が子どもに会わせろとしつこい。でも絶対に会わせたくない。 223

夫は子どもをかわいがったことなんかないのに、私たちが出て行くや、子どもに会えなくて辛い、会わせてくれと繰り返します。せっかく逃げてきたのに、会わせたら元の木阿弥ではないですか？　養育費はなくてもいいから、会わせないようにすることはできないのでしょうか？

30章　どうしても、慰謝料を取りたい。 237

夫には同居中、ほんとうに苦しめられました。離婚にあたり、このことの償いだけは、きちんとさせなければ気が済みません。そうでないと、また理不尽に泣き寝入りするようで、同居中と同じことです。そしたらますます立ち直れなくなりそうです。

31章　私のほうが、慰謝料を請求されてしまいました。 240

私が夫に離婚と慰謝料を求めて調停を申し立てたら、夫は自分こそが被害者だと主張して、私に慰謝料を請求してきました。夫の言うことは嘘だらけですが、それを嘘だと証明できるものは何もありません。部分的には事実もあります。でも、私にもちゃんと言い分があるんです。

32章　預貯金、財形、へそくり、家、車……、私の取り分は？ 244

夫の名義の財産は、全て夫のものになってしまうのでしょうか？　これからの生活があるので、正当な取り分があるなら、きちんと取りたいです。

33章　好きな人がいます。 249

辛い中、心の支えになってくれた男性と、今、お互いまじめな気持ちで交際しています。夫は頑として離婚に応じてくれないので、裁判はこれからですが、やはり私は不利でしょうか？

　　　コラム　「300日問題」って、いったいなんなの？　　252

34章　（あとがきにかえて）離婚はできたけれど…… 255

やはり母子家庭の生活は楽ではなく、低賃金で働き通しの日々に心身ともに疲れています。いっそ死んでしまいたいと思うほど落ち込んだり、不意に元夫へ怒りがこみあげてきて、感情がコントロールできなくなったりすることもあって、精神的にもまだまだ辛いです。

　　参考文献一覧　　257
　　各弁護士会が運営する法律相談センター　　258

～第1部～
モラル・ハラスメントって、なんですか？

「先輩、ショートヘアが好きだったんだ……」
「ニキビなんて、なければな……」
　髪の長い若い女性が、鏡を見ながらこんなことをつぶやいて始まる、化粧品のコマーシャルがありました。その女性はその化粧品を使ってニキビをきれいに治し、すてきなショートヘアになって、晴れやかな笑顔でその好きな先輩の前に登場します。
　こんなふうに、ただ純粋に、きれいになりたい、少しでも、自分の好きな男性にとって好ましい自分でありたい。女性として、あたりまえの思いですね。
　しかし、ほんの少しおしゃれをするだけで彼（夫）が浮気を疑う。あからさまに不機嫌になる。嫌みを言い、何かにことよせて怒鳴る。それが怖くて、仕方なく、彼に疑われないような地味な格好しかできない。
　こうなると、全く話は違ってきます。
　それは、彼女が自由な意思で、自分の髪型や服装を選ぶことができていないからです。「彼が怖い」という理由で、です。
　この点で、冒頭のコマーシャルの女性の行動とは全く異質であることがわかります。
　彼が怖いから、彼の言うとおりにしかできない。
　もちろん、ことは服や髪だけに限った話ではありません。彼の何らかの言動が怖いから、それをされたらものすごく辛いから、自分の好きなようにできない。彼の言うとおりにするしかない。彼に対して自由にものが言えない。
　もしも、あなたがそのような状況にあったなら、ちょっと疑ってみましょう。あなたは今、彼から「暴力」を受けてはいませんか？

1章　結婚生活が辛い。

> 夫は私を殴ることはないし、優しいときもあるのですが、なにかにつけて私を傷つけるような言葉や態度をくり返します。いきなり怒り出して、私にひどい罵声を浴びせたり、何日も何日も無視し続けたりもします。それが、いつどんなきっかけで起こるのかがわからなくて、恐いのです。

「暴力」って、なんだろう

　夫はまじめに働いて家族を養ってくれる。浮気も借金もないし、殴られることもない。でも、よくわからないことでいきなり怒り出して、怒鳴り散らしたり、しばらく立ち直れなくなるようなひどいことを言ったり、何日も、ひどいときには何週間も何カ月もずっと私を無視し続けたり、私が用意した食事には全く手を触れないで、わざわざコンビニ弁当を買ってきて食べたり……。

　辛いですね。いつどんなことで、こんなふうに心をずたずたに傷つけられるかわからない。そんな生活では、家の中で心の休まることがないでしょう。
　夫の機嫌さえよければ家庭は平和なのだけれど、夫が機嫌を損ねると一変、家中の空気が凍りつくかのよう。あなたはそれが、ただ怖い。だから、なんとか夫の機嫌を損ねないように、いつもいつも夫の顔色をうかがっていなければいけなくて、夫の言うことには絶対に逆らえなくて、自分の意思や気分、体調なんか全く関係なく夫に尽くさなければならないのではないですか。そのうちに、夫が何も言わなくても、顔色や目線ひとつでその要求を察知して、先回りして動くようにもなったことでしょう。それでも、夫は何かしらあなたの落ち度を見つけ出しては、全身全力で怒りを顕わにし始めるのでしょうね。
　あなたの夫が、あなたの体に対して、殴ったり蹴ったりという暴行を加えることはない、ということはわかります。けれども彼は、ほかの方法で、あなたを痛めつけ、苦しめ、怖がらせているではありませんか。
　妻を殴ったり蹴ったりする夫は、何のためにそんなことをするのだと思いますか？
　彼に逆らうことを許さないためです。逆らえば殴られるという恐怖から妻が彼の言うことを何でも聞き、思いどおりに行動するようにしたいからです。

あなたは、彼が何かしら気に入らないことがあると怒鳴られる、言葉で心を傷つけられる。何日も何日も無視したり、せっかく用意した食事を目の前にしてわざわざコンビニ弁当を買ってきて食べるなんて、まさに「いじめ」そのものです。あなたの心を傷つける、ただそれだけのためにしていることが明らかです。こんなことされたら辛いでしょう。その悪意に触れるだけで、打ちのめされるでしょう。もう二度と、こんな辛い思いはしたくない。そんな気持ちから、彼に逆らうことはもちろん、彼の機嫌を損ねるようなどんな言動もしでかさないよう、毎日ビクビクしながらあなたは暮らさなければならない。
　これが、「暴力」です。
　あなたに「自分に逆らったら怖いぞ」と思わせて、自分の思いどおりに行動させる。気に入らないことは一切させない、言わせない。こうしてあなたを支配して自由を奪い、まるで操り人形のようにコントロールする理不尽な力のことを、「暴力」というのです。

「暴力」のさまざまな姿

　「ドメスティック・バイオレンス（DV）」というカタカナの言葉が生まれたことによって、家庭の中で振るわれる「暴力」の存在が明らかになりました。
　しかし残念なことに、この「DV」という言葉とともに植えつけられた「暴力」のイメージは、あくまでも、体に対する暴行、それも、血だらけ、あざだらけになるような強烈で執拗な暴行でした。あとはせいぜい、大声で怒鳴るなどのことが「言葉のDV」といった表現で語られることがある程度で、しかも体に対する暴行よりも明らかに「軽い」態様のDVという位置づけでした。「怒鳴られるだけだから、殴られるよりはまし」という意識は、誰よりも当の被害者自身が持っていたことでしょう。そう思いこむことで、自分の置かれた状況に耐えようとしていたのかもしれません。
　何よりも問題であったのは、この「暴力」というものの本当の狙いが、あるいはメカニズムが、きちんと解き明かされなかったことです。「暴力」の本当の狙い。それは相手を思いどおりに支配すること。相手にひどい苦痛を与えて恐怖させ、その恐怖から自分に逆らえないようにして、思いどおりに操ることです。
　そのための手段として、殴ったり蹴ったりして体を痛めつけることは、最も手っ取り早く、単純明快で簡単な方法です。

しかし殴るまでもなく、それ以外の方法であなたを思いどおり操れるなら、そういう方法をとったほうが彼も楽だし、得策でもあります。妻の体に暴行を加えるという行動は、遙か昔ならば「妻へのしつけ」だのなんだのという弁解が通用したかもしれませんが、今どきそうはいきませんからね。これはもともと、刑法の暴行罪や傷害罪で罰せられるべき犯罪行為です[注1]。加害者の立場からすれば、ヘタをすれば警察沙汰というリスクを伴います。でももしも、彼が殴るふりをするだけであなたがおとなしくなるなら、彼はそんなリスクを冒す必要はありません。何度か実際に殴っておいて、文字どおり身をもって痛みを知らしめた後ならば、そのふりだけでも充分に威力を発揮するでしょう。

　あるいは、怒鳴り散らしたり、やくざのような態度と口調で脅す。ことあるごとに別れをほのめかし、あるいは不意に離婚届を突きつけて、あなたの心を打ちのめす。あなたの全人格を否定するような、自分なんか生きる価値のない人間なんだと思わせるような、心を殺す凶器のような言葉をこれでもかと浴びせかけて罵倒する。あるいは何時間もねちねちと執拗に言葉でいたぶる。あなたはそれが怖いから、彼の思いどおりに動く。言葉による暴力です。殴る蹴るよりもずっと、痕跡が残りにくく、言い逃れしやすいものです。

　さらに目に見えにくいのが、無視。無視といっても、気分や機嫌によって、声をかけられても返事をするのがちょっと億劫で聞こえないふりをする程度のことは誰でもすることがあります。そんなあたりまえのレベルの話ではなく、あなたが全くそこに存在しないかのように振る舞い、あなたの存在をいわば完全に黙殺するという、本当に徹底した、そして邪悪とも表現すべき悪意に満ちた行為です。それを何日も、場合によっては何カ月も続けるのです。あまりにも幼稚で、傍目には滑稽ですらあるといえましょう。でも想像するまでもなく、それはすさまじい力で、被害者の心を完膚なきまでに叩きのめします。モラル・ハラスメントといえば必ずといっていいほど、この無視という精神的虐待が伴いますが、なんといってもこれが何よりも辛かったと、多くの被害者が苦しそうに述懐します。かつての被害者の1人は、その苦しみを、その当時加害者に送ったメールの中でこんな風に表現していました。

　「家にいて、家族みんなでいて、それなのに私だけがまるで幽霊のように存在してないような扱いを受ける絶望感が分かりますか？　子どもにだけ、私の姿が見えるような……」

「『この家にいてごめんなさい』という気持ちです」
　「あなたの視界に入ることにも罪悪感を感じます。邪魔ですよね……、すみません」。
　「そう言うと、『死ね！』とあなたは冷たく言い放ったけど、子どもに執着したり死ぬのが怖かったりで実行に移せないでいて……、ごめんなさい」
　「ごめんなさい。本当に私、今ヤバイです。死にたくないけど死にたいです」
　学校でのいじめを苦にして自殺した多くの子どもたちが、最も辛かったと書き残しているのも、この無視という虐待でした。こんな痛ましい例を引き合いに出すまでもなく、人は、人とのコミュニケーションの中で生きるもの。そこから、悪意をもって暴力的に排除される、その辛さは、誰しも理解しうるところと思います。
　しかも、いつどんな理由で彼がこんな行動に出るのか、予測できない。夫が怒っている原因がわからない。あるいは、一応思い当たるものはあるが、それがどうしてそれほどに彼を怒らせるのかがわからない。昨日はなんでもなかったのに、同じことが今日は彼を激高させる。なぜ？
　いくらあなたが懸命に尋ねても、彼は何の答えもくれません。
　あなたが彼と気持ちを通じ合わせようと言葉を尽くしても、彼はあなたの言葉をことごとく、どうしようもなく歪め、悪意に満ちた曲解をし、揚げ足を取り、話をすり替え、どこかからか何かしらあなたを非難する材料を持ち出してきては攻撃し……、あらゆる手段を駆使して、頑として話を噛み合わせません。彼にはどうやっても、どんなに誠実に言葉を尽くし、言葉を重ねても、言葉が通じない。同じ言語を話しているはずなのに。この苦しさ、この絶望感、無力感。一度でも経験すれば、誰しもその苦しみを痛感することでしょう。人間は、言葉によって他者と意思を通い合わせながら暮らすものです。誰でも、言葉は通じるものと考えています。時に言葉の行き違いや誤解はあっても、更に言葉を尽くすことによって解消できるものと、あたりまえに信じています。それが、どうにもこうにもできない。相手が、それを頑としてさせないのです。これも、コミュニケーションを利用した精神的暴力ということができます。
　もうひとつ、あなたを完膚なきまでに傷つけ、叩きのめす手っ取り早い手段が、性的暴力です。あなたの意思や体調など一顧だにすることなく、性交渉を強いる。屈辱的な性的サービスを強要する。とりわけあなたをさんざんに痛めつけ、徹底的にやりこめた後の性交渉はいわば、「暴力」の仕上げです。「とどめ」ともいえ

1章　結婚生活が辛い。　13

るでしょう。逆らう気力も残っていないあなたは、ただじっと耐えるしかありません。あるいは、更なる無視や罵倒という「制裁」を恐れる気持ちや、これに耐えさえすれば夫の機嫌がよくなる、明日からはひどいことを言われたり、されたりしなくなるという期待から耐える。喜んで応じているふりをすら、してみせるでしょう。最も表に現れにくい、「暴力」のひとつのかたちです。

　以上は主として、あなたの体や心を直接に痛めつけるという方法ですが、いわばその外堀を埋めて支配を強化する手段として、たとえば、あなたから経済力を奪うという「暴力」のかたちもあります。十分な生活費を渡さない、働くことを許さない、そして、独身時代の蓄えを食いつぶさせる。あるいは反対に、夜昼なく働かせて搾取する。お金がなければ、あなたはそこから逃げたくても、なかなか逃げられません。

　ならば実家や友人を頼る？　そんなことも見越して、彼は普段から、こんな手を打ってはいませんか？　たとえば、何のかんのと理屈をつけて、あなたと実家や友人とをあまり行き来させない。はっきりそれをやめろとは言わなくても、折々両親や友人を悪く言い、その人たちがどれだけ彼を不愉快にさせているかというようなメッセージを送り続けることで、その人たちと連絡を取り合うことすらためらわれる心境にあなたを追い込む。あなたが友達と出かけると言えば、彼はそのときには「行っておいで」と普通に送り出すけれど、帰宅すると露骨に不機嫌な態度で待ちかまえている。あるいは、外出先のあなたに頻繁にメールや電話をし、「今どこにいる？」「今何してる？」「いつ帰る？」などとくり返し確認する。

　こんなことばかりされていては、あなたは実家や友人などにも不必要に気を遣わせ、申し訳ないという気持ちでいたたまれなくなるでしょう。そんな遠慮や罪悪感から、あなた自ら友人などとのつきあいを控えるようにもなるでしょう。まして彼があなたの携帯電話の履歴やパソコンのメールを逐一チェックしていれば、あなたは友人などにメールで愚痴ひとつ言うことはおろか、連絡すらしにくいですよね。

　こんなふうにしてあなたを、あなたの周囲の人たちと疎遠にさせ、孤立させることは、社会的暴力ということができます。あなたが家庭の外に援助を求めることがないように、外からの援助の手があなたに届かないように。

　こんなふうに、「暴力」は、さまざまな姿をしています。殴る蹴るだけではありません。

あなたを怖がらせ、自由を奪い、支配するために有効な、あらゆる理不尽な言動が、「暴力」なのです。

DV防止法においても、「暴力」とは、「身体に対する暴力（身体に対する不法な攻撃であって生命又は身体に危害を及ぼすもの…（略）…）<u>又はこれに準ずる心身に有害な影響を及ぼす言動</u>」と定義されています。法律も、「暴力」のなんたるかを正しく理解し、「暴力」とはこういうものだと宣言しているのです。

その中でも特にわかりにくい、見えにくく、痕跡も残りにくいかたちで振るわれる「暴力」に与えられたひとつの名前が、「モラル・ハラスメント」[注2]です。

「モラル・ハラスメント」という言葉

「モラル・ハラスメント」という言葉を初めて聞いたとき、「ああ、またナントカ・ハラスメントか……」と、なんともうんざりした気分になった方も少なくないのではないでしょうか。

しかし、すでに日本でも定着した「セクシャル・ハラスメント」にしても、「パワー・ハラスメント」や「アカデミック・ハラスメント」[注3]にしても、そして昨今は「スモーク（喫煙）・ハラスメント」「マタニティ・ハラスメント（妊産婦に対する職場における嫌がらせ）」などという造語まで登場しているようですが、いずれも言葉自体は新しいけれども、その意味するところは古今東西、存在する事態であり、問題です。それを苦痛と感じる人たち（本書ではあえて「被害者」といいます。それに対する意味で、ハラスメントをする側の人を「加害者」といいます）は、その問題性を漠然とは認識しながらも、これを表現する言葉を持ちませんでした。そこに名前が与えられたことによって、初めて、被害者はその苦痛を表現することができるようになり、その事態の存在が広く認知され、問題視されるようになりました。

「モラル・ハラスメント」も全く同じ。上に述べたようなことは、夫婦やカップルの間で、昔から、洋の東西を問わず振るわれ続けてきた「暴力」です。まさに「ドメスティック・バイオレンス」がそうであったように、もともと存在する事態に、言葉（名前）が与えられたことによって、その存在が明確に認知され、問題性が明らかになったにすぎません。

何よりも重要なことは、この言葉によって、当の被害者自身が、それが「暴力」であることに気づくことができた、ということです。自分の感じている苦痛

は、自分が弱くてだらしないせいではない、結婚生活で当然に我慢すべきことでもない、どんなカップルにもあることではない、それは、相手が自分を傷つけ支配する意図を持って振るう「暴力」であったということ、それは理不尽なものであること、そこから逃げてもいいのだということ。このことに、「気づく」ことが、その苦しみから解放され、乗り越えるための、大きな、決定的な第一歩です。

「暴力」は、自由を奪います。あなたは、自由を取り戻していいのです。

私たちはそのための一助となりたいと、心から願っています。

【注1】　DV防止法（配偶者からの暴力の防止及び被害者の保護に関する法律）が2001年に制定されましたが、これは概要、被害者が加害者から逃げ、安全に暮らすための諸制度を定める法律です（17章で少し詳しくご説明します）。この点、同法によって初めて法律で夫婦間の暴力が犯罪であると規定された、というような誤解もあるようですが、決してそうではありません。他人を殴ってけがさせたら犯罪、これは誰しも疑わないあたりまえのことですが、これと同じことを妻にしたら犯罪でない（同法以前はそうでなかった）、などというバカな話はありませんよね。相手が妻であれ他人であれ、人の身体に対して暴行を加えることは、傷害罪や暴行罪を構成する行為です。これはもともと、刑法犯なのです。ただ、警察など司法機関の無理解、その背景にある社会全体の「暴力」に対する誤った認識など、いろいろな事情から、多くのDV加害者が処罰を免れてきたという現実はありました。また、刑法が家庭の中に介入するのは慎重に、かつ控えめにしなければならないという一般的な原理原則のようなものもあります。しかしこうしたことをもって、夫婦間の暴力が犯罪ではなかったということでは全くありません。この点は、どうか誤解のないようにしていただきたいと思います。以上のことは、DV防止法の前文においても「配偶者からの暴力は、犯罪となる行為をも含む重大な人権侵害であるにもかかわらず、被害者の救済が必ずしも十分に行われてこなかった。（傍点筆者）」との表現でもって、正しく宣言されています。

【注2】　マリー＝フランス　イルゴイエンヌ著、高野優訳『モラル・ハラスメント―人を傷つけずにはいられない』紀伊國屋書店、1999年

【注3】　パワー・ハラスメントとは、主として職場において、上位の人間がその地位を利用して下位の者に対して行う種々の嫌がらせを、アカデミック・ハラスメントとは、そうした嫌がらせが大学などの教育・研究機関を舞台に、教授等の指導者側から学生や研究生などに対して行われる場合を、それぞれ指す造語です。いずれも、平たい日本語に直せば「いじめ」といっていいでしょうし、モラル・ハラスメントという概念に含まれるものと考えていいと思います。ただ表現として、前者は「パワー」つまり権力を背景に持ち、それを利用するという点に、後者はその舞台が大学等にある（したがって、その場に特有の「いじめ」があるということ、たとえば不当に単位を与えないなど）という点に、それぞれ着目したものと理解することができます。職場等におけるハラスメントについては、65ページのコラムで改めて触れます。

2章　妻の暴言や暴力がひどい。

いつどんなことでキレるかわからない妻。しかもひとたびキレたら手がつけられません。特に言葉が本当にひどくて、私の全てを否定してくるので、ものすごく落ち込みます。これもDVだと思うのですが……。

女性から男性への「暴力」

「暴力」とは、1章で説明したとおり、手段方法は何であれ相手の心身を痛めつけ、恐怖を与えることによって、相手を支配しコントロールすることですから、当然ながらそれは男性の専売特許ではありません。「いじめ」や「ストーカー」、職場等における「パワー・ハラスメント」などもまさに精神的暴力そのものですが、それらの加害者が男女を問わないように、妻も夫に対して「暴力」を振るうことはできます。家庭においても、男性の被害者は決してまれではありません。

何が原因だかよくわからないのに妻がいきなりキレて怒鳴り散らし、手当たり次第に物を投げつけたり、何度も何度も夫を叩いたり蹴ったりする。もちろん、それで夫が大きなけがをしたり、命の危険を感じるようなことはないでしょう。でもいつどんなことで妻の怒りの"スイッチ"が入るのかがわからない。その"スイッチ"が入ると妻は、完膚なきまでに夫の人格を叩きのめす、容赦ない罵詈雑言を浴びせかけたり、長期間にわたって徹底的に無視し続けたり、夫の食事だけを作らない、洗濯物も夫の分だけわざわざ取り除けて洗わないまま放置するなどなど、あらゆる「いじめ」をする。こんな状況では、夫は何をするにも妻の顔色をうかがわざるをえない心理状態に追い込まれます。まさに1章でご説明した、「暴力」そのものです。

しかし、やはり現実には、圧倒的多数を占めるのは男性加害者、女性被害者という構図です。なぜでしょうか。

「怖い」そして「逃げられない」から支配できる

これまでのお話からおわかりいただけると思いますが、相手に「怖い」と思わせることが「暴力」のいわば核です。そして、肉体的・体力的に優位にある者は、たとえ現実にその力を行使しなくても、いつそれを行使されるかわからない、と

いう恐怖を相手に抱かせることができます。たとえば罵声ひとつとっても、身体が大きく腕力が勝る人に浴びせられれば、怖いに決まっていますね。その背景には、肉体的・物理的な威力があるからです。他方、女性がいくらヒステリーを起こしてわめいても、暴れても、男性からすれば「うっとうしいなあ」「面倒だなあ」と思いこそすれ、それ自体を恐怖に感じるものではないでしょう（もちろん、それがことあるごとに、しかも予測することのできない理由でくり返されれば、恐怖にもなるわけですが）。

　それから、経済的な力です。この社会はまだまだ、男性が働いて生計を維持することを前提に成り立っているといえます。年金制度も税制も、女性の「扶養の範囲内」という働き方を後押ししています。多くの企業において、女性が男性と同じように働いても同じ賃金はもらえないという制度や運用が現実に存在します。この社会で、女性が、それも小さな子どもを抱える場合はなおのこと、経済的に自立することはとても困難です。

　だからこそ「暴力」を振るう夫たちは、「誰に食わしてもらってると思ってるんだ」などという言葉でもって、容易に妻の口を封じることができます。「お前みたいに、主婦業すらまともにできない女がどうやって1人で子どもを育てていけるというんだ」という「脅し」も効きます。いや脅すまでもなく、妻自身が、経済的な不安が先に立って、逃げようにも逃げることができません。夫はこうして、妻をその支配下にしばりつけておくことができます。

　このように、夫が働いて生計を維持するという家庭においては、いくら「強い」妻ががんばっても、その夫を経済的に苦しめたり、社会的に孤立させるというかたちで支配することは非常に困難です。お金も仕事もあれば、逃げようと思ったときに、経済的な不安から思いとどまることはありません。なにより、働く夫には、家庭の外の世界との強い関わりがあります。それだけで、「自分の夫婦関係がどこかおかしい」ということに、被害者自身も、第三者も、気づくチャンスが豊富にあります。家庭の中でどんな罵声でもって全人格を否定されていても、社会の中にきちんと自分の居場所があり、活躍の場があれば、「大丈夫、自分はおかしくないのだ」「ダメな人間ではないのだ」と思い直す機会が常にいくつもありますから、心の健康を大きく損なわずに済みます。完全に自信も自尊感情も失い、自己否定感と無力感にばかりとらわれ、そこから動けないということにならないための、これは重要な要因です。もちろん女性被害者についても全く同様の

ことがいえ、だからこそ妻に働くことを許さず家庭の中に閉じこめる男性加害者が少なくないわけですが、女性が男性にそれと同じことをするのは、通常は困難です。こうした生来的な性差と社会的な背景が、圧倒的大多数のケースにおいて、男性加害者と女性被害者という関係を作っているように思います。

そういうわけで、本書では、原則として加害者は男性（夫）、被害者は女性（妻）という前提でお話しします。

これは決して、男性被害者の存在を無視するものでも軽視するものでもないですし、男女を入れ替えて読んでいただいても支障ないところがほとんどです。あくまでも、数の上で圧倒的大多数を占めるのが女性被害者であり、本書でお話しするような助言や知識を必要とする度合いも女性のほうが遥かに大きいという現実を前提に、記述の便宜上、そのようにしているにすぎないのだとご理解ください。

男性にとっても厄介なジェンダーバイアス

このような現実ゆえにまた、この社会は男性にとっても生きにくい面があるのではないでしょうか。ステレオタイプな「男らしさ」から外れる個性や言動は、芸能界など特殊な世界ではともかく、一般的な社会の中ではまだまだ異端視されているのが現実でしょう。

男が女から「DV」を受けることに対しても、「男のくせに、情けない」「みっともない」という見方をされやすいですし、親など頼りたい親族による理解を得ることも、女性の場合に比べて困難なことが多いようです。誰よりも被害者である男性自身が、「情けない」「恥ずかしい」といった意識を持ってしまいがちです。

そんなことから、男性被害者が誰にも相談できず、精神的に追い詰められていく例は少なくないように思います。

また、行政的なサポートの面においても、「ひとり親家庭」という言い方がされるようにはなったものの、まだまだその意識は「母子家庭」に多く向けられているといえるでしょう。社会全体の意識としても、母子家庭の貧困が広く認識され、問題視される一方で、経済的に困窮する父子家庭の存在は、置き去りにされがちです。男性が妻の「暴力」から子どもを連れて逃げようとすれば、親権を取る過程においても、取った後の生活においても、女性の場合とはまた別の、数々の困難に直面することでしょう。

私たちは、そんな男性被害者の方々も、心から応援しています。

3章　誰も信じてくれません。

夫は誰の目にも穏やかで優しそうな人です。ご近所やママ友の間では「愛妻家の素敵なご主人」「子煩悩なパパ」で通っています。でも、一歩うちの中に入ると……。

ウチヅラとソトヅラの信じられない落差

　モラル・ハラスメント（DV）の加害者の多くは、家庭の外では実に実に「いい人」です。あなたが彼の家の中での言動を必死に訴えても、その暴力性そのものがただでさえ見えにくく、わかりにくいことに加えて、「まさかあの人が」と、なかなか信じてもらえないことでしょう。

　出勤しながらゴミを出し、休日にはベランダに洗濯物や布団を干し、妻の誕生日や結婚記念日には豪華な花束や大きなプレゼントの包みを抱えて帰ってくる。折々の家族旅行やディナーなどの家族サービス、友人家族などを招いてのホームパーティやバーベキューなどのつきあいも抜かりありません。幼稚園や学校の行事参加は欠かさず、ＰＴＡや課外活動にまで協力的だったりします。

　こんなふうに、実際に少なくない加害者は、「外」の人の目に向けて、家事も育児も、家族サービスも妻への愛情表現も完璧の、「素敵な旦那様」「子煩悩な優しいお父さん」を演じます。「奥さんの尻に敷かれた、気の優しいご主人」にすら、見えているかもしれません。あなたの心の中でも、その虚像を壊したくないという意識が働き、彼の演出どおりに「仲むつまじい、ちょっとかかあ天下な夫婦」「幸せな家庭」を、「外」に向けて演じてもしまうことでしょう。

　あなたがそこから逃げようとする段になっても、彼はあなたの両親や友人、支援者らを騙し、そうした人たちを利用して、あなたに彼の元に戻るよう説得させるために、そのソトヅラを最大限磨き上げたりもします。そう、まさに、あなたの前に最初に現れたときのように、このときとばかりに全身全霊で、「いい人」を演じることでしょう。

　思い出してみてください。他ならぬあなたご自身が、そのソトヅラに騙されたからこそ、その人を選んでしまったのではありませんか。

　彼の本当の姿が、家庭の外の人になかなか信じてもらえないのも仕方ありませ

ん。そういう割り切りを、心のどこかで持っていることは大切です。
　でも、今のあなたの苦しさは、誰かにわかってもらえるだけで、ずいぶんと楽になることでしょう。

「仲のいい夫婦」「幸せな家庭」

　そうはいっても、わかってくれる相手がそうそういるとも限りませんし、それ以前に、あなたの交友関係が加害者によって制限され、あるいは監視されていれば、人に愚痴を言うことすらままならないことでしょう。
　あなたの心のどこかにも、自分が家庭の中で夫から「暴力」を受けているということを認めたくない、人にも知られたくないという気持ちがあって、そのこともまた、あなたが「外」の人に全てを打ち明けることをためらわせるでしょう。
　加えて、上記のとおり、少なくない加害者が、折々あなたや子どもさんを旅行や食事に連れ出したり、ホームパーティを開くなど、「暴力」とは一見両立しないように見える「家族サービス」を積極的にやります。現実には、そうした「家族サービス」は全て、加害者の好みや欲求だけを押し通すものであったり、気乗りのしない妻子を無理に連れ出す（妻子からすれば、断れば彼が不機嫌になって、またどんな苦痛を与えられるかわからないから拒否できない）ものであったり、行った先でも不意に不機嫌になったり、ささいな口実を捉えて激高するなど、家の中と変わらず妻子を振り回すような言動の連続であったり、妻子に対して「俺はおまえたちにこれだけのことをしてやってる」「贅沢させてやってる」などと恩を着せるネタ作りであったりというように、要は支配の一環なのですが。
　しかしそんなことは、なかなか人に理解されることではなく、むしろ「そんなにご主人がいろいろしてくれるのに、文句を言うなんて、あなたのほうがどうかしている」というような非難すら受けかねません。もちろん、あなた自身の中にも、少なからずそういう意識があることでしょう。
　そんな状況で、いざ勇気を出して誰かに話してみても、その理解を得るには相当なエネルギーを要することはわかりきっています。
　離婚の調停や裁判になると、なお厄介です。加害者は、これまでの家族旅行などの写真や動画をどんどん出してきて、こんなに仲のいい家族だったんだ、自分はこんなに家族思いの夫であり、父親なのだという主張の裏付けにしようとします。あなたの主張する「暴力」などがもしも存在するのなら、こんなことはあり

えないと、正々堂々と主張します。

　というよりも加害者は本気で、あなたや子どもがこうした旅行などを楽しみ、自分に感謝していると信じて疑いません。他者の心情や立場などに思いを致すことが、彼らにはできません。写真など、そのときどきの瞬間を切り取っただけのものです。その家族のありよう全体を映し出すものにはなりえないはずですね。でも、そのときどきにおいては、実際にもあなたも子どもも、彼の機嫌を損ねないために楽しんでいるふりをし、彼をいい気分にさせるために、感謝の言葉をくり返し口にもしたことでしょう。

　これは加害者にとって、きわめて利用価値の高い事実であり、証拠であることはいうまでもありません。とりわけ子どもの入学式や卒業式などの節目では、あなたは子どもにとって大事な記念の日なのだからと、相当な無理をして笑顔を作り、家族写真に収まってもいることでしょう。その努力が、後の離婚裁判で被害者自身を苦しめるという皮肉が、現実にしょっちゅう起きています。

　加害者はこのように、妻子を支配する一方で、あるいは妻子を支配する一手段として、そして「外」の目から「暴力」を覆い隠すために、こうした「家族サービス」を積極的にします。加害者に経済力がある場合にはとくによく見られます。

見えにくい「暴力」

　加えて、彼の家庭の中での言動の暴力性それ自体が、非常にわかりにくく、見えにくく、他人には理解されにくいということがあります。

　DV加害者はみな多かれ少なかれ、知恵を絞って己の行為の暴力性を否認し、あるいは矮小化し、合理化・正当化を試みるものですが、その中でも、体に暴行を加えるという方法をとらないモラル・ハラスメント加害者は、語弊を恐れずにいえば知能犯です。そのひとつひとつの言動は、とてもささいなものと思えたり、誰でも、気分や機嫌次第でしてしまうようなものが少なくありません。される側の意識としても、ちくりちくりと痛みを感じるけれども、そこにあなたを傷つけ苦しめようという明確な意図が潜んでいることには、なかなか気づくことができません。

　話しかけられても、ちょっと億劫で聞こえないふりをしたり、生返事をしたりすることは、誰だってあるでしょう。機嫌が悪いときには、むっつり黙り込んだり、大仰なため息をついたり、ことさらに舌打ちをしたり、家族に嫌みや当てこ

すりを言うこともあるでしょう。口論のときには、ことさらに相手を傷つけるようなことを言ってしまったり、揚げ足をとったり自分に有利なように話をすり替えたり、怒りにまかせて相手に向けて物を投げたり、特に女性は力任せに相手を叩いてしまうこともあるかもしれません。

　こうした、誰でも時としてしてしまうちょっとした意地悪と、「暴力」との一線を画するのは、そこに、相手をとことん傷つけ、痛めつけ、ねじ伏せ、支配する意図があるかどうか、そしてそのことについて、「自分が（あるいは、自分も）悪かった」と本心から省みることができるかどうかです。

　けんかや気分の故にしてしまうことは、一過性のものです。一方、モラル・ハラスメント（DV）とは、被害者に対して継続的に、くり返し、大小の攻撃を加えて弱らせる、一貫した悪意に満ちた、意図的な言動です。両者はしたがって、全く異質です。加えて、加害者は、その言動の暴力性を認めることも、反省することもありません。彼らは本気で、家庭の中でそうした行為を自分がすることは、許されると思っているのです。

　加害者は常に、自分の行為について、正当化し合理化し、責任を回避あるいは転嫁する道をきちんと用意しています。容易に言い逃れができるようにしています。そして証拠が残るようなことは巧妙に避けます。証拠がないのをいいことに、あらゆる嘘と強弁、そして詭弁を弄する才能を持っています。

　彼の「暴力」は、実に巧妙です。

　次の章で、詳しく見ていきましょう。

4章　具体的には、こんな感じです。

人に説明するのはとても難しいですし、こうしてひとつひとつ取り上げてみると、どこの夫婦にもあることとも思えるのですが……。

多様、だけどマニュアル的という不思議

　人に話すと、あ然とされるようなことから、そんなのよくあることじゃない、ぜんぜん大したことないじゃないと言われるようなことまで、いろいろありすぎるほどあるのだけれど、それを日々され続けたあなたはもう、何がひどくて何がひどくないのか、よくわからないのではないでしょうか。

　モラル・ハラスメントは、第三者にはもちろん、それを受けている当の被害者にとっても、ほんとうにわかりにくい、とても巧妙で陰湿な「暴力」です。なのに、というべきでしょうか、加害者は、びっくりするほど同じような行動をし、同じような言葉を吐きます。それはもう、どこかにマニュアル本でもあるのではないかと思うほどです。

　もちろん、人それぞれに個性や得手不得手があるように、加害者によって、得意とする手口や趣味嗜好（？）にはいろいろなバリエーションがあります。

　たとえば、妻に自由になるお金を持つことを許さず、ぎりぎりの生活費しか渡さないという経済的暴力は、支配のためのきわめて有効な手段のひとつですが、必ずしも全ての加害者がその手口を使うわけではなく、家計は全部妻任せだったので経済的には特に辛いことはなかった、という被害者もいます。また、妻を外で働かせず、家庭の中に閉じこめて支配する加害者もいれば、妻を夜昼なく働かせ、搾取して支配する加害者もいます。怒鳴り散らして罵詈雑言を浴びせかけることが得意な加害者もいれば、ひたすら静かにねちねちと、これでもかと妻を貶め、傷つける言葉を駆使して執拗に責め立てるという加害者もいます。性交渉や性的サービスを強要することは、最も手っ取り早く心と体の両方を痛めつけ、屈辱と無力感を与える格好の手段ですが、これで完全に心が壊れたという被害者もいれば、加害者が性に関しては淡白だったのでこの点では助かったという方もいます。

4章では、私たちがこれまでに取り扱った事例を中心に、具体的な加害者の言動をできる限りたくさん挙げます。いわば、モラル・ハラスメントの手口のメニューです。加害者は、この中から、自分の得手不得手や好みに合わせて、あなたを傷つけ、痛めつける手段を取捨選択していると考えたらよいでしょう。
　もちろん、ここでその全てを網羅することは到底できません。モラル・ハラスメントを平たい日本語に置き換えるなら、「いじめ」というのが最もわかりやすいと思います。「いじめ」の手口に際限はないということは、よくおわかりいただけることと思います。とてもここで挙げきれるものではありませんが、以下では、モラル・ハラスメントに特有の、暴力性を認識しづらいものを中心にお話しします。

最初は、人もうらやむ素敵な彼
　あなたの目の前に登場する段階の彼は、明るく快活、優しく気遣いの細やかな、魅力いっぱいの理想的とも感じられる人であることでしょう。
　あるいは、少々そっけないけれど、女性をぐいぐい引っ張っていく「頼もしい男性」を演じる加害者もあるかもしれません。
　とはいえ、加害者のもともとの人間性が人間性ですから、後から思えば「あれ、ちょっとおかしいな」と感じる言動もちらほら出てはいるのですが、恋愛中は誰しも、片目をつぶって相手を見てしまうもの。加えて、彼の演技が超一流であることからなおのこと、少々の「あれ？」はことごとく見過ごしてしまいます。ちょっと口が悪い人だな、はっきりものを言う人だな、とか、ちょっと強引なところもあるな、くらいに受け止めてしまったと、多くの被害者が口を揃えます。
　不意に辛い過去を語るなどして、ことさらにあなたの同情を引くこともあるでしょう。そうして、「私がそばにいなければ、支えてあげなければ」とあなたに感じさせる。彼は、あの手この手であなたを取り込みます。
　いずれにしても、あなたにとって、とても魅力的な人であったことでしょう。あたりまえです、彼はあなたを手に入れるために、まさに全身で全力で、魅力的な結婚相手を演じているのですから。
　たとえば、独身時代、ダイビングを趣味として楽しんでいた女性がいました。彼女の元夫は、交際中、彼女の知らない間にダイビングのライセンスを取り、何かの記念日に一緒に潜りに行こうと誘い、その美しい海の中でプロポーズをした

そうです。こんな素敵なプロポーズ、騙されるなという方が無理というものですね。
　しかし彼は、結婚するや、彼女が休みの日にダイビングに誘うと、「あんな怖いこと、もう二度としない」と平然と言い放ちました。「釣った魚にえさをやらない」という言い方がありますが、ここまで徹底すると、もうみごとというほかありません。
　また別の加害者は、かなりの高収入であったことから、何カ月も前から予約してクリスマスイブにヘリコプターをチャーターし、ロマンティックな空中散歩のひとときを彼女にプレゼントしました。彼女の心は、これからの幸せな結婚生活への希望でいっぱいだったことでしょう。
　こんなふうにあなたを魅了する彼の目的は、いうまでもなくあなたを支配下に置くことです。彼は常に誰かを傷つけ、貶め、いじめていなければ、自分を保つことができません。そのターゲットに、あなたは選ばれたのです。

心をくり返しひっかく
　婚約、入籍、挙式、同居、妊娠、そして出産。カップルによってこれらの順番は若干前後することでしょうが、その過程のどこかで、いよいよ彼はあなたをじわじわと「いじめ」始めます。それは彼が、あなたを完全に手中に収めたと思った時です。換言すれば、あなたがもう後戻りはできないと感じ、疑問や不安を感じながらもこのまま彼と一緒にいることを間違いなく選択するであろうタイミングです。
　そのタイミングを捉えて、彼は急に笑顔も口数も少なくなったりします。ことあるごとに、大げさな、意味ありげなため息をついてみせたりもするでしょう。そして投げかける冷たい目線や、小さな、けれどもはっきりとした舌打ち。その態度や口調は、いつも何か言外の意味が込められているとあなたに感じさせます。ちくりちくりとした不快な言葉を——もしかしたらその不快感の正体は、小さいながらも苦痛や恐怖なのかもしれないけれど、あなたはまだそれに気づかないか、それを直視しないことに努めるでしょう——、生活のあらゆる場面で投げつけられます。
　あなたは、そこに悪意が込められているなんて、思いもしませんね。こんなに優しく聡明な彼に、これほど腹を立てさせたり呆れさせたりするようなことを、私はしでかしてしまったようだ。それはいったい何だろう、何がいけなかったん

だろう……、あれこれ考えてしまうけれど、特段思い当たるものがない。彼に尋ねても答えてくれない。返ってくるのは「そんなこともわからないのか」「なんてダメな奴だ」と言わんばかりの、冷たい目線とため息だけ……。

　モラル・ハラスメントの加害者はたいてい、こんなふうにして、あなたの心に対して「暴力」を振るい始めます。

　「私たちはふだん、お互いの意思を『言葉』によって表現し伝えあっていると思いこんでいますが、じつはコミュニケーションの7割以上が、声色を含むなんらかの『身体表現』によって伝えられているのだといわれます。つまり、身体表現をつかった暴力は、言葉以上に効果的な暴力になりうるというわけです。」(瀧田信之『それ、恋愛じゃなくてDVです』95ページ、2009年WAVE出版) という、実に的確な指摘があります。

　このころはまだ、ひとつひとつの痛みは、ちょっとひっかかれる程度のものであることが多いでしょう。ひっかかれる理由もわからないけれど、どうも自分が悪いようだし、たまたま彼の虫の居所も悪かったんだろうし、大した痛みでも傷でもないから、その都度その都度、気にしないようにしよう、忘れるようにしよう。心の健康な人ほど、そう考え黙ってやりすごそうとします。

　彼はまた、不意に、あなたのささいな失敗などを捉えて激高してみせることもあるかもしれません。それがどんなに小さなことであっても、それまで穏やかだった彼がこんなに怒るなんて、私はなんて悪いことをしてしまったんだろう、なんて至らなかったんだろうと、あなたは強い罪悪感を感じることでしょう。

　そのうち、夫婦としてしっかり話し合わなければならないことも出てきます。口論になることもあるでしょう。でも、いつも何となく言いくるめられてしまう感じで終わる。彼に伝えたいことが、きちんと伝わった感じがしない。彼が何を言いたいのかも、よくわからない。

　いつも、どうしても、会話が噛み合わない……。

不安にさせるという心理操作

　こうしてあなたは、いつもいつも、心にもやもやとした不安を抱えた状態に置かれます。自分の何かが悪いみたいだけどそれが何だかわからない。自分のこれこれこういう失敗が彼を怒らせたのはわかるけど、なぜそれがそこまでの激しい怒りにつながるのか理解できない。彼が何を考えているのかもよくわからない。

自分の思いもうまく伝わらない。

　それが、彼の狙いです。彼は意図して、そんな心理状態に陥るようにあなたをコントロールしています。

　彼は徐々に攻撃の手を強めます。

　たとえば彼は、何か大事そうなことを途中で言いかけて、意味ありげに途中で口をつぐむことがあります。その態度は、あたかも自分はものの道理や真理を全てわかっている、だがそれをあえて口にはしない、本当の意味で聡明な大人物なんだ、とでもいうような、強烈なアピールを含んでいます。こういうふうにして自分をなんだかすごい大人物のように見せかける術に、加害者は非常に長けています。その一方であなたは、よくわからないけれどまたひとつ責められているような、自分がものすごく劣った人間であるかのような気持ちにさせられもするでしょう。

　彼はまた、言葉で言うことと、言葉以外の方法で発するメッセージを矛盾させます。たとえば、口では「つわりで辛いなら寝てなよ」と言いながら、そのために食事の支度ができていなかったり、手抜きだったり、遅くなったりすれば、露骨に不機嫌になってみせ、全身で怒りをアピールし、無言のうちに「いついかなるときにも、家事の手抜きは許さない」という強烈なメッセージを発します。あなたはそれをそのまま受け取り、どんなに体が辛くても家事だけは手抜きせずにしなければならないという気持ちにさせられます。

　言葉によって伝えられるメッセージに、言語化されない別のメッセージが込められている（と感じられる）とき、人の自然な心理として、後者のメッセージこそ相手が本当に言いたいことなのだろうと受け取るものです。この食い違いが大きければ大きいほど、そしてこのように食い違うメッセージを含んだ言葉が多ければ多いほど、あなたは混乱し、不安やら罪悪感やらがどんどん積み重なっていくことでしょう。

　あるいは彼は、あなたへの何気ない（ふうを装った）言葉に、強烈な非難や悪意を込めます。たとえば、あなたが仕事で何か成功したり成果を挙げたりしたことを彼にうれしそうに報告すれば、彼は「そりゃ、家のことをこれだけ手抜きしてるんだから、せめて仕事でがんばってもらわなきゃな」というような、あなたの成功や成果はどこへやら、家事の手抜きを当てこするだけだったり、「そういうことは、あまり人には言わない方がいいよ」などという嫌みでもって、「そん

なくだらないことを自慢していると思われたらおまえが恥をかくぞ」と言わんばかりに、あなたの成功や成果それ自体を貶めたりします。そうして、「おまえなんか価値のない人間だ」というメッセージを次々と送りつけるのです。

　こんな悪意がたっぷり込められていようとも、彼の言葉は明確な非難や批判の形を持ちませんから、あなたは釈明や弁解すらままなりません。あなたがその悪意のメッセージをまともに受け取って何か言おうものなら、「何をムキになっているんだ、俺はそんなことは言ってないだろう」と冷笑されるのがオチでしょう。

　彼はまた、不意に別れを口にするかもしれません。挙式を目前にして、あるいは新婚早々に、あるいは出産を控えて、あなたはただ慌て、混乱し、そして深く傷つくことでしょう。結婚指輪を黙って外しておくような、これ見よがしの行動にも出るかもしれません。もちろん、彼は別れるつもりなんか全くありません。それどころか、後で詳しくお話しするように、絶対にあなたを離そうとはしません。ただあなたを傷つける、それだけの目的で、こうした行動をくり返すのです。

　もちろん、この程度のちょっとした意地悪な言葉や態度ひとつひとつを個別にとりあげてみれば、モラル・ハラスメント加害者の専売特許とは必ずしもいえないでしょう。誰しも気分や機嫌次第で、ついしてしまうことのあるものばかりです。でも、普通の人は、冷静になったとき、それを恥じたり、反省したり、何らかの形で相手にその意識と謝罪の気持ちを伝えるものです。

　加害者の場合には、それがありません。彼の目的は、あなたの心を傷つけ、自信を失わせ、健全な自尊感情を損なわせ、自己肯定感を奪うことです。語弊を恐れずに言うならば、彼はあなたに対して、明確で強固な悪意をもっています。

　だからまた、自分の言葉に少しでも真実みや説得力を持たせたいのでしょう、加害者は、ことさらに難しい言葉や専門用語を使って、抽象的な演説に近い議論や大上段に構えた話を好んでします。それは冷静な頭で聞けば、全くもって支離滅裂、矛盾だらけであったり、週刊誌などの受け売りそのままであったり。それを、「本来の意味などおかまいなしに会話のなかに専門用語をちりばめ、表面的な知識をふりかざしていかにも物知り顔に話す」（前掲『モラル・ハラスメント』174ページ）のです。それはそれは、自信に満ちた堂々たる態度です。

　あなたはその自信満々、正々堂々とした態度と話しぶりに呑まれてしまい、ああそうか、なるほどと思わされてしまいます。仮に、少しでも「なんか変だな」と思えたとしても、それを表に出そうものなら、またあの冷たい目線が、ため息

が、心を傷つける言葉が、投げかけられる……と思うと、それを恐れて何も言えません。あなたとしては、彼の言うことが何でも正しいのだと思ってしまった方が楽だから、そう思いこむようにもなるでしょう。

　彼がこうして、じわじわとあなたの心を蝕み始める過程を、「モラル・ハラスメント」の名付け親であるイルゴイエンヌ医師は、「不安に陥れる」と表現して、この歪んだ支配・被支配関係の、基盤作りと位置づけていると理解されます。

「彼の怒り」という恐怖

　そして、折に触れ彼が見せる、静かな、しかしすさまじい怒り。わざと聞きとりにくいように文句や罵り言葉らしきことを言ったり、露骨な表情や態度、ことさらに突き放したような冷たい口調などでもって、いかにも自分は怒っているのだということを、これでもかとアピールする。でもその理由が、わからない。

　ひどくなると、別室で何やらわめき散らしたり、大きな物音を立てたり、物をぶつけたり壊すなどの行動に出る例もしばしばあります（こういう人は、遠からず、そうした攻撃をあなたの体に向けてくる危険性が高いといえます）。

　そうかと思うと、突然無視される。あなたが何をどう言っても一言も口をきかず、まるであなたがそこに存在していないかのような暮らしが、何日も何週間も、ひどい例では年単位で続くのです。

　あなたは一生懸命、彼の怒りの理由を探すけれども、これというものは見あたらない。あれこれ推測して、謝ってみたり機嫌を取ってみたりしようとするけれど、彼の怒りはおさまらない。もともと普段から、こんなことが起きないようにものすごく気を遣って、細心の注意を払っているのに、それでも何かしら、彼を怒らせてしまう……、かといって、彼の怒りの理由を尋ねれば、「そんなこともわからないのか」「そんなことにも気づけないのか」と、それがわからないこと自体を責められたり、また軽蔑されそう……。

　何が悪いのかは言わなくたって分かるはずだ、だからあえて言わない、自分で考えろ。まさか、わからないなんてことないよな。彼が全身全力で示す怒りは、こんなメッセージをこれでもかと突きつけ、あなたを恐怖と罪悪感とで動けなくします。

　たとえあなたが勇気を振り絞り、自分の何がいけなかったのかと尋ねても、彼から返ってくるのは案の定、「そんなこともわからないのか」という侮蔑と冷笑

がたっぷり込められた目線とため息だけ。まともな答えなど返ってはきません。

　あたりまえです、彼が怒るのに、合理的な理由なんか、本当は何もないのですから。きちんと言えることが何もないから何も言わないだけ。だから、ほのめかすしかないのです。彼が時々、あなたにこうやって怒ってみせるのは、あなたは彼に何か悪いことをしたんだ、あるいは言ったんだ、あなたは知らず知らずそういう行動をしてしまうような人間なんだとあなたに思わせて、罪悪感や負い目を植えつけるためです。そうすることで徐々に徐々に、あなたの自信を揺るがし、健康だった自尊感情を蝕み、心を弱らせる。

　あるいは彼は、あらゆるささいな、そして理不尽な口実を捉えては怒ってみせます。あなたのちょっとした言葉遣いや態度に始まり、食事の内容や出し方、掃除の仕方、彼の親との電話応対、生活費の使い方などなど、日常生活で細かい文句をつけようと思えばそのネタは尽きません。怒りの理由を説明してほしいとあなたが求めれば、彼はいくらだって、それを作ることができます。ひとたび作れれば、たとえそれがどんなにささいなことでも、彼はその巧みな弁舌でもって、どんな大失態にも仕立て上げてしまうし、あなたの全人格を否定する根拠にもできてしまいます。自信を奪われたあなたの心はひとたまりもありません。

　ある被害者は、何週間も夫に無視され続けた挙げ句、その理由としてある日告げられたのが、「何週間か前、リビングに髪の毛が1本落ちていた」というものでした。そして、「主婦のくせに掃除が行き届いていない」に始まり、「自分に与えられた仕事をまともにこなそうとしないのか」「だからおまえは人間として全くダメなんだ」「おまえはいるだけで人を不愉快にさせる」「おまえに存在価値はない」等々と、髪の毛1本から話をどんどん膨らませ、罵倒したといいます。

　加害者はこのように、あなたの非を針小棒大に論じることにかけても天才的な能力を発揮します。延々と責められ続けているうちに、いったい何がもとの話だったのか、わからなくなるほどです。「どうしてそんな小さなことで、そこまで怒るの？」「私がしたことは、そんなにまで悪いことなの？」という疑問も、くり返し呑み込んでいるうちに、感じなくもなっていくでしょう。

コミュニケーションを拒否する

　こうした中でおそらくあなたが最も耐え難いと感じるのは、彼との意思疎通がどうにもこうにもうまくいかない、ということではないでしょうか。

彼の怒りの原因も、不機嫌の理由も、どんなに尋ねたってまともな答えは返ってこない。なぜ何日も何週間も、無視されるのかわからない。あなたはそれを推測するしかありません。それも自分自身の中に、その答えを探し出さなければならない。自分自身の性格や、ひとつひとつの言動について、あらゆるあら探しを強いられます。

　それどころか、彼の言葉はどんどんわかりにくく、曖昧になっていきます。自分の意思や意見を、あえて最後まで言わなかったり、わざと抽象的な言い方しかせず、具体的なことは何も言わない、などというように。

　日常のささいなやりとり、たとえば「食洗機が壊れちゃったんだけど、修理は却って高くつくから新しく買っていいかな」という相談ひとつ、うまくいきません。彼は「必要ならば、買うしかないだろう」としか言わない。いかにも「おまえはこんなこともわからないのか」と言わんばかりの口調から、「買っていい」あるいは「おまえに任せる」という意味にも受け取れる。けれどそれを確認したら彼はまた、侮蔑やいらだちも顕わに、またどんな傷つくことを言うかもわからないと思うと、あなたは怖くて、つい口を閉ざしてしまうでしょう。そして案の定というべきか、あなたが実際にそれを買ってくれば、「食洗機は生活必需品とはいえないだろう。主婦のくせに、俺の金で家事を怠けようとしやがって」という態度だったりします。「俺は『必要ならば』買うしかないと言ったんだ、本当に必要かどうかについては何も言っていない。それを検討するのは主婦の役目だ」と、すべての責任をあなたに押しつけ、あなたの無能や怠惰を責めます。「俺は買えとは言っていない」と、自分は一切責任を負わないようにしたうえで。

　こんなふうに、あるときは「○○ってことは△△ってことだろう！　そんなこともわからないのか」と、言語化されないメッセージを読み取れないことを非難するかと思うと、また別のときには、それを読み取ったことを非難して「俺はそうは言ってないだろう！」「俺は○○と言ったんだ、そのとおりにすればいいんだ！」と責める。こうした事態を恐れてあなたが「○○ってことは、△△ってことよね？」と確認すれば、「そんなこともいちいち聞かなきゃわからないのか、だからおまえはバカなんだ」と罵られる。確認しないで行動した結果もことごとく、彼の怒りやいらだちの原因にされる。それを決めるのは、彼が、そのときどき、あなたをやっつけてやろう（ここでやっつけておく必要がある）と思うかどうか、だけです。

彼はまた、あなたと言葉を噛み合わせません。たとえば、「ねえ、『おはよう』や『おやすみ』のあいさつくらい、ちゃんとしようよ。子どもも見てるから……」とあなたが言えば、即座に「おまえは自分のすべきこともろくにしないで、要求ばかりだ」というような、漠然とした抽象的な非難の言葉を返してくる。具体的にあなたのどこが要求ばかりで、どういうことで至らないと言われているのか、全くわからないけれど、誰しも多かれ少なかれ、人に要求もするし、至らないところもあります。当然、あなただってひとつやふたつ、探せば出てくる。あたりまえです。そうしてあなたは、それ以上何も言えなくなっていきます。
　もちろん、彼がそういうことを言うのは、あなたの言葉に対して返すべき的確な言葉を持たないからです。あなたの言葉の中から、「あいさつをしない」という己の非を指摘する部分だけを取り上げて受け取り、腹を立て、子どもじみた反撃をしているだけです。しかしあなたは、それと気づくことができないか、薄々感じたとしてもそれを言葉にすることはできなくなっていることでしょう。
　もしもあなたがそれ以上話を続けようとすれば、彼はさらに関係のない話を持ち出してあなたを攻撃してくるでしょう。Ａという話にあなたが反論し、彼がその正当性を否定する言葉を持たないと、そんな話題などまるでなかったかのように、今度はまた全く無関係のＢという攻撃材料を持ち出してくる。それに対するあなたの反論にも答える言葉がなければ（なくなれば）、Ｂも投げ捨ててまた別のＣというネタを持ち出してくる。延々と、それが続くことでしょう。あなたはただただ防御と反論に追われるばかり、本題はどこか彼方へ追いやられてしまいます。かといって、当初の話題にあなたが戻ろうとすれば、「話をすり替えるな！」「論点をそらすなんて卑怯だ」などと、まさに自分のしている行為そのものを、あなたがしているかのように堂々と断じ、責め立てることでしょう。
　このようにして彼が作り出すコミュニケーション不全状態は、日々の家庭生活に影響する場面にも及んでいきます。たとえば、わざと予定をはっきり伝えない。「今日は夕食はいるの？」「出張はいつまで？　○曜日には帰ってくるの？」などと尋ねても、彼の反応は微妙な目線やわずかにうなずく仕草だけ。それであなたは判断しなければなりません。でも彼には、きちんと伝えたことにされてしまう。あなたがもしもその判断を間違ったら、その責任は全てあなたにあることにされます。
　こうして、彼とうまくコミュニケーションがとれない、会話がうまくいかない。

スムーズな意思疎通ができない。彼が一言はっきり言葉にしてくれれば済むような、日常生活の小さなあれこれすら、いつも推測や憶測、場合によっては想像で判断しなければならないうえに、その判断の誤りについては（正確には、彼が「誤り」だと決めたときには）全責任を負わなければならない。次第にあなたはいつもそんな状態に置かれます。そうして、徐々にそれに慣れていってしまうでしょう。
　これが、後に詳しく述べる「コミュニケーションを利用した暴力」へとつながっていきます。コミュニケーションとはいうまでもなく、本来は、人と人とが意思を通じ合わせ、相互に理解し合うための道具です。しかしモラル・ハラスメント加害者にとっては、あなたを不安にさせ、傷つけ、痛めつけ、やりこめてねじ伏せるための凶器でしかありません。

「左向け、右」という命令

　つまり彼は、日常生活のあらゆる場面で、あなたの意思決定や行動について、後から、その時々の彼の都合や気分次第で「不正解」の判定を下すという嫌がらせもできてしまうということです。
　たとえばある朝、彼がなかなか起きてこない。あなたは、もしも彼を起こさなければ、「会社の時間は分かってるだろう、なぜ起こさないのだ」と責められることがわかっているから、彼を起こしに行きます。すると彼は、「今日はゆっくりでいいんだ！　せっかく気持ちよく寝ているのに起こすな」と怒り出した。あなたは何も聞いていない。でもそんなことがあったから、こんどは夜のうちに、明日は起こしたらいいのかと尋ねたら、「おまえはいちいち聞かなきゃ分からないのか。主婦のくせに、夫の出勤時間を把握していないのか」と責められた。翌朝、おそるおそるいつもの時間に起こしに行くと、肩を軽くとんとんと叩いただけで、夫は「痛いじゃないか！」と怒り出し、起こし方が悪いと難癖をつけてきた……、私たちが扱ったケースの中には、「起こし方に誠意がない」という名（迷）言もありました。他人が聞いたら吹き出してしまうようなこの珍言も、被害者を本気でおろおろさせ、「どうやって起こしたらいいんだろう」と悩ませるのですよね。
　こんなふうに、あなたがどう動いたらいいのか事前に何も伝えず、現実にした行動を後からことごとく「不正解」にし、「怒り」の口実に利用するという嫌がらせも、モラル・ハラスメントを代表する手口のひとつです。

この状況を、「当時の私はよく、『左向け、右』と言われているように思っていました」と表現した男性被害者がいました。どちらを向いても、どうせ怒られるなら、なにもしないほうがマシ。そう思って、何をする意欲も起きないし、自分はどうしたってダメな人間だ、つまらない人間だと思いこんでいました、と。

ミスや誤解を誘導、できなければ作ってでも

　コミュニケーションを不全状態に陥らせることで、彼は容易に、あなたに現実にミスをさせたり、誤解させたりして、本当に「ダメな奴」であるという事実を作ることもできてしまいます。あなたの方も、ミスや誤解したという事実が厳然として存在する以上、加害者の自信満々の断定的態度とも相まって、当然のように彼の言うとおりだと思いこんでしまいます。

　それどころか、こんな例もありました。たとえば、あなたが台所で熱湯を扱っているところへ、手伝うような格好で近づき、あなたがそのお鍋を持ってお湯を流そうとした瞬間などを捉えて、わざとお鍋かお湯に指先が少し触れるように手を出し、「熱い！」と大騒ぎしてみせる。当然ながら実際には、彼はお鍋にもお湯にも触れておらず、そのふりをしただけか、触れたとしてもごくごく小さな軽い火傷で済むよう計算づくです。しかし動転したあなたは、自分の不注意で彼に火傷させてしまったとことしか頭になく、その大小も、本当の原因も、考えることはできません。

　この加害者は妻に、こんなふうにして日常の小さな失敗を現実にくり返させることで、ことあるごとにおまえは不注意だ、自分に迷惑ばかりかける、ダメな女だと責める材料を作っていたのでした。ひとつひとつは日常のささいなことでも、それが積み重なれば大きな苦痛や不信につながる、家庭で安らげないと、もっともらしく彼女に説教したといいます。彼にこそ、言ってやりたい言葉ですね。先にも触れたように、加害者はこうして、自分自身の問題性を、まるで鏡に映し出すように、巧妙に主語を入れかえて、被害者の問題にしてしまったりもします。

　こんなストレスだらけの毎日の中で、あなた自身が心身の健康を徐々に損なっていき、注意力なども落ちて、彼がこんなこずるい細工をするまでもなく、大小のミスや失敗などをくり返すようにもなってしまうでしょう。彼があなたをけなす言葉に、あなた自身の言動が根拠を与えてしまうのです。そうして、彼の言葉はますます説得力をもってあなたの心を支配します。

4 章　具体的には、こんな感じです。

貶める、蔑む、辱める、嘲る──あらゆる人格否定メッセージによって傷つける

　言葉による暴力というと、罵ったり怒鳴りつけたりといった激しいもの、つまり、誰の目にもその暴力性がわかりやすいものばかりに目がいきがちですが、ここまでのお話からもわかるように、とてもわかりにくい、表面的には静かな言葉を駆使して振るう言葉の暴力も、罵声と変わらない暴力性を持ちます。

　たとえば、彼は人前であろうとかまわず、冗談や軽口の衣を着せて、あなたを傷つけ、侮辱し、嘲笑するなどしてあなたを貶めます。そればかりか、後であなたが彼にそういう言い方はやめてほしいという気持ちを伝えると、「冗談」で言ってるだけだ、本気になる方がおかしい、おまえは冗談も理解できないのか、とバカにしたり、不機嫌になったりしてみせます。せっかく「冗談」で場を和ませようとしたのに、場の雰囲気が悪くなった、あるいは俺の気分が害された、俺は言いたいことも言えないのかなどとあなたを責めます。

　あるいは、「おまえのため」などと称して発せられる、本当に辛くなってしまう辛辣な言葉の数々。子どもに対する虐待が「しつけ」の衣を着せて行われるのと全く同じです。

　本当に「おまえのため」ならば、あなたの心がそこまで傷つくような言葉は使いません。相手を本当に思ってのことであれば、きちんと言葉は選ぶものです。もしもその言葉の選び方を間違ってしまったときには、何らかそれを詫びたり、フォローする言葉が出てきます。

　ところが彼は、こんな程度の言葉に傷つくこと自体がおかしいとか、そのくらい大したことではないはずだなどと言い募って、自分を正当化する。これは単なる言葉の暴力です。

　「冗談」にしても同じです。冗談というのは、その場にいる皆が楽しめて初めて冗談たりうるのです。その中の誰かが傷つき、辛いと感じるような言葉は、「冗談」などではありえません。それは、言葉による「いじめ」です。

　でも、加害者は正々堂々としたもの。自分が正しい、あなたが悪いと信じて全く疑わない態度です。その揺るぎなさに呑まれ、あなたも、相手の言うことのほうが正しいのかもしれない、自分の感じ方のほうがおかしいのかもしれない、冗談や助言をそれとして受け止めることのできない自分は未熟で愚かな人間なのか

もしれない、などと思ってしまうでしょう。本当はそこに悪意がある、ということにはなかなか気づくことができません。徐々に徐々に、じわじわと少しずつ与えられる苦痛は、だんだんと慣れてしまうものです。

　しかも、彼のほうは、あなたのちょっとした失言にすらも「怒り」を顕わにし、無視などの「制裁」を加えるんですよね。なのに、彼はどんなにひどい言葉を言っても、あなたには、それをやめてほしいという気持ちを伝えることすら許されないばかりか、あなたがどんなに辛いと感じようとも、その感情自体を否定してかかるという理不尽。でも、こんな理不尽に満ち満ちた中にずっと身を置いていれば、人は、どんな理不尽も理不尽と感じることができなくなっていくものです。どんなにひどい暴言も暴言と感じることができなくなり、加害者の言うことをそのまま受け容れてしまうようにもなるでしょう。「おまえなんか生きている価値はない」という罵倒すら、そうかな、彼が言うんだからそうなんだろうなと思ってしまった、今でも心のどこかでそんな意識が消えないと、多くの被害者が目に涙をにじませながら話します。

　いうまでもなく、それが加害者の意図するところ。加害者はどうしても、あなたの価値を引き下げなければならないのですから。そのためには、あなた自身が、自分の価値を認めないようになるのが、最も手っ取り早いのです。

　そのために彼は、もともとあなたが持っている苦手意識やコンプレックスも利用します。誰でもひとつやふたつは持っているそれを、彼は狙いすまして攻撃し、あなたに罪悪感や自己否定感を植えつけるのです。たとえば、人との会話やつきあい方がうまくないという苦手意識をもつあなたが、友人らとの自然な会話の流れの中で「再就職したいんだけど、30歳過ぎた専業主婦には難しくて」と言ったとします。彼は2人きりになるや「おまえはすぐに年の話をする。無神経だ」「他に言うことはないのか」「気の利いた会話ひとつできない、頭の悪い女」「おまえみたいな人間は社会で使いものにならない」等々と責め立てる。それがどこかおかしい、あまりにも悪意に取りすぎではないか、言い過ぎではないかと薄々感じるところはあっても、もともと持っている苦手意識が勝れば、彼の言うことをそのまま受け容れてしまいます。

　あるいは、子どもは苦手だとずっと思ってきたあなたが、2歳3歳のやんちゃ盛りのわが子にいらだって、つい必要以上に声を荒げてしまった。彼の非難を、それがどんなに辛辣で理不尽と感じられるものであっても、あなたは「たしかに、

子育てがうまくできていないのはそのとおりなんだから」と聞き入れてしまいます。

　人づきあいが、あるいは子育てが、苦手だと感じるあなたが、それを克服しようとがんばっているときに、夫が本来かけるべき言葉、取るべき態度は、そのようなものではありえません。「彼の言うとおりだ」と思う前に、妻に対して普通に思いやりを持っていたら、人はこういうことを、こういう言い方で言うだろうかと、冷静に考えてみてください。「おまえのため」という彼の言葉に、決して惑わされてはいけません。

要求という虐待

　こうしてあなたの心を常に不安な状態に置き、自信を失わせながら、加害者は、あなたにどんどん要求を突きつけていきます。

　やり方はいろいろですが、やはりモラル・ハラスメントという虐待を代表する手口は、はっきり言葉にせず、態度や行動で巧妙に、あなたが彼の要求のとおりに動くよう「操る」というものです。たとえば、口では「共働きなんだから、家事はいくら手を抜いてもいいよ」と言いながら、実際にあなたが家事の手を抜くと、露骨に不機嫌な態度をみせ、いかにも「俺は怒っている」ということを全身全力でアピールしながら、猛烈なあてつけや嫌み、無視などの「制裁」を加える、というのが典型です。あるいは、彼が「今日は遅くなるから夕食はいらない」と言って出勤したので、久しぶりにあなたが、子どもとのんびり、彼の夕食の心配をする必要のない時間を楽しんでいたら、不意にいつもの時間に帰宅してくるという嫌がらせをする。食事の支度ができていないことに激高するのも、嫌みを言うのも、彼の気分次第です。「今日は遅くなるって言ってたじゃない」という弁解ひとつ、する隙も与えられません。言えたところで、彼は「俺はそんなことは言っていない！」「おまえの頭がおかしいんじゃないか」などと、あなたが「あれは幻聴だったのか」と思わないではいられないほど強弁するか、「予定が変わったと昼間に連絡入れたぞ」と、着信もメールも全く残っていなくても、彼が「そうした」といえば「した」ことにされてしまうか、そんなふうにねじ込まれるだけ。こうしてあなたは、いつどんなときでも、彼の気に入るような食事を用意して待っていなければなりません。

　もちろん、食事さえ用意しておけば済むという問題ではありません。同じ料理でも、「今日は気に入らないことにして、ちょっとやっつけてやろう」と彼が

思うかどうかで、黙って食べるときもあれば（それであなたはほっと胸をなでおろすんですよね）、猛烈な怒りを全身からまき散らし、ものすごい足音と物音を立ててカップラーメンを出して作り、あなたの用意した食事が並んでいる食卓で、これみよがしにがつがつと食べてみせることもある。もちろん、そこに並ぶ、あなたが用意した食事には一切手をつけないし、一言も口をききません。

　いろいろな家事の中でもとりわけ食事については、多くの被害者が辛い思いをさせられていますが、特にこのカップラーメンの「制裁」は、本当にどこかにマニュアル本でもあるのではないかと思うくらい、多くの加害者が好んで使います。モラル・ハラスメント版「ちゃぶ台をひっくり返す」ようなものなのでしょうか。もう少し手間暇を惜しまないタイプの加害者だと、怒りの形相も顕わにドスドスと大きな足音を立て、バタンバタンとことさらに乱暴に扉を開け閉めして出ていき、コンビニ弁当やスーパーのお総菜をわざわざ買ってきて、それを食卓で（もちろん、そこにはあなたが用意した食事が手つかずのまま並んでいます）１人で食べるとか、それを持って自室にこもるといったバリエーションもみられますが、たいがいの家庭でいつでもひとつやふたつあるカップラーメンが手軽で便利なのでしょう。

　余談ですが、加害者の多くは食にうるさく（それによって実に多くの嫌がらせが可能ですし、またあなたに最も有効に打撃を与えることができるからでしょう）、グルメを気取ってもっともらしいうんちくを述べたりもしますが、そういう加害者ほど、実は味なんかわかっていないのではないかと思うことがしばしばあります。嫌がらせのためなら食事はカップラーメンだけでも平気というのもそうですが、「コロッケの元の色がわからないくらい、ソースでべたべたにする」「異常な量のマヨネーズを、何にでもかける」「刺身が醤油の味しかしないくらいに、どっぷり醤油に浸す」こういう例を、ほんとうに多く聞きます。明らかに、味覚が健全に育っていないのです。それはとりもなおさず、彼らの育った家庭のありようの一端をうかがわせるものです。

　ともあれ、この嫌がらせが朝食に場面を移すと、たとえば彼の決めた時間に１分でも遅れたら、猛烈な怒りを振りまきながら、一口も朝食を口にしないままドスドス、バタン！と出かけていく、といったような形をとることでしょう。１人その場に残されたあなたは、彼が大きな音をたてるたびにビクッと身を縮めるしかありません。

4章　具体的には、こんな感じです。　39

またある加害者は、お味噌汁が彼の好みの熱さで出されなければ、何度でも温め直させるという嫌がらせをくり返しました。妻がタイミングを見計らって出しても、いつまでもぐずぐずとテーブルにつかないでいることもあるかと思えば、料理がまだできていないうちから不意に早くテーブルについて、「どれだけ待たせるんだ」と言わんばかりにイライラしてみせることもある。それだけでなく、何度も温め直せば当然、お味噌汁は煮詰まります。そうなるともう一度出し汁から作り直させる、ということも珍しくなかったといいます。

　こんな理不尽も理不尽と感じる力を奪われ、あなたは次々と突きつけられる要求に、ひとつひとつ努力して応えていきます。でも、彼はあなたがきちんとできている点、認めるべき点は、それはそれはみごとなまでに完全無視。いささかなりとも至らないところ、気に入らないところばかりを次々と見つけ出しては文句を言うか、そのネタがなければさらに高い要求を突きつけてきます。きりがありません。

　こうして、あなたがいくらがんばっても、その努力が報われることはありません。彼の要求やダメ出しはそれ自体が、あなたへの「いじめ」なのですから。

　一方のあなたは、いつもいつも、陰に陽に突きつけられる彼の要求に振り回され、それに応えることだけで頭がいっぱいになっていきます。

　まさに「調教」と表現するのが最もふさわしいものですが、同時に彼は「俺は○○とは言っていない。おまえがそう勝手に判断して、そう動いただけだ」という、いわば責任逃れの道を作ってもいます。表面的には、あなたは自分の意思で動いているし、あなた自身もそう思っているかもしれません。

　こうして「調教」されてしまったあなたは、無視や罵倒などという「制裁」を恐れて、彼のちょっとした態度や目つきなどからもその要求を察知し、先回りしてそれに応えるべく動いてしまうようにもなるでしょう。まさに彼の思うつぼ。彼はどんどん、「俺の心を読め」「読めないおまえは妻失格だ」と言わんばかりの態度を増長させていきます。

「地雷を踏むようや」

　ここまでのお話で、もうおわかりですね。彼が怒る理由や次々と突きつけるルールに規則性や合理性を見つけようとしても無駄です。全く同じ状況でもある時は怒って、ある時は怒らない、いつなんどき、どんなささいな、あるいは不可解

な理由を捉えて彼が激高するのかわからない。彼の決めたルールは彼の都合次第でいつでもどのようにでも変わる。そのことの矛盾や理不尽さを感じても、それを訴える言葉もすべて、彼の更なる「怒り」や冷たい目線、軽蔑たっぷりのため息を恐れて、呑み込まざるを得ない。

「地雷を踏むようやった」

この言葉を、私たちはもうどれだけ聞いたことかわかりません。たしかに彼の「怒り」は、「どこにあるのかわからない」という意味では地雷のようなもの。彼はそれを、家の中のあらゆる場所に埋め込んでいるといっていいでしょう。

しかし本物の地雷は、どこにあるのかわからないけれど、踏んでしまえば機械的に反応して直ちに爆発するという仕組みです。彼が埋め込んでいるものは、踏んで爆発するときもあれば、そうでないときもある。それを決めるのは、彼のそのときどきの気分と、その時あなたをやっつけておく必要があると彼が考えるかどうかです。実に実に、厄介で理不尽なシロモノです。

完璧な人間なんていません。あなたのほうにもどこかに何かしら悪いところがあってあたりまえ、至らないところがあってあたりまえです。あなたは彼の「怒り」に触れれば、その原因を自分の中に懸命に探し出しては謝り、改めようとするでしょう。でも、あなたがどんなにがんばっても、彼は次々とあなたの非を見つけ出し、責め立てる材料にします。

そうしてあなたは、いつもいつも彼の顔色をうかがい、気を遣い、彼のちょっとした目線や仕草から彼の要求や怒りの理由を探り当てようとあれこれ思いをめぐらし、ため息や舌打ちが出れば身の縮むような思いで、必死に彼の機嫌を取りながら、懸命にその要求に応えようとすることでしょう。彼の一挙手一投足にも注意を払い、そのたびにハラハラ・ドキドキ・おどおどさせられ、時にはほっと安堵したり、心身ともに振り回され続けます。まさに、彼に思いどおりに操られ、コントロールされている状態です。次第にあなたは、自分の意思を持てなくなり、彼の意思でしか、動けなくなっていきます。でも、そのことに気づくこともできません。

普通の会話ができない──コミュニケーションを利用した暴力

家計簿をつけながら「今月はちょっと交際費がかさんじゃったから、節約しなきゃね」と何気なくもらした一言に、「おまえは俺の稼ぎに文句をつける気か！」

と激高してみせる。いつもより早く帰ってきた彼に、「お帰りなさい、お疲れさま。今日は早いのね」と言っただけで、「俺は自分の家に帰ってくるのにもおまえの許可がいるのか」などと吐き捨てたり。こんなのはまだ序の口でしょう。「どうしてこんな受け取り方をされてしまうの?!」という驚きと戸惑いで身動きも取れなくなるような、おそらくあなたがそれまで経験したどんな意地悪をも遙かに超えた、悪意に満ちた曲解、投げつけられる言葉の刃。あなたは怒りの感情すら感じる余裕もなく、懸命に説明や弁解をしようとするけれど、すればするほど、会話は嚙み合わず、あなたの言いたいことは何ひとつ伝わらないまま、あらぬ言葉の応酬にさんざんに翻弄された末にやりこめられる……。

モラル・ハラスメントが言葉による暴力という形をとるとき、これは最も心をかき乱される、耐え難い苦しみといっていいのではないでしょうか。普通の会話ができない。同じ言語を話しているはずなのに、日常のささいな意思疎通ひとつにも、くたくたになってしまう。なにしろ相手は、あなたの言葉をどうしようもなくねじ曲げ、歪め、揚げ足を取り、ことごとく悪意に受け取って、そのあたりまえの理解を頑として拒むのです。そしてどんなささいな肯定をも、あなたには与えるまいと躍起になっているかのように、何を言っても否定、否定、否定。

自分の言葉の真意を分かってもらおうとあなたがさらに尽くす言葉も、全く通じません。どんなに言葉を尽くしても尽くしても、さらに歪められ、ねじ曲げられ、そしてあなたの最も伝えたい言葉ほど、まるで鉄の壁にはじき返されるように徹底的に黙殺される。あなたはもう、何をどのように言えばいいのか、どのように言葉を選び、言葉を重ねたら相手に伝わるのか、わかりません。他の人にはきちんと伝わる言葉が、思いが、相手にだけは通じない。この絶望的なまでの不可解さと、いらだちと、苦しさ。

でも彼は、おまえがおかしいと言う、おまえの感じ方、言葉の使い方、ものの伝え方、それがおかしいのだ、他の人には通じるなんておまえの思いこみだ、みんな我慢してるんだ、内心では呆れてるんだと言う。あまりにもいつもいつも、あたりまえのように言われるので、やっぱりそうなのかなと思えてくる……。

いうまでもなくこれは、加害者が意図して引き起こしている誤解であり、悪意をもってする曲解です。あなたを苦しめ、傷つけ、痛めつけるための攻撃にほかなりません。

言葉の行き違いや、言葉がうまく伝わらず誤解されてしまう、ということはど

んな人との間にも起こりえます。しかしそれは、さらに言葉を尽くして対話を重ねることで解消されるものです。人と人とはこうして意思疎通するものだし、できるものだと、誰しもあたりまえに信じています。

　加害者が意図的に起こす曲解の場合、それはあなたをやりこめ、ねじ伏せるための手段です。彼は、どんなことがあっても、あなたに反撃することができなければなりません。だから、あなたがどれほど言葉を尽くそうとも、反撃に都合のいいように歪め、ねじ曲げて、論点をそらし、それができない言葉は徹底的に遮断するのです（これは政治家が取材者の鋭い追及に真っ当に答えられないときなどに常用する手段でもありますね）。それすらできないときには、罵声でもってあなたの口を封じる。次々と枝葉の問題を取り上げ、本題と関係のないあなたの非（らしきもの）を唐突に取り上げてあげつらい、責め、攻撃したりもします。

　冷静に考えればすぐにわかることですが、あなたの言わんとすることに正当に反論する言葉を持たないから、彼としてはそうするしかないのです。でも、すでに彼の支配下にあるあなたが、その単純なカラクリに気づくことはなかなかできません。あなたは「なぜ？」という思いに囚われながら、本当に伝えたいこと、話し合いたいことにたどり着けないまま、ひたすら自分を守ることだけを余儀なくされ、もはや何の話をしているのかもわからなくなることでしょう。まさに、コミュニケーションの暴力というべき、加害者の悪意が露骨に現れた、精神的暴力そのものです。

　たとえば、こんな具合です。

　　妻「子どもがある程度大きくなったら、また前みたいに働きたい」
　　夫「働くって、どんな仕事がしたいの。まさか元の職場に正社員で復帰するんじゃないよね」
　　妻「できればそうしたいんだけど……、無理ならあなたと相談しながら他を探すけど、少なくともスーパーのパートのレジ打ちとかじゃなくて……」

　ここで妻は、自分が働きたいのは家計や貯蓄のためばかりでないから、パートという負担も責任も軽い働き方ではなく、結婚前のようにやりがいを持って働きたい、社会の中に活躍の場を持ちたいのだという気持ちを伝えようとします。もちろん夫はそれを十二分にわかっています。そして妻のその希望が客観的にみればもっともであり、それに反対する合理的な理由などないことも、夫にはわかりきっています。わかっていながら、いやわかっているからこそ、妻がそれを正常

に言語化することを徹底的に妨害し、阻止します。後で述べますが、家庭の中で妻に対して「暴力」を振るう夫の多くは、妻が働くことを嫌うか、とことん働かせて搾取するか、どちらかといえます。

　上記の会話の例は前者ですが、その場合、妻に、社会との健全なつながりや、経済力を持たせたくないのです。そんなことになっては、夫が妻に対して絶対的優位に立って支配するということが、とてもやりにくくなりますから。ですがさすがに、それをストレートに言うことはできません。合理的で正当な「反対」を言う術がないから、彼はあらゆる「コミュニケーションの暴力」の手法を駆使して、徹底的に対話を拒絶します。

　　夫「スーパーのレジ打ちは嫌って、おまえスーパーのレジ打ちをバカにしてるだろ?!」
　　妻「そういうわけじゃないよ、でも私が働きたいというのは……」
　　夫「バカにしてないなら何だ、おまえがしてた仕事はそんなに高尚なのか?! スーパーのレジ打ちはそんなに下等な仕事か?」
　　妻「そういうことは言ってない、私はただ、結婚前と同じように……」
　　夫「言ってるだろ!　おまえのさっきの言い方はスーパーのレジ打ちを完全に見下してるだろう!　おまえ、俺の母親がスーパーでパートしてたことを知ってて言ってるのか?」

　こんなふうに、「スーパーのレジ打ち」をおまえはバカにした、見下したなどと執拗に食いつき、妻の仕事復帰という本題には頑として戻らせません。そうして話は、妻の人間性の問題にまで膨らんでいきます。

　妻が本題に戻りたいがために、あらゆる反論を全て呑み込んで、「それはわかった、でも今はそれは置いておいて……」などと言って無理にでも話を戻そうとすれば、彼は「話をすり替えるな!」と、自分がすり替えた話があたかも本題であるかのように堂々とした態度で、妻の口を封じるでしょう。もはや万策尽きた妻が、「わかった、スーパーのレジ打ちという例えを出したのは悪かった。その言葉は取り消すから」と言えば、加害者は「おまえは都合が悪くなるとすぐに自分の言葉を取り消すのか、自分の言葉に責任を持っていないのか!」などとまで言い募って、今度は妻の「言葉の無責任さ」へと話を転換したりもするでしょう。そうしてまた、話はどんどん大きくなりながら、あらぬ方向へ行くばかり。

　自分に有利になるように論点をそらすということは、誰しも口論などにおいて

してしまうことではありますが、加害者の場合、少なくとも被害者との関係においては、それがいわば定着した行動パターンというだけでなく、その程度の極端さも、攻撃の苛烈さ執拗さも、並外れて甚だしいのです。なにより、加害者でない普通の人の場合には、冷静になったときに、何らかのかたちで互いの気持ちを伝え合い、誤解があればそれを解こうとするというプロセスが必ず伴います。加害者の場合には、それが一切ありません。それらしいことはあっても、それは単に加害者が、言葉だけは穏やかながら結局のところ被害者を丸め込み、自分の要求と正当性を押し通す——たとえば先の例でいえば、「以前のような忙しい仕事に復帰したら、やっぱり子どもが可哀想だ。子どもが学校から帰ってきたときに、『おかえり』って迎えてやるのが母親じゃないか」というように、被害者の責任感や罪悪感を巧妙に刺激しながら屈服させる、ダメ押しでしかありません。

言葉による暴力を楽しむ異常性格

　こうした行動に典型的に見られるように、おそらく、彼はあなたを言葉によって攻撃し、やりこめること自体を楽しんでいるというのが正しいのでしょう。それは彼のこんな行動にも露骨に現れています。

　たとえば、被害者がこんな不毛なすり減るばかりのやりとりに疲れ、恐怖やら混乱やら、とにかくもう何を言ったらいいのかわからなくなって、黙り込むと、加害者は「返事しろよ！」「俺が話しをしてるのに無視するのか！」などと責め立てます。仕方なく、何を言ったらいいのかわからないけれど、「あなたの話はきちんと聞いています」ということを示すために「はい」と言えば、「『はい』じゃない、俺の言ったことにきちんと答えろ！」などと、あなたの口を無理やり開かせ、何らか中身のある言葉を引き出そうとします。当然ながら、それに対してまた難癖をつけ、攻撃材料にするのが目的です。

　そうやって妻の口を無理やり開かせておきながら、妻が何か言おうとすれば「自分の主張ばっかり言うんじゃねえよ！」「自分の言いたいことを言う前に、まず俺の話を聞け！」などと怒鳴ってまたその口を封じたり、彼女の言葉に怒りやいらだちが交じろうものなら、即座に「なんだその言い方は！　謝れ！」などと激高してみせたり。そして彼女が誠心誠意（と加害者が感じる程度に）謝るまでは、被害者が何を言おうとしても「黙れ！」「謝るのが先だ！」という罵声によって、徹底してその口を封じ続けます。いうまでもなく、反論の言葉に窮したときに（あ

るいは、反論の言葉を多く持たない知的水準の）加害者がよく使う手口です。

　そうかと思うと、被害者が疲れ切って、とにもかくにもこの場を一刻も終わらせたい一心で「本当に、私がなにもかも悪かった。ごめんなさい」と言えば、「ごめんて言ったからって開き直ってんじゃねえ！」などと責め立てるのです。まるでやくざの因縁のように、「人を殺してごめんですむんか?!」などと平気で言い募りさえします。

　時として被害者は、加害者の攻撃を避けるため、あるいはそれを少しでも短時間で終わらせるために、何を言われてもただただじっと耐え、一切否定も反論もしないという対処を試みます。しかしそのようなときにも、加害者は執拗に言葉による攻撃を続け、被害者がどうしても聞き流すことができないような、一言でも反論や弁解をしないではいられないような、そういう言葉や話題を選んでは投げつけ、被害者が口を開くまで、実に粘り強くそれを続けます。被害者が、加害者の意図をきちんと見抜けていれば、そんな"挑発"に乗せられることなく切り抜けることも可能でしょうが、通常は、どこかで耐えかねて口を開かないではいられなくなるものです。それが、人の心の当然の働きなのだと思います。

　そうして、あなたの心がめちゃくちゃにかき乱され、ずたずたに傷つき、疲れ果てて、つい大声を上げてしまったり相手を叩いたり手元にあった物を投げてしまったりしようものなら、まさに加害者の思うつぼ。「おまえこそ（言葉の）暴力を振るっている」「おまえはヒステリーだ」「冷静に話もできない、バカ女」等々、あなたを貶め、攻撃する彼の言葉に現実の根拠を与えてしまうのです。

何でも（存在しないものまで！）攻撃に利用できてしまう才能

　ちょっとした議論や口論においても、加害者はあくまでも被害者をやりこめ、言い負かそうとします。先にも触れたように、加害者がほんのわずかでも自分の非を指摘されたと感じただけでも、「そう言うおまえはどうなんだ」と、全く無関係のあなたの非（らしきもの）を持ち出してきて論点をすり替え、徹底的に反撃します。

　こういうときに加害者がよく使う手のひとつに、あなたの過去の何らかの態度あるいは言動が加害者を深く傷つけたのだというようなことを、明確な言葉にすることなく巧妙にほのめかし、まるであなたの「弱み」を衝くかのようにしてあなたの反論を封じるというものがあります。例によって彼は、具体的にそれが何

なのかをはっきり言いません。何もないから言えないのですが、彼はあたかも「何か」があるかのように、ほのめかしてみせます。それが何だかわからないあなたが、ひどく無神経な人間であるかのように思わせます。だから、あなたはそれが何なのか聞くことすらできない、聞いて答えが返ってこなくても口をつぐむしかない。もちろん、あなたには特段思い当たるものはない。懸命に過去の自分の言動を思い起こし、探しまくればそれらしきことに思い当たるかもしれません。いずれにしても彼は「正解」を明確にしないことで、あなたに強い不安や罪悪感を与え、あくまでも優位に立とうとします。もともとの反撃が理不尽で理に適わないものなのですから、まともな言葉の応酬によってはあなたをやりこめることができません。だから、こういうこずるい手を使うのです。

　このバリエーションとして、あなたが過去に現実にしてしまった、ちょっとした失言や失敗をいつまでもいつまでもことあるごとに、それがあたかも重大な失態であるかのようにほのめかすことで「弱み」を衝くというのもあります。それがどれほどささいなものであっても、本当に失言とも失敗ともいえるのか、疑問に思うようなことであっても、彼の手にかかれば立派に重大な失態にされてしまいます。

　どんなに荒唐無稽な理屈も屁理屈も詭弁をも弄する加害者の能力には、ただ驚かされるばかりです。

　もっと巧妙にあなたの不意を突いて反撃する加害者もいます。たとえば、あなたの母親が非常に問題のある人で、あなたはこれまで母親のようにだけはなるまいという思いを柱に生きてきたとします。あなたをやりこめる言葉がとっさに出てこないときに、彼はいきなり、「おまえのそういうところが母親にそっくりだ！」と自信満々、正々堂々と断じてみせます。具体的な指摘は例によって何もありません。しかしあなたにとっては最も言われたくない言葉。それも突然に不意に投げつけられる。それだけで、ショックと戸惑いでうろたえてしまいます。あなたに具体的に思い当たるものはなくても、「え？　もしかしてやっぱり親子だから、気づかないところで似てしまったのだろうか、母の人格や考え方を私もどこかで受け継いでしまったのだろうか」などという気持ちが起き、自信が揺らぎます。あるいは、普段気をつけてはいるけれども自分の短所はやはりどこか母親に似ている、という自覚や思いこみがあるかもしれません。そこを衝いて攻撃するのです。

　こうして彼はどんな手段を使ってでも、あなたをやりこめ、言い負かし、こて

んぱんにやっつけないと気が済みません。

下手な嘘でも通用させてしまう天才

　妄想にも近いような途方もない嘘から実にどうでもいいことまで、どういうわけか加害者は、習癖ともいえるほどに日常的に、大小の嘘をつきます。それも非常に幼稚な。でも、それをあまりにも正々堂々と、自信満々の態度で口にするので、それだけで説得力を持ってしまいます。そのテクニックは実に、天才的です。

　他方、ここでも被害者は、加害者の言葉の真偽を疑う力を奪われているか、それがわずかながらも残って（あるいは回復して）いても、疑問を口にすることまでは、怖くてできません。

　加害者が嘘をつくのは、自分を大きく見せたり飾ったり、その場を取り繕ったり、相手を言いくるめて自分の意見や要求を押し通したりするなどいろいろですが、いずれにしても、そういうことのために嘘をつくという"癖"が身に染みついている、そういう人なのだと考えるしかないのでしょう。出会いのころ、被害者を惹きつけるために語った不幸な過去の類も、ほとんどが嘘か極端な誇張であることが後に判明することは全く珍しくありません。

　先に挙げた「パートのレジ打ち」の会話の例でいうと、彼の母親が昔スーパーでパートしてたなんてことは被害者にとってはまさに寝耳に水、全く聞いたことのない話だったりします。でもその場はそんなことはとても口にできる状況ではなく、「あれ？おかしいな？」という思いだけが残ります。たとえそれを口にしたところで、ただただ疲弊するだけの不毛なやりとりがまたもや続いた挙げ句、なんとなく言いくるめられてしまって、そのときはおしまい。彼の口からは、その場その場であなたをやりこめるのに都合のいいことは、嘘でも何でもすらすら出てきます。

　その後ふとしたきっかけで、やはり彼の母親がスーパーで働いたことなど全くないことが明らかになることもあります。そのときにも彼は、「自分はそんなことは言っていない」とあくまでも強弁するか、よくわからないことをくどくどと言ってごまかすかします。あまりしつこく問い詰めるようなことでもないし、またそんなことをすればまた彼の「怒り」を買うと被害者には分かっているから、彼の強弁やごまかしは容易に通ってしまいます。

　このように、客観的な証拠のないことについては水掛け論に持ち込み、嘘を嘘

でなくしてしまう才能もまた、みごとというほかありません。

　それどころか、先にも触れたように水掛け論には本来ならばならない、現実に被害者が見聞きした事実や、はっきりした証拠のある事実をすら、平然と否定したり曲げたりもします。

　あなたは、自分が見聞きした事実は幻覚や幻聴の類であったのだろうか、あるいは彼のほうにそれが起きているのだろうか、もしかしたらSFさながらに彼の脳内で記憶の一部が完全に入れ替えられてしまったのだろうかなどすら、思わないではいられないでしょう。それくらい、彼は自信満々、正々堂々としたものです。

　次第にあなたは、自分の記憶や認識にも全く自信が持てなくなり、何が本当で何が本当でないのか、分からなくなってしまうことでしょう。

　余談ですが、こうしたモラル・ハラスメントの手口とよく似た手法が使われるのが、捜査機関の取調べです。とりわけ、24章でご紹介している映画『それでもボクはやってない』によく描かれているように、全く身に覚えのない罪について、密室で長時間にわたり自白を迫られ、どんな弁解も一切聞く耳を持ってもらえない、何を言っても否定され、揚げ足を取られ、ささいな矛盾や記憶の漏れをことごとく衝かれ続け、ひたすら「おまえがやった」と責め立てられるという、まさに精神的拷問にさらされているうちに、少なくないえん罪被害者が、「もしかして、自分は本当はやっているんじゃないか？　自分は夢遊病か何かにかかっていて、単に記憶がないだけで、知らないうちにやってしまったんじゃないか？」という思いにさえとらわれるといいます。それが、後に裁判で争われる「虚偽の自白」へとつながっていくのですが、ともあれ、人間の心とはそのようにできているものなのでしょう。加害者のしていることは、これと全く同じです。

責任は徹底して回避する・転嫁する

　ここまでのお話からもよくおわかりのことと思いますが、「自分は責任を負わない」というのが、多くの加害者の徹底した行動パターンです。

　加害者は、生活の中で必要な大小の意思決定についても、全て結論をあなたに言わせ、あなたが判断し決定したかのような形を作りたがります。それが重要なものであればあるほど、加害者は徹底して責任を回避しようとします。

　そのやり方はたいがいこうです。加害者は、「相談」や「話し合い」の衣を着せて、あなたに意見を言わせます。それが彼の思う結論と違っているときには、反対の

意見を明確に言うのではなく、「でもそれは○○だなあ」などというように、あなたの意見の不都合な点などを述べて、異なる意見に誘導します。それを、あなたが彼の頭の中にある「正解」を口にするまで、執拗に続けます。

　加害者が結論を口に出してしまうこともあります。そんなときでも、後で不都合が起きれば、例によって「黒いものを白と言いくるめる」ようにして徹底的に「言った」ことそのものを否定するか、その事実を認めた上であらゆる詭弁と屁理屈を駆使してあなたに責任があるとやりこめるか、どちらかでしょう。

　バカげたことに彼らは、結論を口にさえしなければ、その結果についての責任を回避できると思っているのです。それを口にした者が、全ての責任を負わなければならない。その人がそれを口にするまでに自分がどのような働きかけをしようとも、はっきりと結論を口にしさえしなければ、自分は責任を負う必要はない。そう思いこんでいます。それは、まともな大人がまともに社会で生きていく上で通用する話では全くありませんね。

　ともあれ、こうして彼は、自分の意思や要求を通します。それも、あなたが意思決定したという形を作って。これが後々うまくいかなければ、当然ながらそれはあなたの責任です。「おまえがあのときこう決めた」。うまくいけば、あなたにそう助言した自分の手柄です。

「弱み」を作る

　こういう手口でもってあなたにさせた意思決定を、加害者が、後々まであなたの「弱み」として利用し続けることもあります。

　たとえば、働きながら教師になることを目指していた加害者がいました。教員免許はすでに取得していて、公立学校の教員採用試験にはとうとう合格できませんでしたが、ある年、諸条件が相当劣る私立学校と、ある自治体の事務職の採用試験とに合格しました。すでに家庭を持つ彼にとって、後者を選ぶことが賢明であることは誰の目にも明らかでしたし、ほかならぬ彼自身がそのことをいちばんよくわかっています。そのうえで彼は「相談」の形をとってその意思決定を妻に委ね、後者を選ばせました。それからことあるごとに、「俺はおまえたちのために教師になる夢を諦めたんだ」などと言ってこのことを持ち出し、妻の「弱み」として利用し続けたのでした。それを言われると、妻の方にもなにがしかの罪悪感や申し訳なさがありますから、何も言い返せなくなってしまいます。彼はこう

して、「俺がこれだけ犠牲を払ってやってるのに、おまえは俺に対する優しさが足りない、配慮が足りない、もっと尽くせ」と、妻に要求し続けたのです。

しかし現実を冷静に見てみましょう。後者を選ぶと最終的に決めたのは、彼自身です。妻の意見を聞いたのも彼の意思。その意見に従うと、彼自身が意思決定をしたのです。妻が罪悪感を感じる必要なんか、全くない筋合いです。いい年をした大人が、自分の人生にとって重要な決定を妻に委ね、その責任まで全て妻に押しつける。幼児的にもほどがあるというものです。

しかしこれも加害者の常套手段。すでに支配下に収めてしまった妻への攻撃手法としては、きわめて有効です。同じようなことは、親との同居問題や単身赴任するかどうかの選択、それと絡んだ子どもの進学問題などなど、いくらでも起こせます。親と同居したくないと思っていた加害者が、妻を巧妙に誘導してそれを言わせ、以後ことあるごとにそれをネタに嫌みを言うなどして暗に責める。「お袋も寂しかったろうなあ」と、あたかも孝行息子が妻の意見を尊重して親には我慢してもらった、そういうかたちを作って、あなたの「弱み」として利用します。

否認と矮小化、責任転嫁、そして正当化

あなたの非を針小棒大に論じ、嘘を駆使しながら責め立てる彼の才能は、彼自身の非（暴力）を巧妙に否定したり、どうしても否定できない事実についてはそれを小さく言いくるめたり、被害者にその責任の全部又は大部分を転嫁したり、正当化する、という場面においても力を発揮します。体に対して暴行を加えるDV加害者は、証拠のないことをいいことに「暴力など振るっていない」と否認したり、「ちょっと手があたっただけだ」「ついカッとなって軽く押しただけだ」などと矮小化したり、「殴ったのは妻が口答えしたからだ」などと責任転嫁するなどして暴力の正当化を試みるものです。「ちょっと手があたっただけ」でも「軽く押しただけ」でも、圧倒的な肉体差・体力差の前では、被害者には大きな恐怖や痛みを与え、強力な脅しとして機能します。「口答えしたから」などという弁解に至っては論外ですね。妻が夫に「口答え」したら暴力によって制裁を加えてもいいという、彼の思考の歪みを端的に自白するものです。でもこんな、第三者から見れば荒唐無稽な弁も、被害者相手には充分に通用する、被害者の反論は一切許さない、それが、DVという歪んだ支配・被支配の関係です。

体に対して暴行を加えないモラル・ハラスメント加害者も、基本的にはこれと

全く同じです。それ自体が見えにくく、証拠も残りにくいのですから、否認や矮小化が容易であることはいうまでもありませんが、特徴的なのはその責任転嫁術です。「自分では責任を負わない」という加害者の徹底した思考・行動パターンが最も露骨に現れるのがこの場面です。彼らはあらゆる理屈も屁理屈も詭弁も駆使して、あなたの非を論じ、自分の正当性を強弁します。冷静な第三者がきちんと聞けば、まったくもって理に適わないデタラメな言葉ばかりですが、被害者を言いくるめる力は十二分です。

　加害者はまた、被害者がやむをえずにした行動の一部分だけを切り取って、それをとことん攻撃に利用することも得意です。典型的には、殴りかかってきた（あるいはそのふりをした）加害者の手を妻がとっさに払いのけたときに、たまたま爪で加害者の手を傷つけてしまった、というできごとを、妻が彼の手をひっかくという暴行を一方的に加えたことにする、という具合です。当然ながら、加害者が殴りかかったという事実は完全になかったことにされるか、加害者の行為こそ正当防衛であったなどと巧妙に事実を歪められます。そして、わざわざその傷を写真にとって、ことあるごとに「おまえが俺に暴力を振るった証拠だ、離婚裁判をしてもおまえに勝ち目はない」などと脅し、被害者が逃げたくても逃げられない心理状態に追い込むのに利用したりもします。実際にあなたの爪で彼の手に傷がついたことだけを切り取ってみれば（そういうふうに、いわば相手の視野を極端に狭めさせるようなねじ込み方もまた、加害者の得意とするところです）、事実は事実なのですから、すでに加害者の思考パターンに支配され、常に罪悪感や負い目でいっぱいの被害者には、的確な反論や弁解はできません。

　そして裁判などにおいては、加害者は、そのような1回きりのできごとを、あたかも日常くり返されたことであるかのように巧妙に主張したりもするのです。

　また彼らはどういうわけか、「主語を入れ替えて自分の非をアピールする」という珍妙なことを好んでやります。たとえば、あなたが加害者にさんざん無視されたと訴えているときに、わざわざ自分とあなたとを入れ替えて、あなたのほうがそうした言動をしたと主張するというように。こんなこと、単純に「私はそんなことはしていない」と否定だけすればいいものをと思いますが、彼らはわざわざ自分のしたことをあなたがしたこととしてご丁寧に説明するのです。裁判などで、被害者が主張する精神的暴力のあれこれに対していちいちこれをやられると、うんざりするほど面倒です。

もちろん加害者は、被害者と1対1の場面においても例によって自信満々、正々堂々と「無視したのはおまえだろう！」と言ってのけもします。まさに黒いものを白だと、何のためらいもなく断定してみせる態度は、被害者の不意を突いて瞬間的にショックを与え、うろたえさせるのにたいへんに有効です。
　いついかなるときにも、「自分は絶対に悪くない」。これが、加害者のみごとなまでに徹底した確信です。

「殴らせるおまえが悪い」

　その確信をこれ以上なく鮮やかに、臆面もなくというべきでしょうか、言い表した言葉が、「殴らせるおまえが悪い」。
　典型的なDV加害者の古典的で象徴的な、そして殴られた側には強烈な説得力を持つ常套句です。加害者はこれを、被害者に対して、実にあっぱれというほかない自信満々の態度で正々堂々と言ってのけます。
　「俺にそういう態度をとらせたのはおまえだ」
　「俺に無視という行動をさせたのはおまえだ」
　だからおまえが悪い。
　物理的な力を用いないモラル・ハラスメントにおいても、これは全く同じです。加害者は、被害者をいじめながら巧妙に、こういう言葉をくり返し発し、被害者の心に強く深く植えつけます。
　初めてそれを言われた被害者は、それまでの健全な常識からあまりにもかけ離れたこの言葉と態度に戸惑い、驚くことしかできないのではないでしょうか。そして、体の痛みだけでなく、暴力というむきだしの悪意を向けられたショックと、彼のその自信満々、正々堂々たる態度に呑まれ、「あ、そうか。私が悪いから、彼に殴られるんだ」「私が〇〇さえしなければ、彼はこんなことはしなかったんだ」と簡単に思いこんでしまいます。それがくり返されることによって、被害者は完全にその思いに囚われてしまいます。その呪縛は恐ろしいほどに強く、殴られた被害者の口から、「殴らせちゃってごめんね」などという言葉すら、出てくるほどです。それどころか、加害者から逃げ、新たなパートナーとともに幸せな家庭を築いているのに、まだ「やっぱり彼が私にあんなひどいことをくり返したのは、私が悪かったからじゃないだろうか」という思いから解放されない被害者もめずらしくありません。

それにしても、なんと卑劣な言葉、卑劣なやり口でしょうか。
「おまえが」そう「させた」と、まるでそこには彼の意思が全く介在していないかのようです。全てがあなたの意思だといわんばかりです。しかし、違いますね。あなたが「させた」のではなく、彼が「した」のです。それはすべて全面的に、彼自身の意思です。たとえあなたの言動に彼がどんなに腹を立て、いらだったとしても、そのときに彼のとりうる行動は、他にいくらでもあります。「暴力」的でないやりかたで、その怒りやいらだちを伝えることはできるのです。しかし彼は、その方法は選ばなかった。彼が現にとった「暴力」的な行動は、発した「暴力」的な言葉は、100％彼の意思によって選択されたものです。その全責任を負うべき人間は、彼だけです。

いうまでもなく被害者は、そんな健康な思考のできる力など、すでに加害者に奪われています。

加害者にとって、常に、悪いのは自分以外の他者でなければなりません。その「悪い」役割を常時引き受けさせる相手として、被害者は選ばれています。加害者が「おまえが悪い」と言うとき、彼はおそらく本気でそう思っていて、ほんのわずかな疑いも持っていません。

なぜ、こんな思考ができるのでしょうか？

加害者の「特権意識」

ひとつのキーワードが、「特権意識」です。

多くの被害者が、結婚生活の中で、こういう言葉を投げつけられています。

「俺と対等だと思うな」

つまり加害者は、自分は家庭という特定の場においてはすべからく自分の気に入るようなサービスを受け、大切に扱われ、奉仕されるのが当然だと思いこんでいます。自分の帰宅に合わせて自分の好みのとおりの食事が用意されていて、家の中は常に快適に掃除されていて、子どもはきちんとしつけられ、自分が家にいるときには騒ぎもせず散らかしもせず、親戚などとのつきあいも自分の体面がきちんと保たれるよう完璧に行われ、性的欲求はいつでも好きなときに満たされ……、家庭の中のなにもかもが自分の思いどおりに、自分が気分のよいように整えられている。そうするのが、妻の当然の義務だ。

その義務を怠ることになるならば、たとえつわりであっても、寝ていることは

許さない。病気になど、なること自体が妻としての重大な義務違反だといわんばかりに、おまえの体調管理が悪いと責める。もちろん、自分の体調が悪い時には、いつも以上に手厚く尽くせと要求することに、彼らは何の疑問も感じません。

　それだけではありません。妻は、常に自分がいい気分でいられるよう、ことあるごとに自分を持ち上げていなければならないし、自分が腹を立てたときには（正確には、本当に腹を立てていようとなかろうと、自分がそのようなそぶりを見せたときには）、自分の機嫌をとり、なだめ、怒りを静めなければならない。自分の気が済むまで、妻はそれを続けなければならない。自分が楽しくないときに、妻子だけ楽しい気分でいることは許されない。

　自分は何をしても、何を言っても、許されてしかるべき特別な人間である一方、妻子の言動の何が許されて何が許されないのかを決めるのは、自分だ。もちろん、そのルールが一貫している必要はない。そのときどきの気分や、加害者の一方的な都合で決めていい。だいたい一貫したルールを決めてしまったら、妻はすぐにそれを学んでしまい、「制裁」を加える材料がなくなってしまうではないか。

　彼らは何の根拠もなく、しかし何の不思議もなく、こんなふうに思いこんでいるのでしょう。

　彼らの「特権」の最大のポイントは、それを享受することに、何らの責任も対価も伴わないということです。サービスや奉仕は当然に、常に一方的に加害者が受けるべき筋合いのものであって、彼が相手に対して何らかのサービスや奉仕をすることはありません（多くは「食わせてやっている」というだけで充分だと思いこんでいます。しかし「食わせる」ことはサービスやその対価の類ではなく、当然の義務ですから、加害者のその認識は完全に見当違いです。また、彼らのする「家族サービス」の意味については３章で詳しくお話ししました）。

　そしてこの「特権」を自分に享受させる義務を負う妻に対して、それを確実に履行させるためには、暴言や暴行、脅迫、無視など、いかなる有形無形の「暴力」を用いても全くかまわないと考えています。もしも妻がその義務を怠ったときには、そのことに対してこうした「制裁」を加えることは、彼にしてみたら完全に正当な行為なのです。

　これが、加害者の「特権意識」です。

　どうしてこんな精神構造ができあがったのか、あれこれ詮索しても仕方のないこと。ただ間違いなくいえるのは、彼の成長過程のどこかで、その手本となる人

間が彼の養育に深く関わったことによって、あるいは、彼の養育に深く関わった人間が何らかの形で彼にそれを是と教え続けたことによって（いずれにしてもたいがいは親ですが）、彼がそれをそのまま、「学習」した結果であるということです。7章、11章でも改めてお話ししますが、決して、遺伝や疾患の類ではありません。

被害者になりきる

だからこそまた、彼は被害者になりきります。なりきることができます。「夫は本当に本気で、自分は被害者だと思いこんでいます。私が離婚したいと言えば、その原因は何もかも全て私にあることにされてしまいそうで怖い」と、多くの被害者が語ります。

彼は、自分だけが我慢している、辛い思いをしていると正々堂々と言ってのけます。例によってそれは、あまりにも自信満々で、微塵も疑いや後ろめたさを持っていない態度です。

彼の「特権意識」からすれば、これはしごく自然な思考でしょう。なにしろ、自分は一方的に奉仕され大事にされて当然で、それは妻の当然にして絶対的な義務なのだから、その義務を少しでも怠った妻の罪はきわめて重いのです。妻のどんなに小さな失敗によっても、自分の気分が害されたり、いささかなりとも不便や不自由を強いられることはまさに、彼の頭の構造からすれば「被害」以外の何ものでもありません。

妻が自分自身の意思や要求を持つことがすべからく、加害者にかかると「自己主張ばかり」「要求が多すぎる」「身勝手」になってしまうのも、このような精神構造からすれば当然です。妻が性の要求を拒むことは、「俺に対する性的虐待だ」とまで言う加害者もいるほどです。

嫌がらせ・心理操作のためには、子どもも平気で利用する

こんな両親の姿を目撃させられながら育つ子どもの不幸は、どれほど強調してもしすぎることはありません。子どもの問題については7章、9章で改めてお話ししますが、ここでは、加害者にとってあなたをいじめる格好の道具が子どもであるということを、しっかりご理解いただきたいと思います。

典型的には、子どもに対してあなたをけなし傷つける言葉をくり返し吹き込んだり、しょっちゅう物で釣るなどして、「お母さんはダメな人間だ」「お父さんの

味方をしたほうが得だ」と思わせて取り込み、一緒になってあなたを攻撃させる。あるいは、あなたがきちんと栄養バランスなどを考えて作った手料理を子どもに食べさせている最中、加害者が帰宅して、「味噌汁がないじゃないか」などと難癖をつけて、「かわいそうに、こんなの飯じゃない、父ちゃんがちゃんとしたのを作ってやるからな」などと優しく言って聞かせる、といったあてつけ・嫌がらせをくり返す。まさに「家庭内いじめ」という以外にありません。

　さらに彼らは時として、こんな手の込んだこともやるのです。たとえば、子どもが誤って、彼の大切な物を壊したとします。彼は例によって全身ですさまじい怒りを顕わにしてみせますが、黙ってその場を去ります。あなたは慌てて、子どもに、「お父さんに謝りなさい、悪いことをしたら謝らなければいけないのよ」などと言い聞かせ、謝りに行かせます。あなたの頭の中は、この後には間違いなく自分に対する無視や罵倒などの「制裁」が待っているだろうという恐怖や、そんな原因を作った子どもへの怒り、早く夫の怒りを静めなければという焦り……、そんな感情が渦巻いていることでしょう。そのために、子どもに言い聞かせる言葉も口調も必要以上に強くなってしまったかもしれません。

　ところが、子どもが謝りに行くと、彼はそれを笑って許している。あなたはとっさに反省してしまうでしょう、「もしかしたら私は、ささいなことで子どもを叱りすぎたのだろうか」と。いうまでもなく、それが夫の狙いです。

　こんな行動に隠された悪意に、なかなか気づけるものではありませんね。第三者に話しても、健康な心を持った人にほど見えにくく、また理解が難しい、そしてなにより、当の加害者に「それを嫌がらせだと思うこと自体が異常だ、被害妄想だ」と正々堂々と弁解することを許す、きわめて巧妙で陰湿な嫌がらせといえましょう。もちろん、あなたがその場で子どもを注意しなければ、それはそれで（例によって自分のことは棚に上げて）「悪いことをしたら謝るという教育ひとつきちんとできない、ダメな母親」と非難する格好の材料になります。

　そう、ここでも、あなたは何をやっても「不正解」なのです。

性の利用

　支配のために利用される性の暴力性は、どんなに言葉を尽くしても語りきれるものではないでしょう。加害者の要求を拒めば、また彼は露骨に不機嫌になる。またひどいことを言われる。また無視されるかもしれない、こんどはどれくらい

続くんだろう……、被害者の心の中を占めるのは、そういう恐怖ばかりでしょう。だから、おとなしく応じるしかない。たとえ体調が悪くても、そんな気分にはなれなくても、赤ちゃんが泣いていようとも、こんな「制裁」を受けないで済むためならば、喜んで応じるふりすらしてみせる。「私は夫専属の風俗嬢かと思う」というような言葉も、被害者の口からしばしば聞かれます。まさに「風俗嬢」さながらに、性交渉中の表情や態度にもいちいち難癖をつけられるから、どんなに嫌でも、喜んでいるふり、感じているふりをせざるをえなかったという被害者もいました。

　一方、病的なまでに他者への共感性を欠いた加害者には、あなたが性交渉の求めを拒んだことはないとしか認識できません。あなたが喜んで応じていることに何の疑いも持たないでしょう。そして離婚裁判においては、加害者が、自分たち夫婦には円満で継続的な性交渉があった、何の問題もない仲のいい夫婦だったのだ、「暴力」など存在するはずがないと、堂々と主張する根拠になります。

　もっと巧妙な例では、加害者のほうから求めることは絶対にせず、「俺がこういう行動をしたらおまえからセックスを求めてこい」というようなサインを出し、それに妻が従わなかったり気づかなかったりしたら無視などの制裁を加える、という方法で妻を「調教」して、表面的にはいつも妻が積極的に求めていたという格好を徹底してとり続けた加害者もいました。

　このような性的暴力を振るう加害者の多くは、避妊にも非協力的です。望まない妊娠に至ったときには、中絶を強いるか、「勝手にしろ」と全ての責任と負担を妻に負わせます。ある被害者は、初期流産の直後、医師から性交渉を禁じられている間にも性交渉を強いられ、流産後1カ月ほどでまた妊娠させられてしまいました。その彼女に加害者は、「おまえの自己管理が悪いからだ」とさえ言ってのけたのです。

　また、次々と子どもを産ませることで妻を育児と家事にしばりつけて身動きを取れなくして、支配を強めようとする加害者もいます。そのような加害者との性交渉それ自体の苦痛もさることながら、これ以上子どもを産まされては本当に大変なことになると本能的に感じ、真夏でもお風呂に入らず体を不潔にしておくことで身を守ろうとした、というところまで追い詰められた被害者もいました。

経済的暴力という虐待

　「生活費が足りなくなったら言ってよ」などと口では穏やかに言いながら、実

際に「ください」というと、「ええっ⁈　この間渡したばっかりだろう！　足りないはずがないだろう！　何に使ったんだ！」などと大げさに驚いてみせたり、舌打ちや、冷たい目線と意味ありげなため息とともに、いかにも渋々と、わずかばかりのお金を渡す。あるいは、何にいくら必要なのか、何にいくら使ったのかなどと細かくしつこく問いただし、家計簿のスミズミまでチェックしてはあれこれ難癖をつける。そして、自分がこのお金を稼ぐためにどれほど苦労しているのか、それをおまえはちゃんとわかっているのかなどと延々と説教する。

　例によってこんなふうに、加害者は、あなたが「生活費が足りないからください」と言えない状況を作ります。あなたとしては、生活費が足りなくなった時、自分の独身時代の蓄えで不足を補うことができるならば、そうしたほうが楽だと思ってしまうでしょう。事情によってはサラ金などを利用せざるを得ないかもしれません。親を頼れればいいですが、離婚を決意しているならともかく、普通に幸せに結婚生活を送っていると思っている親に対して、夫が充分な生活費をくれないなどとはなかなか言えるものではありませんね。

　あなた自身の蓄えを食いつぶさせることで、彼は、あなたがそこから逃げるための資金を奪います。サラ金に手を出そうものなら、それはもう格好の攻撃材料です。誰がどう見ても、まともに家計のやりくりもできないダメな主婦。もしも彼がその後始末（返済や、破産手続などのための弁護士費用など）にそれなりのお金を出したなら、絶好の「弱み」です。あなたが逃げようとしたときには、「おまえはあんなにとんでもない不始末をしでかして、俺に恥をかかせたうえに、これだけの金を俺に出させたんだ。出ていくというなら、その金を全部返済してからにしろ。慰謝料も払え」などと脅すのに、これほど好都合なことはありません。

　このようにして、あなたを経済的に苦しめるのも、虐待の典型的手法のひとつです。

　他方、彼としては、まがりなりにも一応充分とみられる生活費を渡している以上、自分はきちんと果たすべき責任は果たしていると、誰に対しても正々堂々と言えますし、言います。しかも、その金額は、一般的な家庭よりも多かったりもします。しかし、そこから支出させる費目も多く設定し、食材や日用品についても安物は許さないことで、ぎりぎりかそれ以下になるようにする。そんなやり方で、妻が自由に使えるお金を持たせないようにするのです。そして、やりくりのできない愚かな妻に仕立てるのです。

孤立させて支配する

　多くの加害者は、妻が実家を訪ねたり、友人と食事や旅行などに出かけたり、外で働いたりすることで、家庭の外の人とのつながりを持つことをなんとか避けようとします。いうまでもなく、家庭の外の人が、妻に余計な知恵をつけたり、いらぬ情報を与えたりしては困るからです。彼はいわば、家庭という場を、自分が絶対君主となって君臨し、すべからく彼の思うまま決められるルールによって支配される王国に作り上げました。そこで支配されるあなたに対して、批判や反逆を許さないために、常におまえが悪い、おまえがおかしいとくり返し伝え、いわば洗脳してきました。しかし冷静な第三者の言葉や感覚に触れればあなたは、うちは他の夫婦や家庭とかなり違うと感じたり、私がおかしいのではなく加害者の言うことやすることがおかしいのではないか、自分が悪いわけではないのではないかなどと気づいてしまう危険性がぐっと高まります。それこそが、被害者にとっては重要なチャンスなのですが（8章をご参照ください）、いうまでもなく彼の「王国」の維持・存続のためには不都合きわまりないことです。

　ここでも、加害者のやり方はいつもと同じです。たまには実家でゆっくりさせてもらいたいとか、友人から食事に誘われた、とあなたが伝えれば、彼は口では「行っていいよ」と言うかもしれません。しかしあなたが実際に出かけて帰ってきたら、恐ろしいほどに不機嫌な態度で迎えたり、すさまじい怒りを顕わに何日も無視したり。そんな時に限って不意に早く帰宅し、夫の帰宅時に妻がまだ外に出ていることや、食事の支度のできていないことについて、やはり露骨に不機嫌になってみせたり、嫌みを言うなどというやり方で、あなた自身がその意思で、外出を控えるように仕向けたりもします。

　あなたが働くことについても、それを嫌う加害者は、自分の稼ぎが少ないから家計のためにやむなく妻がパートに出ざるをえないという客観的状況であったとしても、「働かせてやってる」「おまえの好きにさせてやってる」という態度です（反対に、まるでヒモのように妻の経済力に寄生し、搾取するタイプもいますが）。そうして、あなたに引け目や罪悪感を植えつけ、仕事が終わったらすぐに帰宅して家のことをやらなければならないという気持ちにさせます。もちろん、仕事の都合で帰宅が遅くなったり飲み会などに参加しようものなら、普段に増して過酷な無視などの「制裁」を加えもするでしょう。まして、奴隷であるはずの妻が、働くこ

とによって自分よりも高い収入を得たり、高い社会的立場についたりすることは、彼の歪んだナルシシズムをいたく刺激するばかりか、現実問題として支配にとって不都合きわまりなく、絶対にあってはならないことです。「おまえは社会で全く使いものにならない人間だ」と貶める材料も、「誰に食わせてもらってるんだ」と脅すネタも、「離婚したって暮らしていけないだろう」と離婚を拒否する理由も、加害者にはなくなってしまいますから。

そうして絶対に、あなたを離さない

　そう、彼は、あなたに逃げられては困るのです。あなたがとうとう耐えかねて彼との離別を決意すると、あの手この手であなたをその支配下にとどめ、あるいは引き戻そうとします。なぜ彼は、これほどまでにあなたに執着するのでしょう。その答えのひとつが、先にお話しした「特権意識」です。自分に常に「特権」を享受させる奴隷を、彼は切実に必要としています。彼はその奴隷をいじめ、支配することでしか、自分を保つことができません。このことについては10章、16章で改めてお話しします。

コラム

家庭の外でも

モラル・ハラスメントはどこでも起きる

　ここまでお読みになったところからおわかりのように、モラル・ハラスメントという「暴力」は、決して家庭の中に特有の問題ではありません。学校におけるそれは、日本では長らく「いじめ」と表現されてきました。これもまさに、モラル・ハラスメントという「暴力」のひとつのかたちといっていいと思います（ただし、暴行、傷害、窃盗、恐喝、強盗など、明らかな犯罪行為にエスカレートした段階においては、「いじめ」や「ハラスメント」という表現を用いることは問題の矮小化につながりますから、慎むべきでしょう）。

　職場におけるそれは、最近では「パワー・ハラスメント」という言葉でも表現されています。「セクシャル・ハラスメント」と呼ばれる事態のうちにも、モラル・ハラスメントや「パワー・ハラスメント」と呼ぶべきものが少なくないと思われます。厚生労働省も、これらを含む概念として「パワー・ハラスメント」を位置づけ、予防と解決のための提言をしています（http://www.mhlw.go.jp/stf/houdou/2r98520000025370.html）。

　およそ人と人とが集まれば、そこに、悪意を持って特定の人を攻撃し傷つけようという人間が出てくるものです。それは残念ながら避けがたいことでしょう。趣味やボランティアの集まりでも、町内会やＰＴＡなどでも、どこでも同じことです。

　それぞれの場に特有の問題はあろうかと思いますが、モラル・ハラスメントという「暴力」の解決は、最終的には加害者から離れる、という以外にないと私たちは思っています。モラル・ハラスメントという行動に出る加害者の目的は、被害者をいじめて楽しむために支配し続けるか、被害者をその場から排除するか、どちらかといえます。いずれにしても、被害者と加害者とが離れないことには、おさまりようがありません。

職場におけるハラスメント

　家庭と並んで、ハラスメントの起きやすい現場の代表格はいうまでもなく職場です。「パワー・ハラスメント」という奇妙な和製英語が、ずいぶんと浸透してきました。この言葉は主として、職場において、上司など優位な立場にある人が、その立場（職務上の権限など、何らかの「パワー」）を利用して、自分より立場の弱い者に対して行う「いじめ」を指しています。業務上の指導等の衣を着せてささいなミスをいちいち取り上げて、正当な注意や叱責を遙かに超えて、同僚や上司の前で怒鳴り散らし、執拗に罵詈雑言を浴びせかける、その人の全人格を否定するような言葉で罵る、仕事の成果やそれに対するその人の寄与をことごとく否定したり、過小に評価したり、あら探しをして細かく文句や批判を言う、仕事を与えないとか、能力や資格に見合わない機械的単純作業ばかりをことさらに強いたり、閑職に追いやる、反対に、絶対に達成できないような過大なノルマを課したり膨大な業務を命じる、その人がその日に残業できない事情のあることを知りながら就業間際になって「今日中にやっておけ」と、長時間の残業せざるを得ないような仕事を命じる、仕事上重要な指示や情報をあえて適切に伝えずミスを起こさせる、そしてそれを口実にしてまたひどく叱責する、業務上の合理的必要もないのに本人の必要とする時期に休暇を取らせ

ない、などなど。このように「パワー」を利用することによって、あらゆる嫌がらせが容易に可能といえましょう。

　他方で、必ずしも「パワー」を利用しなくてもできる嫌がらせや精神的暴力もたくさんあります。学校における「いじめ」と同じように、無視や仲間はずれ、陰口や中傷、その人にしか聞こえないようにこっそり罵る、などのわかりやすい幼稚な手口から、意味ありげな大げさなため息、侮蔑をたっぷり含んだ目線や冷笑など、あらゆる方法を駆使して、被害者に対して「お前は無能だ」「お前は価値のない人間だ」という、言語化されないメッセージを送り続ける。言語化される言葉にも、嫌みや皮肉などが巧妙に織り交ぜられていて、イルゴイエンヌ医師の表現を借りれば「ひとつひとつの言葉には、相手がその言葉を非難だと感じて傷つく、そういった毒が仕込まれてい」ます（前掲『モラル・ハラスメント』120ページ）。でも明確な非難の言葉ではないために、被害者はそれと感じても、釈明や反論などによって自分の身を守ることもできません。そうして、被害者の健全な自尊心や自己肯定感を、じわじわと傷つけ痛めつけ続けます。

　また、それとはわからないように仕事を妨害したりミスを誘発する——たとえば、その人が電話で重要な話をしているそばで、わざと大声で、他の人と、その人も関係する別の重要な話をする。その人は電話にも集中できない、さりとてその別の重要な話にも加われず、必要な情報を得られないために、仕事に支障を来す。ちくりちくりと針で何度も何度も突き刺されるように、そうした嫌がらせを日々くり返されるうちに、徐々に被害者は自分が無能であり価値のない人間だと思いこむようになり、またそのような評価に根拠を与える事実を積み重ねさせられ、なによりもその悪意に心を折られ、そうして心身の健康を損なってしまう。こうした攻撃は、同等の立場の者同士であっても、場合によっては下位の者から上位の者に対してでもできます。

　ここでもっとも被害者に苦痛をもたらすものは、夫婦間におけるのと同様に、加害者が決して、被害者の何が悪いのか、何が問題なのかを明らかにしないことです。被害者がこうした攻撃を苦痛と感じ、悩み、何とか事態を改善したいと思うとき、まず考えることは、相手と「話し合い」をすることです。自分の何が問題なのか、説明してほしい、釈明や反論の機会が欲しい、また本当に問題があるなら改善したい。健全な人間は皆、このように「話し合い」をすることによって、生活上起きる問題やトラブルは解決できるものだと何の不思議もなく信じているし、信じたいし、だからこそそのためには少々辛くても「話し合い」をする努力を怠ってはいけないものだと、ほとんど無意識的に考えているものだと思います。

　ところが、加害者は被害者とのコミュニケーションを拒絶し、それどころかそのコミュニケーションを利用してさらに「暴力」を振るいます。加害者は徹底的に「話し合い」を拒み、説明を拒みます。説明できるような問題などないのだから、あたりまえです。対話を歪め、論点をずらして反論し、攻撃し、あるいは無視や、侮蔑たっぷりのため息や目線でもって回答に替える。加害者は合理的な反論や説明ができないからそうする以外に方法がないわけですが、執拗に加えられ続けた攻撃によって自分に問題があると思いこまされている被害者は、そんな単純なカラクリにも気づくことができません。そうして被害者は、何が問題なのかわからないまま攻撃され続け、心身ともに傷つき、弱められ、自信も意欲もなくし、しまいには本当にミスばかりするようになって、自ら「無能」というレッテルに根拠を与えてしまいます。家庭内と同じ悪循環がここでも起きます。

　なにより、周囲の人にはもちろん、当の被害者自身にも、こうした言動に「仕込まれ」た「毒」

には、なかなか気づきにくいものです。自分が受けている仕打ちが理不尽な暴力なのだと気づくことが、ここでも大きな第一歩といえます。

しかしたとえ気づいたところで、生活がかかっている以上、まして昨今の雇用をめぐる厳しい現実を考えると、簡単に「逃げる」という決断はできないことでしょう。なんとかその場に踏みとどまり、状況を打開したいと考えるのは、無理もないことです。

どうやって解決したらいいのか？

理屈を言えば、雇い主側には、法律上、労働者が心身ともに安全に、そして安心して働くことができるよう配慮すべき一般的な義務があります。その義務からいえば、ハラスメントについては、まずはこれが起きないよう注意し、仮に起きてしまったときにはそれを止めるために適切な措置をとらなければなりません。

ですからこうしたハラスメントに対して、雇い主側に適切な問題意識があれば、どちらかの当事者を異動させることで解決を図ったり、あまりにもひどいときには加害者を解雇するなどの毅然とした行動をとるものですが、むしろこのようなハラスメントが起きるには、多かれ少なかれその組織自体にそれを許す土壌というものがあるのが通常で、なかなか理想どおりにはいかないものです。リストラなどの目的で、いわば会社ぐるみで壮絶なハラスメントが行われることも（いわゆる「追い出し部屋」など）、今では広く知られています。

雇い主が法律上の義務を怠って、ハラスメントを放置したり、あるいはこれを積極的に行った場合、民事裁判を起こしてその責任を問うという方法もありますが、民事の裁判では原則として、慰謝料などの金銭のかたちでしか、責任を問うことはできません（それも、現実の判決で認められる慰謝料は通常、非常に低額です）。慰謝料を取ったところで、ハラスメント自体がおさまらなければ何にもなりません。それ以前に、どんな理由であれ自分が勤める会社相手に裁判を起こすというのは、それだけで職場に居づらくなることですし、いわんやハラスメントはさらにわかりにくく、さらに陰湿になり、ひどくもなるでしょう。裁判をするにも、退職したうえで、あるいはそれを覚悟して、しなければならないのが多くの現実です。

ハラスメントそのものをおさめるために、労働基準監督署の力を借りたり、労働組合を活用して雇い主に働きかける（たとえば、加害者を異動させるよう交渉するなど）という方法も考えられますが、こうした方法によって、現実に、働きやすい職場環境を取り戻せたという例は、残念ながら多くはないようです。

職場においても、モラル・ハラスメントの手法や加害者の行動や心理パターン、被害者の陥る心理状態など、多くは家庭の問題と共通しますが、その解決を考えるにあたっては、このように職場には職場独自の難しい問題があるのです。結局のところ、ここでも「逃げる」「離れる」以外にないのですが……。

5章　優しいときもあるんです。

> 夫は四六時中、私をいじめているわけではありません。機嫌がいいと、とても優しいのです。ただ、いつどんなきっかけで豹変するのかわからないのですが……。

「暴力のサイクル」論のウソ

　古い（と言っていいでしょう）DV研究の有名な成果のひとつに、「暴力のサイクル」論があります。細かい言葉の表現はいろいろですが、要は、①「緊張の蓄積期」に加害者が「ストレス」をため込み、②「緊張の解放期」あるいは「爆発期」にその「ストレス」が爆発して激しい暴力をくり返し、そして③「ハネムーン期」には一変して被害者に優しく愛情に満ちたふるまいを続け、謝罪し、許しを請い、二度としないと誓い、しかしそのうちまた①に戻るというサイクルをくり返しながら暴力はエスカレートする、というものです。そして被害者は③の「ハネムーン期」の彼こそが本当の彼だと思いたいから、そう思いこみ、その時の彼の愛情や優しさ、反省や謝罪の言葉を信じてしまう。これが、DVの被害者が暴力を受け続けながらもなかなか逃げない・逃げられない、大きな要因であると説明されています。

　「暴力のサイクル」というのはたしかに、現象面だけを捉えればそのとおりです。特に体に対する暴行のあるケースでは顕著ですし、それがない典型的なモラル・ハラスメントのケースでも、被害者にとって心を傷つけられることのない平穏な期間が周期的に訪れることが多いようです。風邪をひいたあなたにおかゆを作ってくれた、あなたの親にさりげなくプレゼントやお小遣いを送ってくれたというように、あなたに「この人は本当は心の優しい人なんだ」と思わせる行動がこの時期にくり返されます。恋人時代に戻ったかのようにデートや食事に誘う加害者もいるでしょう。加害者によっては、そこまでは面倒なのか、単におとなしくしていて、毎日がただ平穏無事に過ぎてゆくだけ、という場合もありますが、いずれにしても、心を傷つけられることがないというだけであなたは、一応安心して暮らせます。またいつ彼が元に戻るかわからないと思いながらも、平穏な日々が心の傷を多少は癒し、彼を信じようという気持ちも抱かせるでしょう。

しかし、この「暴力のサイクル」論は、「暴力」について重大な誤解を引き起こすという過ちを犯しているといわざるをえません。
　ここでは、「暴力」があたかも火山活動のように、加害者のため込まれた「ストレス」がいわば自然の摂理として爆発するかのように説明されています。「ハネムーン期」にしても、加害者の自然な心の動きとして、心底その暴力を悔い反省するかのように、論じられています。そこに加害者の計算が働いていることが指摘されることはまずありません。いうならば、「暴力のサイクル」は加害者の自然な（つまり、計算尽くでない）精神作用によって、いわば自然現象として起きるものという論じ方です。そして現に、そのような理解が広がり、すでにかなり定着しているといえましょう。これには、私たちは大いに異論があります。
　「暴力のサイクル」は、決して自然現象ではありえません。加害者の自然な心の働きとして生じるものではありません。加害者は「暴力」という行動を、その意思で、選んで行っています。今は「暴力」をしてもいいだろう、今はやめておこう、というように、いつも必ず、多かれ少なかれきちんと計算したうえで、行動しています。この「サイクル」も、加害者が意図あるいは意識して起こすものです。いうまでもなくその目的は、被害者を逃げられなくすることです。
　なぜそう断言できるのか、疑問を感じますか？
　では彼は、たとえば会社では「暴力」を行いますか？　取引先ではどうですか？
　仕事の場面では、「ストレス」の大きさも多さも、家庭の比ではないでしょう。腹の立つことも、理不尽なことも、辛いことも、イヤというほどあります。そのとき、彼は相手に対する「暴力」という方法で、その怒りや「ストレス」を発散させようとするでしょうか？　上司や取引先に罵声を浴びせ、あるいは殴る蹴るの暴行を加え、自分の意見や要求を通そうとしたり、理不尽な怒りをぶつけたりするでしょうか？
　答えは「否」ですね。もしもそんなことをしていたら、彼は会社に勤め続けていられません。そのことがわかっているから、彼は、仕事の場では、きちんと「ストレス」をコントロールしています。彼にはそれができます。だから彼は、表面的には普通のまともな社会人として社会生活を送っています。
　一方で家庭の中では、妻のあなたに対して「ストレス」をぶつける。それは、家の中では自分はそうしてもいいのだ、許されるのだという計算のもとで、その家庭という場を、妻という相手を選んで、「暴力」という行動に出ているからです。

もちろん、会社などでも、クビにかかわらない安全と判断した所では、特定の相手を選んで嫌がらせやいじめなどの「ハラスメント」をくり返す加害者もいるでしょう。いずれにしても、彼はきちんと時と場所、相手を選んで、「暴力」を振るっています。だから、社会の中では特段の問題や大きな摩擦を起こすことなく、普通に生活できているのです。

　「ハネムーン期」にしても、しっかり計算尽くです。反省し、謝罪の言葉を述べても、それは本当の意味の反省や謝罪ではありえません。少なくとも被害者であるあなたは、そして被害者を支えるあなたも、そう思っておく必要があります。

　あくまでも彼は、ひとたび支配下に置いた被害者を逃がしたくないのです。サンドバッグとしてずっと手元に置き、支配し続けていたいのです。でもムチばかり振るっていては、被害者がいつか耐えかねて逃げてしまうかもしれません。それを防ぐために、折々アメを与えるのです。でもアメばかり与え続けていては、こんどは被害者が調子に乗って、加害者と対等であるかのように勘違いして、加害者に意見したり自分の意思や要求をはっきり言い始めるなど、彼の気に入らない態度や行動にも出てしまいます。その「押さえ」として、ムチも振るわなければなりません。しかも、アメの後のムチは、前の「サイクル」のときよりもさらに強く激しくしなければ、「押さえ」としての効果がないと加害者は考えます。こうして「サイクル」ができ、そのたびに「暴力」がエスカレートしていくという現象が起きます。

　もとより、ハネムーン期のさなかの加害者の内面では、心底反省しているつもり、真摯に謝罪している気になっているかもしれません。だから、その演技もどれだけ迫真的かもわかりません。たしかに、加害者が懸命であることは間違いありません、ただその懸命さは、あなたをその餌食として支配下に置き続けるという点にのみ向けられています。そのことを、決して忘れないでください。

混乱させて楽しむ加害者

　モラル・ハラスメント加害者の行動のひとつの特徴として、不意に優しくするなどの行動それ自体を、「いじめ」の一環として行っているとみられるケースもあります。それは加害者が日常、自分の舌打ちやため息に、いちいちビクッとしたりおどおどと顔色をうかがったりするあなたを見て楽しむのと全く同じです。被害者は、原因もわからず不意に優しくされれば戸惑います。たとえば前夜さ

5章　優しいときもあるんです。　67

んざんにあなたを責め立て、「もうおまえとはやっていけない、１人で出ていけ」などと罵倒した翌朝、まるで何ごとも起きなかったように、穏やかに優しく振る舞う。それはもう、昨夜の記憶が彼の頭からごっそり抜け落ちているのではないか、あれほど執拗に責め立てられ罵られたことすら、自分の記憶違いでないかと感じるほどに。あなたは混乱します。この優しさは何なんだろう、彼なりの反省や謝罪なのだろうか、それともこの後すぐ私を捨てるつもりで、最後くらいは優しくしてやろうとでも考えているのだろうか……、ドキドキ、ビクビクしながら思いめぐらせもするでしょう。その様子を見て、彼は喜んでいます。

あるいは何週間にもわたり、あなたに対して一言も口をきかず、まるであなたがそこに存在しないかのように振る舞い続けたある日突然、何ごともなかったかのように、普通にあなたに語りかける。無視という地獄からやっと解放されほっとしながらも、おどおどとおびえた目で自分の顔色をうかがうあなたを見て、ほくそえんでいます。

そうやってあなたの心を弄び、あなたを支配する快感を楽しむ。そんな加害者もいます。

決して、騙されてはいけない

ともあれ、「暴力のサイクル」論が指摘するとおり、被害者が、「暴力」を日々受けながらも、あるいは「いつ『暴力』を受けるかわからない」という恐怖を常に抱えながらも、そこから逃げられない大きな要因のひとつが、この「ハネムーン期」にあることは間違いありません。

被害者は、ひとたび自らの意思で選んだ相手が、悪意を持って自分を傷つけているなんて、思いたくもないし認めたくもありません。恋人時代のような優しく穏やかな彼こそが、彼の本当の姿だと信じたい。だから、そこにすがります。彼が「暴力」を振るうのはきっと何か理由があるのだ、それは私にあるのだ、私さえ気をつけていれば大丈夫、と。

しかし、加害者はあなたがそう考えるよう、常日頃からあなたをいわば飼い慣らした上で、その心理を利用して、この甘い罠を仕掛けるのです。こうしてアメとムチを巧妙に使い分けて、あなたを支配しているのです。このことを、しっかり理解してください。

３章でも触れたように、離婚裁判では、「ハネムーン期」に撮られた写真など

も「仲むつまじい夫婦であった」ことの証拠として加害者から提出されることがあります。特定の瞬間を切り取っただけの写真が、その背後の実態をどう証明するというのでしょうか。いかにも幸せいっぱいという雰囲気の家族写真を載せた年賀状が届いたその年に、その夫婦が離婚したなんて話は珍しくもないでしょう。写真とは、そのように他人の目を欺くことができるものです。それにもかかわらず、こうした加害者の主張をそのまま受け入れてしまう裁判官も現実にいますから、この意味でも、「ハネムーン期」というのは非常に厄介です。

　特に注意しなければならないのは、16章でも改めてお話ししますが、あなたが加害者との離別を決意したときです。彼はあなたを逃がさないために、非常に巧妙に、そして実に辛抱強く、この「ハネムーン期」を演出することがあります。そしてこのいつになく長く甘いハネムーン期にあなたも騙され、「彼はこのままでいてくれそう」「このままなら、一緒にいてもいいかも」などと考えてしまいます。それだけでなく、「こんなに一所懸命謝っている彼を、許してやれない私の心が狭いのだろうか」「彼の涙を信じてあげられない私は、やっぱり彼がいつも言っていたように、全くダメな人間なんだろうか」などとまで思い詰めてしまいます。しかしその一方では、それまで長い時間をかけて傷つけられた心は、相手への恐怖や嫌悪を訴え続け、その狭間で揺れ続けて、大きくバランスを崩してしまうことにもなります。

　何よりも厄介なことは、彼のこの「ハネムーン期」の演出は、裁判所の目から見ると、「いちどは破綻の危機に陥った夫婦関係を修復するための（彼なりの）真摯な努力だ」と捉えられかねないことです。そのときに、あなたが騙されてそこにとどまり続ければ、あなたのほうでも彼のその努力を認め、修復の可能性を見いだしていたのではないかとも取られかねません。そうなると、「その時点においてはまだ夫婦関係は完全には破綻していない」という認定に容易に結びつき、たいへんに厄介です（「破綻」ということについては、25章でお話します）。絶対に騙されてはいけません。

6章　心も体も、おかしくなってしまったみたい。

　　　　　　私は、やはりモラル・ハラスメントを受けているのでしょうか？　誰かに、診断してもらえないのでしょうか？

　あなた自身が、今抱えている心の問題を知るために、いくつかのヒントをここに記します。ひとつひとつ、自分の心に問いかけてみてください。これらはみんな、モラル・ハラスメントという異常な状況に置かれた人に起きる、きわめて自然で正常な、心と体の反応です。

　とはいっても、いくつ、どれだけ当てはまったからモラル・ハラスメントだという判定をするものでは全くありません。そんな判定には何の意味もありません。あくまでも、自分の心の状態を正しく把握することで、今自分がどのような客観的状況に置かれているのか、まずはそのことを、あなた自身がしっかり理解しましょう。それから、どうするのかを考えるのです。

相手に対して、言いたいことが言えない

　まず真っ先に、自分に問いかけていただきたいのがこれです。夫に対して、言いたいことが言えているかどうか。

　夫婦に限らずおよそ人との関わりの中で、これを言ったら相手が傷つくだろう、こんな言い方をしたら相手は嫌な気持ちになるだろうと思えば、言葉を呑み込んだり、表現を選んだりすることは当然です。

　ここで「言いたいことが言えない」とは、そういうことではありません。どんなに言葉を尽くしても、表現に細心の配慮をしても、言えばきっと、何十倍ものひどい言葉で傷つけられる。その後また何日も無視され続けるかもしれない。それが怖いから、「言えない」。何をどう言っても相手には通じないだろう、話をそらされ歪められて、どんな言葉も相手には届かないだろうという徒労感や無力感から、口をつぐんでしまう。そういう意味です。

　だから、たとえば相手が間違っていると思っても、あなたはそれを口に出すこともできません。次第に自分を納得させるために、相手の言うことがいつも正し

いのだと思いこむようにもなるでしょう。そんな心理状態に陥ってはいませんか。

自分のしたいことができない。したくないことも、しないわけにはいかない
　私が友人と楽しいひとときを過ごした後には、彼は露骨に嫌な顔をするから、何か悪いことをしてしまったような気持ちになる。たまには実家に顔を見せに帰りたいと言うと、はっきり「ＮＯ」とは言わないけれども、「そんな必要あるのか」「いつ帰ってくるのか」等々としつこく聞いてくるし、「その間の俺の飯はどうなるんだ」とまで言われてしまうと、「やっぱりやめておこう」と思ってしまう。働くことにしても、習いごとや趣味を楽しむことにしても同じ。やろうと思えばできるはずなのに、ちっともできない。やりたいという気持ちすら、なくなってきた……。こんなふうにして、あなたが何かをしたいと思っても、彼の顔色を見て、それをしないという意思決定に至っている、ということはありませんか。もしもそうならば、あなたが自分だけの意思で決めたと思っていること、あるいはそういうことになっていることが、本当は彼の意思が強く働きかけた結果かもしれないと考えてみてください。
　また、彼が性交渉を求めてきたときに、あなたが自由にこれを拒むことができるかどうかは重要なバロメータです。彼との性交渉に、心が苦痛や屈辱を訴えていませんか。
　あるいは、あなたが体調を崩したとき、どんなに体が辛くても「どうしても、今これだけはしておかなければ」という家事があるならば、なぜそれを「今」「そのとき」しなければならないのか、冷静に考えてみてください。体調が回復してからでは、なぜいけないのでしょうか。体調が悪いとき、洗濯物が少々たまったり、掃除ができていなかったり、食事が手抜きになることが、なぜいけないのでしょう。彼が帰ってきたら怒鳴られるから。不機嫌になるから。心をえぐるような嫌みを言われるから。違いますか？

ものごとの優先順位、正しくつけられていますか？
　赤ちゃんが泣いていても、それを放って、相手の食事の支度を完璧に調えることに懸命になっている。授乳を中断してでも、相手が帰宅すればその世話に奔走する。相手より先に風呂に入ることが許されないから、それまでは子どもをお風呂に入れることもできない。そのために、寝かせるのも遅くなってしまう。さり

とて、子どもを先に入れた後で風呂を入れ直せば水道代やガス代がかさみ、後でまた何を言われるか……。

本来、子どもが小さければ小さいほど、子どもが中心で回るべき家庭生活が、ことごとく、相手中心で回っていることを、おかしいと思えていますか？

もしもあなたが仕事を持っているならば、家事は少し手を抜いてでも、仕事を優先せざるをえないことが多々あるはずです。社会の中で働くということは、多かれ少なかれ、家のことは何とかやりくりをつけて（家族はそのために互いに協力して）、仕事に支障のないようにしなければならないものです。でも、あなたはいつも、その逆の判断をしなければならないのではないですか？

相手がどう思うか、どう言うか、どういう行動に出るか、ばかりが気になる

彼と一緒になる前にあなたが楽しんでいたことを、今も同じように楽しめていますか。あなたが何かを楽しむことそのものが、相手の不機嫌を誘発すると思うと、もうそれが楽しいと思えなくなってしまいますね。相手は自分をさしおいてあなたが何かを楽しむこと自体が不快なのだから、結果としてあなたは楽しみをことごとく奪われていきます。

あなたが感じる喜怒哀楽の感情も、彼はその都合次第で、その感情そのものをすら否定してかかります。「辛い」と訴えても「そんなの辛いわけないだろう」というように。「それを辛いと感じるおまえの感覚がおかしい」とさえ言うかもしれません。あるいは、「それはおまえが悪いんだから当然だ」「しんどそうな顔をするな。俺の気分まで悪くなる」と言うこともあるでしょう。

そんなことが日々くり返されれば、私がこんなことを思ったとか感じたとか言ったら彼はこう言うだろう、こうするだろうということばかりを気にするようになってしまいます。あなたは自分の感覚や認識を大切にすることはおろか、それをきちんと把握することすらできなくなり、何を思っても感じても、ことごとく、自分で無視するか、押し殺すかすることが癖にもなっていくでしょう。

離婚を固く決意して別居して、裁判してでも別れたいとまで思って実際に裁判になっても、弁護士があなたから聞き取った事実を書面に書いたのを見て、書いてある事実はその人の認識や記憶のとおりなのに、「彼はきっと○○と反論して、私が悪いと主張してくるだろうが、大丈夫だろうか」とか「彼はこれを読んだら激怒しそうで怖い」と心配する被害者は少なくありません。

裁判に限りませんが、人は、自分の認識はこうだ、自分はそう記憶している、ということを、はっきりと言っていいはずです。もちろん、相手の立場にも配慮し、その言い分に耳を傾けるべきことは当然ですが、その前提として、自分の認識や立場を自分自身がきちんと把握していなければなりません。でも被害者は、その当然の前提を、持てないようにされてしまっているのです。

相手の決めたルールのとおりにできないと、ドキドキ、オロオロ、ハラハラ

　仕事が長引いて、彼との待ち合わせの時間に遅れる。子どもが熱を出して病院へ連れて行ったために、食事の支度が遅れた、あるいは手抜きになった。そんなときでも、加害者はあなたを許しませんね。あなたはどんなにやむをえない理由があっても、彼の気に入らない事態に至れば、絶対に何らか、あなたの非を捉えて責め立ててくるだろうとわかっています。あなたは、心臓をわしづかみにされるような恐怖や焦燥感でいっぱいになってしまうことでしょう。

　彼が携帯を鳴らしたとき、たまたまトイレに行っていて出られなかった。そのまましばらく着信に気づかなかった。メールにすぐに返信できなかった。そんなときでも、彼はあなたの事情や都合など一顧だにすることなく、無視や罵声などの「制裁」を加えてくるでしょう。ひどい例では、着信の１分後に慌ててかけ直しても電話に出ない。自分が用事があって電話をしているはずなのに、そうやって怒りを示し、脅しをかけるのです。帰ったらまたさんざん怒鳴ってやる、あるいは無視してやる、覚悟しておけよ、と。あなたはそれが怖いから、トイレやお風呂の時でさえ携帯電話を肌身離さないで、いつもいつも着信を気にしていなければならない心理状態に追い込まれます。

　それが、普通の人の普通の生活にとって、どれだけ負担で、異常な事態なのか、気づいてください。

自分の意思や意見、要求を持つこと自体に罪悪感を覚えてしまう

　加害者は、あなたが自由な意思や要求を持っては困ります。だから、あなたが自分の意思や意見、希望や要求を口にするたびに、そのこと自体を「身勝手だ」「自己中心的に過ぎる」「一方的な要求ばかりだ」「お前は自己主張が強すぎる」等と非難して一蹴し、あなたがそれを口にすることはおろか、それを心の中に持つだけでも罪悪感や後ろめたさを感じるようコントロールしてきました。

6章　心も体も、なんだかおかしくなってしまったみたい。　73

でも、意思や要求を持つことは、人間としてあたりまえのことであって、それ自体が「身勝手」たり得ないことは、ちょっと立ち止まって考えればわかりますね。「要求ばかり」「自己中心的」というのは、自分の要求や主張ばかりをいつも押し通している人（まさに、加害者その人です）に対してすべき非難です。

夫婦ならば、双方の意思や要求を伝え合い、すりあわせることで生活が成り立っていくものです。そういうプロセスを全く経ることなく、彼の都合だけで「要求ばかり」だとか「身勝手」だとか断定すること自体が理に適わない、理不尽きわまりないことです。

自分で決めているようで、実は相手の顔色を見ながら決めていませんか？

ですから、あなたは自分の判断で決めたと思ったことでも、落ち着いて振り返ってみてください。相手に巧妙に誘導されていませんか？　相手の反応をみながら、相手が気に入る答えを懸命に探り、「正解」に至るまでああでもないこうでもないと振り回されていませんか？

4章でも詳しくお話ししたように、彼は自分の要求を、あなたに責任を負わせる形で押し通すということを、簡単にやってのけます。あなたからすると、自分の判断で決めたと思っていることが生活の中にいくつもあるから、自分が自由な意思や意見を持つことを許されていないことにも、なかなか気づくことができません。

私が決めたことは、私1人で全責任を負わなければならないと思いこんでいる

しかも、加害者は自分が責任を負うことを徹底的に回避しますから、たとえ2人に関わることでも、あなたに最終結論を言わせ、あなたの意思で決めたことにしてしまいます。そうして、あなた1人に全責任を負わせようとします。

たとえば2人目の子どもをもうけることについて、いくら妻の方が強く望んだとしても、実際に2人目を授かったことは、2人で決めたことの結果にほかなりません。このようなことでさえも、加害者は、「お前が欲しいと言ったから作ったんだ、お前が全部育児をやって当然だ」ということまで言ってのけます。

これを、おかしいと思えていますか。2人で決めたことですよね。2人で責任を負うのがあたりまえです。あなたにも、最初のうちは彼の考え方や発言に対して、「なんだかおかしいな」と感じることはできていたはずです。自分がどんなことに対してそう感じていたか、少しずつ、思い出してみましょう。

何か問題があれば、自分の言動や性格の中に原因を見つけ出そうとしてしまう

　加害者は、何か自分に不都合なことがあればその非は全てあなたに押しつけ、あなたがどんな弁解をしようとも、あらゆる理屈も屁理屈も詭弁も駆使して潰してきます。それはまるで、神様のような完璧さを要求されているかのよう。

　どんなにささいな失敗でも、あなたの失敗ですらないようなことでも、普通だったら「それなら、仕方ないね」で済むようなことでも、きっとこういう理屈で責められるんだろうとか、こんなことを言って私が悪いことにされるんだろう、私が至らなかった点を探し出されるんだろうと、いつも考えてしまってはいませんか。

　いつの間にか、そんな発想が癖になって、身に染みついてしまっていませんか。

　ある被害者は、加害者の支配下から逃れた後、友人らとの交流が復活し、また新たな人間関係も築き始めましたが、そうした普通の人にとっては「ごめんね」の一言で済むようなささいな失敗などでも、彼女はひたすら「ごめんなさい、ごめんなさい、ごめんなさい！！！」と、土下座せんばかりに謝りまくって許しを請う、というようなことがしばらく続いたといいます。それは相手のほうが、別にたいしたことではないのにといささか困惑し、異常だと感じてしまうほど。

　加害者との同居中、眠っているところをたたき起こされて、あなたのささいな言動や失敗を口実にして──たとえばその日の朝、あなたが彼をきちんと見送らなかった、妻としてなっていないとか、ハミガキ粉などの日用品をうっかり切らしていた、主婦として失格だとか──明け方まで延々と"説教"されるという精神的拷問は、本当に多くの被害者が経験しています。あなたが謝っても謝っても、上記のごとく「謝ればいいと思っているのか」「ごめんで済むなら警察はいらない」などまるでやくざの言いがかりのようなことまで言い立てて、執拗に攻撃し、あなたの反論を許しません。そんなことをくり返されていたのだから、被害者がそんな「異常」な謝り方を条件反射のようにしてしまうのも、無理のないことです。

彼の帰宅が怖い

　「亭主元気で留守がいい」というＣＭコピーがかつて流行語にもなったり、一部の「亭主」たちが「粗大ゴミ」などと呼ばれたこともありましたが、モラル・ハラスメント被害者にとって、加害者が同じ家にいることの苦痛、圧迫感、重圧は、そんな言葉では到底尽くしがたいものですね。友人などに愚痴を言ったときにそ

んな言葉が返ってきて、「そんな軽いこととレベルが違う！」と内心いらだちつつ、やはり他人にはわかってもらえないのかという無力感に囚われたことのある方も、少なくないことでしょう。

　夫の帰宅する時間が近づくと、家中をおろおろと歩き回って、どこかにゴミや髪の毛が落ちていないか、トイレに少しでも汚れたところはないか、お風呂は適温になっているか、食事は、熱いものは熱いまま出せる状態か、冷たいものはしっかり冷えているか、などなど、何度も点検して回らずにはいられない。そんな焦燥感でいっぱいになりはしませんか。彼が帰ってきて、ちょっとでも落ち度や手抜かりがあれば怒鳴られる。ひどい言葉を投げつけられ、無視される。そのことを想像するだけで、動悸がしたり、胃が痛くなったり、涙が滲み出てきたりもすることでしょう。何をしたらいいのかわからなくて、頭がパニック状態になって逆に何も手につかなくなり、気がついたら何もしないまま数時間が経過していた、という経験もしばしば聞きます。

　そんな夫婦の関係が、どうしようもなく不健全であることに気づいてください。

夫がいなくなって欲しい。消えて欲しい。と心のどこかで願っている

　健全に愛し合い大切にし合っている夫婦ならば、朝、夫を「いってらっしゃい」と送り出すとき、「今日もなにごともなく、無事に1日が過ぎて、夫は元気にただいまと帰ってくる」ことをあたりまえに信じ、そして無意識のうちにそう願っているものですね。朝いつもどおりに「行ってきます」と元気に出ていった夫が、不幸な事故などに巻き込まれて、変わり果てた姿で無言の帰宅をしたという事態を想像してみてください。

　ところが、ある被害者の言葉に、私たちもなるほどと思わされたものです。「この間、中学生の娘が、『お父さんなんか死んでしまえばいい、消えてしまえ』と言うので、『そんなことを言うもんじゃない。どんな人でもそんなふうに憎んだり呪ったりしたら、それは自分に返ってくるよ』とたしなめました。でも言いながら、ふと気づいたんです、私も、朝、夫を送り出すときに、『今日こそ奴が帰ってこなければいいのに。事故にでも遭って死んでくれたらいいのに』と思ってるって。それに気づいたとき、その死を願うような相手と一緒に暮らしているということのおぞましさ、そして娘にそんな生活を強いていることの罪悪感に耐えられなくなりました」。あなたも、よくよく自分に問うてみてください。

7章　子どもどころじゃないんです。

夫の要求に振り回され、その世話と家事にいっぱいいっぱいの毎日で、子どもにかまっていられないのです。そんな私の顔色を、子どもがうかがうようにもなりました。その一方で、幼稚園ではお友達をいじめるような言動があるようです。

「暴力」にさらされながらする子育て

　6章でも触れましたが、子どもが生まれたら、家の中は完全に子ども中心になるものですね。あなたは子どものことで手一杯になり、家の中のことや、彼の世話がおろそかになったって仕方がない。それがあたりまえのはずなのに、加害者はそんなこと許しません。あくまでも彼の「特権」が充足されることが、家庭生活の中心でなければならないという彼の考えが揺らぐことはありません。

　あなたの中でもその順序が逆転して、赤ちゃんを放っておいても彼の要求に応えることが最優先になってしまってはいませんか。

　子どもが少々騒いだり、おもちゃなどを散らかしたりするのは当然です。もちろんしつけとして教えることは必要ですが、家の中で、「今すぐ」片付けなければならないとか、「絶対に」騒いではいけないとか、そんな状況がそうそう生じるものではありません。

　しかし、彼が帰ってきたときに、少しでも散らかっていれば彼が不機嫌になる。子どもがちょっと騒いだだけで怒鳴られる。それが怖いという、ただそれだけで、「お父さんが帰ってきたら、静かにしていなさい！　何度言ったらわかるの！」などと強く叱りつけていませんか。今すぐにしなくてもいいはずのお片付けを、今すぐにしなさいと金切り声を上げてはいませんか。

　もしも、あなたが子どもに対して、「あなた（たち）が〇〇するから（しないから）、ママがパパに叱られるんじゃない！」などとヒステリックに怒鳴ってしまったことが一度でもあるならば、あなた方夫婦の間で育つというそれだけで、その子が今、そしてこれから、どれほどの辛い思いを強いられることになるのか、あなたも辛いだろうけれどもしっかり考えてみてください。

　いうまでもないことですが、本来、子どもを叱るという行為は、その父親に自分が怒鳴られるのが怖いから、という思いだけに突き動かされてするものではあ

りえません。子どもの気持ちも汲み、その言い分にも耳を傾けながら、子どもとともに、自分もまた親として成長していくものですね。そのようにできない家庭は、子どもを育てる場所ではありえません。

「暴力」を受け続けることで、あなたの心の健康も損なわれ、正常な思考や判断がどんどんできなくなっていきます。自分を守るのに精一杯で、子どもの心にまで思いを至すことができなくもなります。ある被害者は、結婚後十数年にわたり加害者の要求にさんざん振り回されながら、時折下される無視や罵倒などの「制裁」にも耐え続けましたが、加害者の言動の暴力性に気づいたとき、思い知らせてやるとばかりに、彼女も夫を徹底的に無視し始めたと話します。夫がそれまでしてきたように、ことさらに不機嫌な態度を顕わにして一言も口をきかず、わざわざ大きな音をたてて扉を開け閉めしてみせるなどのことを、別居に先立つ1年ほどの間も続けたのだと、得意げとすら感じられるほどの口ぶりで語るのでした。

夫婦2人きりの生活ならばまだしも、そこには子どもたちがいます。それも、10代半ばほどの多感な時期にある子どもたちです。その子どもたちの面前で、しかも1年にもわたり、夫婦が互いに全く口をきかず、刺々しくいがみ合った態度を露骨にしながらひとつの家で暮らしていた……、その光景を想像するだけで、寒々とした思いに囚われます。なによりも、それを目撃させられ続けた子どもたちの心を思うと、本当に胸が痛みます。

しかし、この被害者はもはや、そのような思考には全く至ることのできない、不健康な心の状態のまま、夫と離婚し、一応親権者とはなったものの、その数年後、子どもたちも学業を終えるなり次々と彼女のもとを離れたと聞きます。

「暴力」を見せられながら育つ子ども

このように、子どもの目から夫婦間の「暴力」を見ると、被害者である方の親も、子どもとの関係においては共同の加害者であったり、加害者の加担者であるといえるでしょう。

家の中ではいつもいつも、父親が母親に冷たくあたり、奴隷のように扱う。なにかにつけてひどいことを言ったり、怒鳴り散らしたりする。彼女のひとつひとつの言動に意味ありげに首をかしげてみせたり、ことさらにいらだった様子で舌打ちしてみせたり、いかにもバカにしたように大きなため息をついてみせたりする。

そんな夫婦の姿を日々見せられる子どもの心が、どれほど傷ついているか。どんなに悲しい気持ちで、そんな両親の姿を見つめているか、どうか気づいてください。
　体に対する暴行というかたちでの「暴力」さえ目撃させなければいいと思っているのなら、それはとんでもない見当違いです。子どもは、両親の姿を、本当によく見ています。そして、よく覚えています。
　心を傷つけ悲しませるだけではありません。子どもたちは、両親の姿から、夫婦という関係のあり方を学びます。夫は妻に対して、どんな理不尽な仕打ちをしてもいいのだ、妻を服従させるためにどんな「暴力」を使ってもいいのだ、そういう父親の考えも、それにただ黙って耐える母親の生き方も、自然に子どもに受け継がれます。
　そんな夫婦の間で育った子どもに、健全な自尊心が育まれるはずがありません。おかしな「特権意識」を加害者から学んでしまった子は、歪で不健全な自己愛を肥大化させ、幼稚園や学校などでもその「特権意識」をふりかざしてしまうこともあります。父親とそっくりの言葉を言い、そっくりの振る舞いをして、嫌われたり孤立したり、先生からは問題児とみなされてしまうこともあるでしょう。
　他方、その「特権」にただ屈服することを学んでしまった子は、自己評価のきわめて低い、痛々しい自己否定感のようなものを抱えた大人へと成長してしまうことでしょう。
　多くの場合、1人の子どもの中に、歪で不健全な自己愛と、痛々しい自己否定感とが、複雑に絡み合いながら同居しているようにも感じます。両者は対極にあるようで、実は根っこは一緒なのだと思います。

「連鎖」は「学習」の結果

　そうして、その子どもたちが大人になって、自分の両親と同じような夫婦関係を作ってしまうという「連鎖」につながるのです。
　虐待や暴力は「連鎖」するとよくいわれます。しかしここで絶対に勘違いしてはいけないのは、それが決して遺伝ではなく、「学習」の結果だということです。
　上記のとおり、子どもは、自分の最も近いところにいる大人のことを、本当によく見ています。その大人を手本として、いろいろなことを学んで身につけていくのです【注1】。

私たちが、「暴力」のある家庭に子どもとともに居続けることについて、最も危惧するのはこの点です。

　暴力や虐待を行うことは、決して、疾患や障がいの類ではありません。遺伝という性格のものでもありません。それは、その人が学んで、身につけた思考・行動パターンであり、嗜癖なのです。

　学んだことは、学び落とすことができます。学び落とすことも、その機会も、ないままに大人になってしまったのが加害者なのです。

　今、子どもが学んでしまったものがあるとしたならば、それを学び落とさせる人は、あなたのほかに、誰がいるでしょうか。

【注1】「子どもはこうして生き方を学びます」という、「アメリカインディアンの教え」をご存じでしょうか。以下は、加藤諦三『アメリカ・インディアンの教え』（ニッポン放送出版、1994年）からの引用です。

　　　批判ばかり受けて育った子は非難ばかりします
　　　敵意にみちた中で育った子はだれとでも戦います
　　　ひやかしを受けて育った子ははにかみ屋になります
　　　ねたみを受けて育った子はいつも悪いことをしているような気持ちになります
　　　心が寛大な人の中で育った子はがまん強くなります
　　　はげましを受けて育った子は自信を持ちます
　　　ほめられる中で育った子はいつも感謝することを知ります
　　　公明正大な中で育った子は正義心を持ちます
　　　思いやりのある中で育った子は信仰心を持ちます
　　　人に認めてもらえる中で育った子は自分を大事にします
　　　仲間の愛の中で育った子は世界に愛をみつけます

　もうひとつ、この本にはウエイトリーという研究者の詩が紹介されています（前掲書29ページ）。

　　　きょう、少し
　　　あなたの子どもが言おうとしていることに耳を傾けよう。

　　　きょう、聞いてあげよう、あなたがどんなに忙しくても。
　　　さもないと、いつか子どもはあなたの話を聞こうとしなくなる。

　　　子どもの悩みや要求を聞いてあげよう。
　　　どんなに些細な勝利の話も、どんなにささやかな行いもほめてあげよう。
　　　おしゃべりを我慢して聞き、いっしょに大笑いしてあげよう。
　　　子どもに何があったのか、何を求めているかを見つけてあげよう。

　　　そして言ってあげよう、愛していると。毎晩毎晩。
　　　叱ったあとは必ず抱きしめてやり、
　　　「大丈夫だ」と言ってやろう。

子どもの悪い点ばかりをあげつらっていると、そうなってほしくないようなに人間になってしまう。
だが、同じ家族の一員なのが誇らしいと言ってやれば、
子供は自分を成功者だと思って育つ。

きょう、少し
あなたの子どもが言おうとしていることに耳を傾けよう。

きょう、聞いてあげよう、あなたがどんなに忙しくても。
そうすれば、子どもはあなたの話を聞きに戻ってくるだろう。

　きっと誰の胸にもしみいる言葉ばかりでしょうが、ことモラル・ハラスメント被害者にとっては、まるで「そこにいてはいけないよ」と語りかけているような内容にあふれています。ぜひ、ご一読をお勧めいたします。

8章 私の大切な人が被害にあっています。私にできることは何ですか？

　　　　　　　親やきょうだい、友人の立場で、被害者のために、どんなことができるでしょうか？　そのときに、何か注意しなければならないことはありますか？

両親、家族の方々へ──親不孝だと思わないで

　被害者の方々が私たちのところに相談に来られるときに、娘や孫を心配する親御さんたちが同席なさることがしばしばあります。

　そんな親御さんたちは異口同音に、「私たちも以前は、娘が泣いて帰ってきても、『おまえの我慢が足りない』『嫁に行ったんだから、しっかり夫を立てて、支えなさい』などと説教しては夫の元に返していました。でも娘が受けているのは理不尽な暴力そのものだったということを知った今、後悔と申し訳ない気持ちでいっぱいです」ということをおっしゃいます。

　両親がそんなふうに「説教」したのも、今となっては「後悔と申し訳なさでいっぱい」な気持ちも、ただただ無理からぬことと申し上げるほかありません。両親の立場で、モラル・ハラスメントの暴力性をしっかり理解し、その被害者である娘に対して自分たちのサポートが必要であることを正しく認識する、まずはそれだけで、両親に望まれることの半分以上はすでに済んでいるといえましょう。

　被害者にとって、なによりも力になるのは、「理解」です。そして、なんといっても、お金です。娘さんに充分な蓄えや収入があれば別ですが、多くの被害者は、そういうものをことごとく加害者に奪われています。今の生活に必要な資金、資格を得るなど今後の自立のためにかかる経費、そして弁護士がどうしても必要だと考えたときには、そのための費用。それから、育児中ならばその手助けも不可欠です。

　せっかく結婚して独立したと思っていた娘が、こうして自分たちを頼り、戻ってきたことを、親不孝とは思わないでください。私たちは、被害者である娘さんたちに対して、「この離婚のことで親に心配をかけたり、頼ることは、親不孝と思うかも知れないけど、親御さんの気持ちとしたら、親孝行でもあるかもしれないですよ」とお話ししています。本当に親御さんたちがそんな気持ちでいてくだ

さったらなあ、という願いも込めて、そう言います。
　どうか、娘さんを「おかえり」と温かく迎え入れてあげてください。決して説教したり、「あなたにも悪いところはあった」などと責めたりしないで下さい。
　娘さんが心の健康を取り戻すまで、根気よく、物心両面にわたり支えてあげていただきたいと、心からお願いします。

友人の方々へ──まずは、耳を傾けよう

　久しぶりに会った友達とおしゃべりしているうち、お互いの夫の話になったら、彼女の夫に関する愚痴や悩みが止まらない。聞いていると、ひとつひとつはありがちなことで、たいしたことなさそうにも思うけど、それがちょっと多すぎる。なにより彼女、本当に辛そうだ……。
　あるいは、女同士の楽しいランチ。ところが、その最中にも彼女の彼氏から、しょっちゅうメールや着信がある。彼は彼女にぞっこんなんだなあ……と最初は思ったけれど、彼女はどんなにおしゃべりが盛り上がっていても絶対に彼からのメールにはすぐに返信するし、電話には必ず出る。彼女が電話に出なかったり、返信が遅かったりすると、数秒おきに携帯が鳴る。これはちょっと、いくらなんでもおかしいような気がする……。
　こんなふうに、家族以外にも、被害者の周辺にいる人が、「暴力」の存在に気づくチャンスがあります。
　4章でお話ししたように、そんなことが起きないようにするためにこそ、多くの加害者は被害者をそうした人たちから遠ざけようとするわけですが、だからこそ、「もしかしたら」と思ったあなたには、ほんの少しだけ、彼女にお節介を焼いていただきたいと、私たちは願っています。
　お節介は、ほんの少しだけでいいのです。まずは、その場で彼女の言葉を聞けるだけ聞いてください。できるだけ、「そんなことはうちもあるよ」「それってよくあることじゃない？」という類の言葉は言わないでください。それを言ってしまったら、彼女は今後一切口をつぐんでしまうかもしれません。そうすることで、今後誰も、彼女自身すらも、その被害に気づくことができないかもしれません。ただ聞いて、「そう、それは辛いねえ」と受け止めてください。
　それから、できる限りまめに彼女とコンタクトをとってください。彼女は夫（彼氏）に行動も交友関係も監視され、制限されているかもしれません。メールして

もなかなか返事はないかもしれませんし、電話にも出ないことが多いかもしれません。一方通行でいいから、折々こんなメッセージを伝えて欲しいのです、私はいつでも、あなたからの連絡を待っている。いつでもあなたの話を聞く。助けが必要なときには、できる限りあなたの力になるよ。

それから、情報を与えてください。あなたが、彼女の受けているものがモラル・ハラスメントという「暴力」だと気づいたら、少しずつ、そのことを伝えてください。そして、そこから逃げてもいいんだよ、ということを。

適度な距離を置く

でも、無理強いは絶対にダメです。彼女はなかなか気づこうとしないかもしれません、今自分の受けているものが「暴力」であることにすら。たとえ気づいても、いつまでもぐずぐずと迷い続けるかもしれません。彼から離れられない理由をあれこれ見つけ出しては堂々巡りをくり返すかもしれません（9章をご参照ください）。加害者も、あなたの存在を疎んじ、彼女から遠ざけようと、彼女にくり返しあなたの悪口を吹き込むなど、あれこれ画策しているかもしれません。そうだとしたら、彼女がそれに逆らってあなたに頻繁に連絡をすることはなお困難です。決していらだたず、説得せず、説教せず、そして決して見放さず、見守ってください。

彼女は「暴力」を受け続けて、心を潰され、健康な思考や判断ができなくなっています。加害者に根深く植えつけられた罪悪感や自己否定感などから、あるいは経済的な不安から、そこから動くことができないのかもしれません。「暴力」の被害を受け続けるということは、そういうものだと知ってください。彼女が彼女自身の力で、健康な心を取り戻そうと立ち上がり、逃げようと決意するまで、適度な距離をもって寄り添い、見守り、静かに応援し続けてください。押しつけにならない程度に、評判のいい女性センターやこの問題に詳しいカウンセラー、弁護士などの情報を集め、彼女に与えてください。

彼女は、いろいろな手助けを必要としています。彼女に頼れる実家のない場合には、当面の生活に必要なお金を貸してくれと言われるかもしれません。しばらく子どもと一緒に身を寄せさせて欲しいと言われるかもしれません。そこまでは自分には無理だと思ったときには、きちんと断る勇気も必要です。

「暴力」によって心を痛めつけられ続けた被害者は、立ち直る過程の中で、他

人、特に支援者に対してひどく攻撃的になったり、「自分はいかなる支援をも受けて当然」というような、それこそ加害者にも似た「特権意識」を持ってしまい、いささかでもその求める支援を拒まれたときや、支援の内容に不満を感じたときに、支援者に対して甚だ筋違いな、しかし非常に強い、恨みのような感情を持ってしまうこともあります。それであなたの心が傷ついたり、疲れたりしたときには、もっと距離を置いていいのです。彼女がもともとは健康な心を持っているならば、それを取り戻したときに、そのことの誤りに気づき、あなたとの良好な関係を取り戻すため誠実な努力をするはずです。それを信じて、待ちましょう。

　いうまでもありませんが、あなたが最も大切にしなければならないのは自分自身の生活であり、家族です。その意識をしっかり持ってさえいれば、自分にできる範囲はここまで、という線引きは、自ずとできることと思います。くれぐれも、首をつっこみすぎないようにしてください。あなた自身の生活が平穏で、安定しているからこそ、人のために何かすることができるのだということを、いつも強く意識してください。

～第2部～
「気づく」ことの意味

　今自分が夫からされていることが「モラル・ハラスメント」という「暴力」なのだと気づいたあなたは、どう考え、どう行動するでしょう。気づいてすぐに「逃げなきゃ！」と決断し、即座に行動に移せる人もいます。しかし多くの方は、その決断に至るまでに、さまざまな悩みや葛藤に直面し、悩み苦しみながら、一歩一歩あゆみを進めていきます。あなたが今悩んでいることは、あなたが弱いからでも、愚かだからでも、優柔不断だからでも、ありません。あなたと同じ立場に置かれた人は、誰しも同じように悩み、考えこむものです。ここでは、私たちにできる限り、あなたの悩みに寄り添い、一緒に考えるお手伝いをします。

9章　逃げる決心が、できません。

> たしかにこの生活はほんとうに辛いのですが、これからの生活のこと、子どものこと……、いろいろ考えると、やっぱりここにいるしかないと思うのです。

　まずは、あなたがそこから逃げられないと思う理由を、ひとつひとつ確認して、整理するところから始めましょう。人それぞれ事情があり、さまざまな理由から「逃げられない」と感じることと思いますが、さて、本当にあなたは「逃げられない」のでしょうか？

◆現実の生活の問題◆

夫がいなければ、生活していけない？

　あなたに充分な収入や蓄えがない場合には、なんといっても不安に思うのは、これからの生活ですね。加害者にくり返し「おまえみたいな無能で役立たずな女を使ってくれるところなんかあるわけないだろう」などと罵られ、あなたはすっかり自信を奪われていることでしょう。

　たしかに、何の資格もキャリアもない女性が、それも小さな子どもを抱えていればなおのこと、この社会の中で、自力で生計を支えることは困難をきわめます。今の日本で、母子家庭の多くが、いわゆるワーキングプアの状態にあるともいわれています。

　でも、あなたにできる仕事が全くないはずはありません。職業訓練だって受けられます。たとえ充分な収入は得られなくても、あなたが働ける場所はきっとあるはずです。そのうえで、足りない分については、もしも頼れる実家があるなら、頼ってください。子どもがいるならば、まずは相手から養育費をきっちり取りましょう。母子手当【注1】という制度もあります。いずれも決して金額は大きくないですが、生活の支えの重要な一部をなすことは間違いありません。また、家賃の安い公営住宅に優先的に入居できるかもしれません。

　それでも足りないなら、生活保護を受けるのです。生活保護行政については、いろいろな問題がありますが、少なくとも切実にこれを必要としている人からそ

の権利を奪うようなことがあってはならないと、弁護士会も強い問題意識を持って取り組んでいるところです。この問題については、弁護士費用の心配をすることなく、弁護士による相談や申請手続への付き添い等のサポートを受けることができる仕組みもあります。万が一、申請してすんなり受給できないようなことがあったら、各弁護士会【注2】または法テラスの相談窓口にご相談ください。

生活レベルを落としたくない？

　特に加害者が高い収入を得ており、また経済的暴力も受けていなかったという被害者にとっては、離婚しても生活ができさえすればいいというのではなく、離婚によって生活レベルを大きく落とすこと自体が、強い不安や苦痛をもたらすことでしょう。これをぜいたくだと非難することは容易ですが、人の心として無理からぬところです。生活レベルが落ちることで、子どもにもたくさんの我慢を強いることになります。教育などにお金を充分にかけてやれなくなれば、子どもの将来の可能性を狭めるかもしれないと心配になるでしょう。とりわけ子どもを私立の小中学校に通わせているような場合には、親の勝手な都合で転校させるのは忍びないという思いはいっそう強いことでしょう【注3】。

　あとは、あなたがどう判断するかという問題です。毎日毎日相手の顔色をうかがってビクビクし、ことあるごとに罵倒されたり無視されたりしながら、相手の要求に振り回され続ける生活を続けることの苦痛と、生活レベルが落ちる苦痛と、どちらがあなたにとって大きいのか。

　そしてなによりも大切なことは、子どもがこの家庭で、あなた方夫婦の姿を手本として見続けながら育つことによって、加害者の考えや行動パターンを学び取り、彼そっくりの人間になってしまうか、あなたの奴隷のような姿に学び、あなたと同じような結婚相手を選んでしまうか、いずれかの可能性がきわめて高いということです。このことよりも、あなたにとっては、経済的に豊かな生活を続けることが大切ですか？

◆子どもに関する悩み◆

子どもを片親にするのは忍びない？

　子どもにとって、両親が揃った家庭が望ましいのはあたりまえです。事情がなんであれ親の一方または双方がいない家庭のことを、子どもの非行問題などを議

論する場面などにおいて、あまりいい言葉ではありませんが「欠損家庭」と表現することがあります。

たしかに、単純な数値の問題として、「欠損家庭」の子どもが問題を起こすことが多いという事実そのものは、否定できないのかもしれません。しかし、問題は、いわば物理的な「欠損」ではありません。

「機能的欠損家庭」という言葉があります。形式的には両親が揃っているけれども、そのどちらかまたは両方の親としての正常な「機能」が「欠損」している家庭をいいます。いうまでもなく、暴力や虐待が典型です。モラル・ハラスメントという静かな暴力あるいは虐待を含むDVは、それを目撃し続け、そのような両親の歪んだ関係性の中で育てられる子どもに対する、直接の虐待です。

あなたが今、子どもを育てている家庭は、まごうことなき「欠損家庭」です。それも物理的に「欠損」しているだけならば見ることも学ぶこともなかった、加害者の歪んだ思考・行動パターンや、それにただ服従する母親の姿、そんな両親の歪んだ支配・被支配関係を、目撃させ続けるという虐待のある家庭です。

単純な「片親」とは比べものにならないほどに、子どもに与える負担や苦痛、悪影響が大きいことに、気づいてください。

子どもにとっては、いい父親？「大好きなお父さん」？

夫が子どもを「溺愛」している、私には辛く当たるけれども、子どもにはとても優しくて、よく相手もしてくれる、いい父親なんです、だから子どももお父さんが大好きなんです、という声もしばしば聞かれます。

しかし、加害者の子どものかわいがり方をよく見てください。ごくごく小さいうちは、自分の機嫌や都合だけで、まるでペットのように、ただただ無責任にかわいがるという扱いをしていませんでしたか。少し子どもが大きくなって、自我が芽生え、彼の気に入らないことも言ったりしたりするようになると、彼はあなたに対するのと同様に、気分や機嫌次第で子どもにきつく当たったりしていませんか。子どもの成長に従い、巧妙に言葉や態度で子どもを取り込み、支配し始めてはいませんか。子どもが父親を慕うのは、彼が子どもに迎合を強いた結果とはみられないでしょうか。

何より、本当に彼が子どもを愛し、心身ともに健康に育てようという意識があるならば、子どもの目の前で母親に対し、ことさらに冷たい態度を取ったり、ま

るで奴隷のような扱いをしたりするでしょうか？

　子どもに対してはこれ以上ない笑顔を見せる一方で、あなたに対しては露骨に冷たく接する、彼の狙いは何でしょう。あなたに対する愛情は冷めたけれども、子どもはかわいいのだと、あなたは単純に考えるでしょうか。

　違いますよね。子どもに対する本当の愛情がある人は、たとえその子の母親に対する愛情が完全に冷めていたとしても、子どもにそれを見せつけたりしません。それが、子どもに対する最低限の当然の配慮であり、愛情です。母親に冷たくあたったり、両親が不仲であることが、子どもを傷つけ、悲しませることだと、わからないはずがありません。

　彼のその態度は、あなたに疎外感を与えて傷つけ、辛く惨めな思いをさせるという「いじめ」です。あなたへの嫌がらせに、子どもを利用する典型的手口です。子どもにだけは優しいという加害者の本当の狙いを、しっかり見定めてください。

子どもが、別れないでほしいと泣く

　どんな両親であっても、子どもにとっては自分の傍にいてほしい、仲良くしていてほしい存在であることは間違いありません。そんな子どもの心に寄り添う気持ちは、決して忘れてはならないものでしょう。

　しかし、子どもが別れないでほしいと望む、根底の思いはなんでしょうか。両親が穏やかな関係であってほしい、そんな両親であってほしいという願いではないでしょうか。

　もちろん、その願いはあなたも全く同じように抱き続けてきたものですね。でもあなたは、それがどうしたってかなうものではないことを、もう知っています。

　あなたはこれまで、その願いが実現するように、あらゆる努力をしてきたことでしょう。できない努力もさんざん試みたことでしょう。でも、その努力が実を結ぶことはありませんでした。というよりも、初めから、実を結ぶはずのない努力であり、かなうべくもない願いだったということを、知りました。

　子どももいずれ、理解できるはずです。あなたの思いを、あなたの言葉で、正直に誠実に伝え続けてください。できる限り嘘やごまかしを言わずに、お母さんもお父さんと仲良くするためにがんばれるだけがんばった、でももうがんばれない、心が辛くて辛くて、もうここにはいられない。子どもと一緒に泣きながら、くり返しそう伝えていいのだと思います。

「お母さん1人で出て行って、自分はここに残る」と子どもに言われた

　ある程度大きくなった子どもであれば、いろいろな思いから、頑としてそこから動こうとしないこともしばしばあります。

　幼稚園〜小学校低学年くらいにもなれば、加害者も、巧妙にアメとムチを使い分けながら子どもを取り込み、支配するようにもなるでしょう。

　高校生くらいになってしまった子ならば、すでに父親の思考・行動パターンを身につけてしまい、父親と一緒にいる方が得策だという計算なども働いているかもしれません。

　子どもの成長や発達度合いによって、考えるべきことも対応もさまざまですが、私たちはだいたい中学生くらいになるまでは、子どもがどれほど彼から取り込まれようと、彼から学んでしまっていようと、彼から子どもを引き離すということをまず第一に考えてほしいと思っています。まだまだ、あなたの手で子どもの心の呪縛を解き、「学び落とし」をさせることが充分に可能だからです。それよりなにより、「母親が自分を置いて出て行った」という事実は、子どもの年齢が低ければ低いほど、その心に深い傷や不信感となって残ってしまいます。

　他方、おおむね15歳以上の子どもについては、最終的には、どんな影響を受けた結果としての意思であれ、それを尊重せざるを得ないことが多いでしょう。そうなると、子どもの年齢にもよりますが、そのまま加害者に親権を取られてしまう危険が格段に高まります（親権など「子の取り合い」問題については、13章でお話しします）。その後、どのようにしてその子との絆を維持し、母親として関わっていくか、じっくり考えながら模索していくしかありません。

　できるならば、そんなことにならないように、先にもお話ししたとおり、子どもの心に寄り添いながら、根気よく、誠実に語りかけ続けてください。あなたがそれまでの生活の中で、子どもとの関係をきちんと築く努力をしていたならば、あなたの心は必ず、子どもに通じるはずです。

　何よりも注意しなければならないのは、加害者にとって子どもはいわば、あなたを支配下に留め続ける、あるいは引き戻すための「人質」だということです。加害者は巧妙に子どもを取り込み、「自分さえこの家に残るといってがんばれば、お母さんが出ていくことはない。ずっと一緒に暮らせる」と信じ込ませることもします。子どもとの語り合いにおいては、その可能性を常に頭のどこかにとどめ

ておいてください。

◆あなたの気持ちの問題として◆

優しいときの彼が、本当の彼だと思う？

5章で、ハネムーン期というお話をしました。この時期の優しい彼が、彼の本当の姿だと思いたい。そんな気持ちは誰しも持つものです。加害者もそれを狙ってこそ、ハネムーン期を作るのですから。

他方、あなたをいじめる彼もまた、現実の彼の姿です。あなたから見て、優しい方が本当の彼だと思うのはなぜでしょう？　何か具体的な根拠はありますか？　もしもあなたの周囲に、あなたの置かれた状況を理解し、心配する家族や友人がいる場合、あなたのその説明に、その人たちは納得するでしょうか？

私への甘え？　不器用な彼なりの愛情表現？　という思いを捨てきれない。

あなたは、彼の言葉や態度に、それほどまでに傷ついているのでしょう？　彼の要求に振り回され、心身ともにくたくたになっているのではないですか？

たとえそれが「甘え」であったとしても、それによってあなたがそれほどに辛いなら、その辛さから逃げてもいいのではないでしょうか。このことについては、11章で改めてお話しします。

愛情表現ですか？　本当にあなたは、彼の言葉や態度から、「愛情」を感じられていますか？

本当の愛は、あなたを傷つけません。

やっぱり、彼が怒るのは私が悪いから……？

あなたには一片の「悪い」ところもないとはいいません。神ならぬ人間なのです、失敗もするし、至らないところもあるし、時には感情を荒立てたりしてあたりまえです。

でもあなたのその「悪い」ところは、彼のそれほどの怒りの強さと「制裁」の過酷さに見合うほどに、大きなものでしたか？　誰が見ても「悪い」ようなことでしたか？　たとえそうだったとしても、彼には、あなたをそれほどまでに痛めつけること以外に、とりうる行動はなかったのでしょうか。

そもそも、そういう「悪い」ところを認め合い、補い合い、そして許し合うの

が夫婦ではないでしょうか？

私が努力すれば、いつかきっとわかり合えるのではないかと思う？
　あなたはこれまで、いったいどれだけの努力をしてきたことでしょう。あらゆる努力と工夫を試みて、それでも何ひとつ、実らなかったのではないですか？
　あなたはそれが、自分の努力がまだまだ足りないせいだと思うでしょうか。
　それが、いわば神様の目から見て足りているかどうか、ではありません。
　あなたとしては、できる限りの努力を、そして我慢をしてきたのでしょう。これ以上どんな努力をしたらいいのか、あなたには何か、具体的に思い浮かぶでしょうか。あなたの心はもうくたくたに疲れて、がんばる気力も湧いてこないほどに、ただただ辛いのではないですか？
　そこまでがんばってダメなことならば、人は、それを諦めてもいいのだと思います。
　もうひとつ、視点を変えてみてみましょう。あなたと同じくらいの努力を、いったい彼はしているでしょうか？　彼はきっと、「自分はダメなおまえに我慢してやっている」とでも言うでしょう、それが彼のしている「努力」だと。ではなぜ、彼はあなたが努力をしていること自体を、認めてはくれないのでしょう。足りないところや、できていないところばかりを次々と取り上げ、「我慢してやっている」と言うばかりで、あなたがきちんとできていることは一顧だにしない。そんな彼がしている「努力」って、いったいなんなんでしょう？
　夫婦って、本来対等なパートナーですよね。努力や我慢は、お互いに、同じようにすべきものです。あなた方の関係は、どうですか？

相手を変えようと思うのではなく、自分が変わる努力が必要とアドバイスされた
　そのアドバイスをした人は、モラル・ハラスメントという精神的暴力のメカニズムをきちんと理解した上で、そんなことを言っているのでしょうか。彼が「暴力」によって、あなたを支配し服従させようとしていることを、その人はわかっていますか？
　そもそも、あなたがこれまでしてきた努力は、相手を変えようとする努力だったでしょうか？
　そうではないですよね。何を言っても相手には伝わらない。頑として己の正

当性を譲らず、その独自のルールと要求を無理やり押し通そうとする相手を前に、あなたは常に、一方的に、譲歩と忍従を強いられてきました。自分がそうしてさえいれば済むのだから、と。自分が変わる努力など遙かに超えて、自分の意思や感情を押し殺して暮らしてきました。

　そのアドバイスは、あなたに対しては、完全に見当違いです。

彼から愛されていない自分を認めたくない

　自分は相手から悪意を持って「暴力」を振るわれていたという事実を認めることは、彼から愛されていなかったという事実を認めることでもあります。あなたが懸命に愛情だと信じていたものが、それとはかけ離れたもの――悪意であるとか、彼の歪みきった自己愛やナルシシズムの類であるとか――ということを、認めたくないのは誰しも同じことでしょう。

　あなたは、彼から本当には愛されていなかった。でもそれは、あなたに原因や責任のあることではありません。

　彼という人は、自分以外の人を、それがたとえ血を分けたわが子であっても、愛することはできません。

縁あって結婚したんだから、そうそう離婚なんかすべきじゃないと思う？

　ここまでのお話を踏まえてもなお、あなたはそういう思いを捨て去ることができないでしょうか？

　あなたは、自分らしく自由に生きていいのです。

◆親のこと◆

親に心配かけたくない

　たしかに親御さんとしては、娘がせっかく結婚して独立し、親としての役目を果たし終えたと思ってほっとしているところに、あなたが結婚生活が辛い、離婚したいなどと言い出せば、ご心配やご心労はいかばかりかと思います。親に心配をかけたくないと思う被害者ほど、ぎりぎりまで親にも相談せず、むしろ親に対しては幸せに暮らしているようなふりすらしてきたことでしょうから、なおのことでしょう。夫の言動に首をかしげたり腹を立てたりする両親に、あなたが必死で彼をかばい、フォローしたことも一度や二度ではなかったかもしれません。

でも、親が子の心配をするのはあたりまえです。今あなたが置かれている状況は、どうしたって、親としては心配しないわけにいかないのです。そういう状況に至ってしまったのだから、仕方ありません。
　あなたも親になっているならば、親の気持ちも想像できるでしょう。あなたの結婚生活の辛さを、何も相談してもらえない、あなたを助けるために何の力にもなってやれない、というほうが、親御さんの苦悩は遙かに大きいはずです。

親が反対している
　反対に、あなたの辛さをなかなか理解できない親御さんもいることでしょう。
「夫婦なんてそんなもの」
「あなたの我慢が足りない」
「そんなことくらいで離婚するもんじゃない」
「これから子どもを抱えてどうやって食っていくんだ」
　そんな言葉が私たちにも聞こえてくるようです。
　もしも結婚にも反対されていて、それを押し切っての結婚だったのであれば、なおさらですね。
　あなたの辛さや彼の異常さを、一生懸命くり返し（くり返し、が大切です）伝えて、理解してもらう努力は、あなたの心ががんばれる限りは、していただきたいと思います。夫との会話にならない会話や、暴言などを録音して、親に聞かせたらやっとわかってもらえた、ということもしばしば聞きます。
　でも、それでも理解してもらえないなら、諦めましょう。経済面その他の援助を受けられなくても、仕方ありません。上記のとおり、あなたと子どもが生活していく道はちゃんとあります。

彼の親は本当に私によくしてくれた。彼らに、泣いて引き止められている
　相手がモラル・ハラスメント加害者である場合には、数としてはあまり多くはないのですが、それでもやはり目立つ相談が、彼の親が、あなたを実の娘のように大切にしてくれたから離婚するのは申し訳ない、「あんなバカ息子だけど添い遂げてやってほしい」「自分たちからも息子によく言って聞かせるから」などと懇願されて心が揺らいでしまう、というものです。
　でも、彼らを冷静に観察してみてください。そもそも、彼らは、あなたの夫の

人格の、いわば"製造主"である可能性がきわめて高い人たちです。あなたの夫の思考・行動パターンは、彼が大人になるまでの間に、その親が何らかのかたちで手本を示し続けた結果、彼が学び、身につけたものである可能性が非常に高いのです。……ということをお話しすると、皆さんことごとく、「ああ、そう言われれば、あの人たちに思い当たるところはある」とおっしゃいます。

　そもそも、息子の問題性を本当に理解し、それによって苦しめられ続けたあなたの立場を本当に理解しているなら、息子と別れないでくれなどと言うでしょうか？　要は彼らは、息子にはサンドバッグが必要だから、あなたに犠牲になってくれと言っているのです。彼らがあなたを本当に実の娘のように思っているなら、そんな大切な娘に対して、そんな要求ができるでしょうか？

　仮に彼らが、息子の問題性を本当に全く理解していないならば、それはそれで大問題です。彼らも同種の人間か、あなたと同じような被害者か、どちらかなのでしょう。

　彼らはたしかに、これまでの結婚生活の中で、あなたに優しくしてくれたかもしれません。でもそれは、あなたがその息子の奴隷の立場に甘んじて、そこにとどまっている限りにおいての話です。

　彼らの「泣き落とし」には、決して動じないでください。

【注1】　母子手当とは、正確には「児童扶養手当」といい、いわゆるひとり親家庭に対して支給される行政的給付です。世帯の所得と子どもの数に応じて金額が決まり、たとえば子どもが1人の場合には満額でも月額4万円あまりと、決して高額ではありませんし、養育費を受け取っている場合にはそれも所得とみなされてしまう扱いのようです。問題点を挙げればきりがありませんが、それでも、権利は権利として最大限行使してください。

【注2】　弁護士会は原則として各都道府県（北海道のみ4カ所）にあり、それぞれの管轄内に何カ所かずつ法律相談センターを設置しています。巻末に各弁護士会の法律相談窓口の代表番号を列記しておきます。時間や場所などは問い合わせの上、ご利用ください。法テラスの受付電話番号は0570－078374（平日午前9時から午後9時まで、土曜日は午後5時まで）で、相談内容ごとにオペレータが各窓口につなぎます。

【注3】　なお、相手から取れる養育費の金額は、相手の収入が高ければそれに応じた高い金額が認められるのが通常です。私立学校の学費も、同居中から通っていたのならば、全部とはいかないまでも相当部分を相手に負担させることができる可能性が高いので、転校させずに済むかもしれません。このあたりについては、一度しっかり弁護士に相談してみてください。

コラム

私たちも、しっかりがんばっています。

　ここに登場する4人のシングルマザーたちは、いずれも、結婚あるいは妊娠を期にそれまでの仕事を辞め、元夫との同居中はほぼ専業主婦で、その時点では特別な資格や技能などを何もお持ちではありませんでした。離婚を決意してから、ご実家などのサポートのもとでしっかり準備や勉強をして、自立した方々です。それぞれご好意で、本書にコメントを寄せてくださいました（全て原文のまま）。

A子さん（2010年に調停離婚、当時30歳）

　——元夫との同居期間約5年、別居から離婚成立までの期間約4カ月、ただしその後1年あまりにわたり面会交流調停

　橋本弁護士らに「筋金入りのモラル・ハラスメント加害者」と言わしめた元夫のもとを、1歳～4歳までの3人の子どもたちを連れて脱出したとき、お腹の中に4人目の子がいました。実家が元夫の家から近かったので、母子寮（母子生活支援施設）に入れてもらいました。事前に市役所でしっかり相談して、入所日も決めておくなど、脱出の準備は綿密にしていましたが、当日になっていきなり元夫が熱を出して寝込むというアクシデントがあって、ヒヤヒヤさせられました。

　無事に4人目を出産した後、3カ月になるのを待って保育園に預け、パソコンなどの職業訓練を受け始めました。これはハローワークで募集していたもので、約3カ月の訓練でした。パソコン以外にも医療事務や簿記などもありました。条件を満たすと1カ月につき約10～12万程度の訓練金が支給されます。その後は就職活動をしながら教習所に通い、自動車免許を取得しました。数カ月後、当面はパート扱いではありますが、フルタイムの事務の仕事を得ることができました。社会保険にも加入してもらい、がんばれば正社員にもなれるという条件です。

　小さな子が4人もいて、資格も何一つ持たない私を採用してくださった上司から後日、採用された理由を聞かされました。「ガッツがあったから」というものでした。ただ、もちろん自宅から利用できる病児保育の場所や利用方法、市のファミサポ、実家から受けられるサポートなど就職活動の前にきちんと調べ、できる限り職場へ負担をかけることのないように努めるということは面接の際に話しました。

　このような職業訓練や職探しにあたっては、母子寮にとてもお世話になりました。その間、約1年ほどは生活保護をいただいていましたが、就職と同時に生活保護は止めて、以後は私の給料と、元夫からの養育費4万円と、母子手当4万円（ひと月あたり、4カ月に1度支給）、子ども手当5万円（同）だけで生活しています。親からの金銭的援助はありません。

　就職して数カ月後には母子寮を出て賃貸住宅に移りました。その後、中古の一戸建てを買いました。母子寮にいた頃から、小さな子が多くいた私は夜泣きや子どもたちの走り回る音や大騒ぎする声にとても気を使っていました。いつ苦情が来るかと冷や冷やしながら毎日のように「静かに」と注意する日々。一戸建てならもっとのびのびさせてやれるのに、とずっと考えていました。

そして脱出してから2年。上の子の小学校入学を控え、本格的にきちんと腰を落ち着けて住める場所を探し始めました。その際、一戸建て購入も視野に入れていました。しかし購入時、私はまだ就職して1年も経っていませんでした。これは普通、銀行でローンを組みたいなどと言っても相手にしてもらえるような状態ではありません。最低3年、というのが常識だそうです。ですが、とても素晴らしい不動産屋さんとの出会いもあり、勤続年数が短くても組めるローンを色々と考えてくださいました。そしてフラット35という住宅ローンを利用することになりました。もちろん、新築などはとても無理ですが、何度もインターネットやチラシを見て毎週のように内覧に足を運んだりするなどして、築年数も4年と浅く、とても気に入った物件と巡り合うことができました。金額も不動産屋さんが交渉して下さって何とか私の収入で組めるローンの金額に納まりました。諸費用だけは、脱出してからこつこつと貯めていた貯金を使いましたが、親の援助を受けることなく購入することができました。ローンの金額は今までの賃貸の家賃よりも安いので、固定資産税を払ってもほとんど年間の支出は変わりません。そして、子どもたちが大暴れしても叱らなくて済むので、私も子どもたちにとってもストレスがかなり減りました。

　私には、正社員の経験すらなく資格もありません。それでも、健康な体があって、毎日がんばってまじめに働いていれば、きちんと生活することはできます。

　そして、心が自由であれば、がんばろうという気力も湧いてきます。

　かつて、私は、心を持たないロボットになりたいと本気で願いました。そうすれば元夫の暴言に傷つくこともなく毎日笑顔でいられるのに、と。家から一歩も出られず、ただひたすらに家事をこなすだけの日常でも不満を感じずにいられるのに、と。

　でも今は違います。毎日の暮らしは決して楽ではありませんが、心から笑顔でいられます。

　休みに子どもたちと遊びに出かけたりするたびに、こうして自由に外に出られることも昔は考えられなかったことなどを思うと、幸せって、本当に心次第なんだな、と感じます。こんな小さな自由が、嬉しくて仕方ないなんて、あの苦しかった日々も無駄ではなかったのだと思ってしまいます。（もちろん二度とごめんですが）

　現在は、家事育児仕事の合間に資格取得を目指して勉強中です。

　将来的には、行政の支援を受けずに自立した生活ができるようになりたい、と考えています。

B子さん（2007年に一審で和解離婚、当時39歳）
―元夫との同居期間約7年、別居から離婚成立まで約1年

　別居当時、子どもたちはまだ4歳と6歳でした。しばらくの間は実家の世話になっていましたが、すぐに近くの府営住宅に入ることができ、それからは母子3人で暮らしています。子育てや面会交流に関しては、両親が全面的に協力してくれています。

　離婚の調停や裁判をしている間、これからどうやって2人の子どもたちを育てていこうかと一生懸命考えたり、調べたりしました。そして、看護師になろうと決意しました。私が1人で子どもたちを育てていく道はこれしかないと思いました。まず看護学校の受験からのスタートです。

　無事に看護学校に入学し、一生懸命勉強しました。テストも全てクリアーしていました。2年生にもなり、病院実習も始まりました。でも、学習が進んでいくうちにこの仕事は無理かもしれ

ないと思い始めました。とくに，実際の医療現場を見て，私には様々な医療行為や血を見ることが怖くてどうしても無理だったのです。看護学校の仲間や両親にはかなり止められましたが，退学を選びました。生活のためとしても私にはどうしてもできないことでした。
　なお，看護学校にいる間の生活については，大阪府から母子の支援の一環で，無利子で生活費と奨学金を借りることが出来たのでそれを利用しました。それは，もう全額返済したのですが，あとは児童扶養手当や児童手当も足しにし，当時，確か府営住宅の家賃が4000円から7000円位だったと記憶していますので，それも助かりました。養育費は，いろいろ思うところあって，あえて取っていません。
　退学してからどうするのか悩みましたが，独身時代にしていたアパレルの仕事に戻ろうと思い，不況のわりにすぐにアパレルメーカーへの就職が決まりました。百貨店でのプレタポルテの販売の仕事でした。しかし，その頃はリーマンショックの後でした。2カ月後に契約社員になる予定で入社し，実際に2カ月後に入社式のようなものもありましたが，そこで渡された身分は，長期パートナー（社会保障のある，正社員と同じ仕事をするパート）という身分でした。
　この時期にいろいろと考えました。改めて，別の国家資格を取るために勉強を始めました。とりあえず半年間の通信教育からはじめましたが，とても身につかず，独学では無理と思い予備校に通おうと思いました。しかし，アパレルの仕事は不規則で，働きながら学校に通える状況になかったので，転職して土曜日に今も学校に通っています。雑誌などではこの資格は半年や1年で取れると書かれていますので，当初そのくらいのつもりで始めたのですが，そんなものではありませんでした。今年で学校も3年目です。先日公開模擬を受けたのですが，合格点に達していたので，やっと今年は合格ラインに立てるようになったと思います。なんとしても今年は合格したいと思っています。
　仕事ですが，学校に通うために転職し，直近の仕事はクレジットカード会社での勤務でした。クレジットカード会社は派遣で，それが最近のことなんですが，派遣期間の契約更新はなく，会社都合で退職となってしまったのです。それで今は求職中の身となってしまいました。このことは予想外の展開だったのですが，試験直前期に思わぬことで勉強時間が増え，今は求職活動と平行して来月の試験に向けて必死で勉強しています。
　仕事をしながら，家事，子どもたちのことをして，勉強時間を確保するのは本当に大変な3年間で，全てをこの試験にかけてきた3年間でした。こんなことに挑戦できるのも離婚したおかげです。モラハラ夫と一緒では夢を持つことも自分らしく生きることも出来ませんでした。とても息の詰まる毎日でした。モラハラのない毎日はとても幸せです。自由な感じです。自分を取り戻した感じです。子どもたちと夜3人でいると本当に3人で幸せだなーと，よく思います。離婚したことを一瞬たりとも後悔したことはありません。収入や仕事，子育てについて不安になったりすることもありますが，その悩みはモラハラにあった日々よりもずっと未来を見ることができて，前向きに向き合えます。少し遠回りして時間がかかっていますが，今，一生懸命頑張っている最中です。
　子どもたちも中1，小6となり，しっかりしてきました。子育ての点でも離婚は正解でした。あのまま結婚生活を続けていれば，間違いなく男尊女卑の男の子に育っていたと思います。そうはならないと思いますので，ホッとしています。子どもたちの父親との面接は続けています。子どもたちも2カ月に1回父親に会うのが習慣になり，それはそれで子供たちの成長にも，良かっ

たと思っています。心配していた父親の悪影響も今のところないです。

C子さん（2007年に高裁で和解離婚、当時30歳）
――元夫との同居期間約8年、調停申立から離婚成立まで約1年半

　結婚して6年くらいの間は特に大きな問題はなかったのですが、夫が外に女性をつくってから、ひどい暴言や嫌がらせが始まりました。夫が家に帰らなくなったとき、子どもはまだ7歳、4歳、3歳でした。生活費も入れてくれなくなりましたので、しばらくの間、生活費や子どもたちの世話などはほぼ全面的に実家の親に頼っていました。私は結婚が早かったので、ほとんど社会経験はなく、働いた経験といえば、夫の家業の手伝いくらいでした。
　離婚を決意してから、子どもたちが小学校、保育所に行っている時間帯にヘルパー2級の資格を取るために勉強し始めました。免許取得後は朝、7時30分には仕事先に着かなければならなかったので、長男には鍵を持たせ、下の子二人は7時過ぎに保育所に預けて、平日は毎日働きました。週末は実家の親が子どもたちを迎えに来てくれ、実家で預かってくれたので仕事に行くことができました。離婚が成立してから4年間は実家で世話になりながらヘルパーの仕事をしていましたが、同居1年目に上司から、「あんた、看護師になったら？」と言われ、上司の知り合いの病院を紹介していただき、病院で仕事をしながら、看護学校受験のための勉強を始めました。同居2年目の春、無事に看護学校に入学し、働きながら2年後に准看護師の免許を取得できました。学校からの推薦もあり、そのまま正看護師（3年制）に推薦入学できました。その春に実家から独立して、子どもたちと私でハイツに引っ越ししました。
　今は、看護学校の3年生です。来年2月に国家試験を受ける予定です。学校にかかる費用は病院が支払ってくれています。
　母子手当ては、1カ月4万1070円です。児童手当てが3万5000円、養育費9万円、それから、今は大阪府高等技能訓練給付金を1カ月7万500円と、大阪府修学金約3万円をいただいています。あとは自分の給料で充分生活できています。

D子さん（2009年に高裁で和解離婚、当時39歳）
――元夫との同居期間約7年半、別居から離婚成立まで約3年

　上の子が6歳と、下の子が1歳になったばかりのころ、この夫とはもう一緒に暮らすべきでないと思うできごとがあり、離婚を決意し子どもたち2人を連れて実家に戻りました。元夫は典型的なモラル・ハラスメント人格で、調停や裁判は本当に辛く、長い時間を費やしましたが、その間、両親の理解と協力のもと、派遣社員として昼間はフルタイムで働きながら、福祉系専門学校の通信課程で1年半勉強しました。卒業して半年後の国家資格試験に合格することができ、その後ようやく離婚が成立。3年にわたった離婚裁判でしたが、その間に相手から支払われていた毎月の婚費（筆者注・別居中の生活費のことは、28章で説明します）と自身の給料のうち、生活費以外のほとんどを貯金していたので、それを元手に実家近くの古いマンションを購入し、自

立することができました。

　養育費は離婚後早々に途絶え、強制執行も空振りに終わってしまいましたが、元夫の性格上、養育費などいつ途切れてもおかしくないものと想定していたので、住居は賃貸ではなく、購入することでローンと管理費等含めても毎月4万円におさえることができました。取得した資格を基に正職員として転職することができ、現在4年目になります。年収は300万円以下。給料は決して多いとはいえませんが、母子手当が月額約3万2000円、児童手当が月額2万円受給できているので、贅沢はできないものの充分に生活していけます。また医療費に関しては「ひとり親医療証」を利用できたので、自己負担金が非常に少額で済んでいます。夫からは離婚時にいくらかの財産分与を受けたのですが、それは何かのときの備えとして手をつけずに生活できています。

　私は婚姻中、専業主婦を7年間していました。離婚を決断し、2児のシングルマザーとして一から生活するのにはとても勇気が必要ではありました。離婚することによるこれからの生活の不安、数年にわたる裁判、元夫からの離婚後も続いた中傷や嫌がらせ、子どもたちとの面会の問題……。精神的に辛いこともたくさんありました。

　けれど心を殺さないと生活できないような結婚生活で、未来が真っ暗に感じていたあの頃に比べると、どんなに生活が大変でもお金が潤沢になかったとしても、今の心の自由と子どもたちとの穏やかで明るい平和な暮らしを、こんなにも幸せと感じられていることから、「離婚して本当に正解であった」と、そこだけは今でも揺るぎなく思うのです。

　子どもは親たちを見ています。あのまま自分を失い死んだように結婚生活を続けていたなら、夫との歪んだ夫婦関係を見せていたら、子どもたちは今のように明るくのびのびと育たなかったと思います。母親が笑顔でいられること、びくびくと暮らさなくてもいいことは、子どもの心には本当に大事なことであり、それは両親が揃っていないということをひらりと超えるほどの強ささえ感じることが日々あります。

　どうか、人生をあきらめてしまわないでほしい。自分の可能性や本来持っていたはずの強さをもう一度信じて一歩踏み出せば、新しい生き方が開けていることを想像してほしいです。

　今の私は先行きなど何も見えていなくても、逆に「この先まだ何が起こるか分からない」とさえ感じてわくわくしているのですから……。

10章　別れる以外に、本当にどうしようもないのでしょうか？

> 夫がモラル・ハラスメントをやめさえすれば、一緒に暮らせるのです。カウンセリングなどを受けてもらうことで、何とかならないのでしょうか？

加害者は「治る」のか？

　薬物をくり返し使用し、やめることができなくなったあげく、逮捕され裁判を受ける人は、法廷で、「もう二度と薬物には手を出しません、今度こそ本当に懲りました。きちんと治療して薬物依存を克服します」などとこれ以上ないくらい真剣に裁判官に訴えて、刑務所に行かずに済む執行猶予判決を得ようとします。実際に彼らは逮捕され、短くても数週間、長ければ数カ月も身柄拘束されたうえに、警察でも検察でも、そして法廷でもさんざん絞られますので、その時点では心底懲りているのだろうと思います。しかし実際に執行猶予になって自由の身になったとたん、「喉元過ぎれば熱さを忘れる」ということわざそのままに、また薬物に手を出して逮捕される人は、実に50％を超えるともいわれています。薬物の誘惑はそれほどに強いもので、ひとたび依存ないし中毒に陥ったならば、容易に克服できるものではありません。このことは、薬物犯罪でくり返し逮捕される芸能人などが少なくないことからもおわかりになると思います。

　モラル・ハラスメント（DV）も、このような薬物依存と同様、一種の嗜癖（アディクション）といえます。嗜癖とは、臨床心理学において「心身を損なう習慣的言動で、それが自分や周りの人にとって害があるとわかっていてもやめられない行動」などと説明されています。薬物依存者が、目の前に薬物があればその誘惑に抗うことができないのと全く同じように、モラル・ハラスメント加害者も、あなたという餌食がそこにいる限り、いじめることをやめません。加害者は、特定の相手をいじめて支配することでしか、自分を保つことができないのです。それ以外に、自分のストレスや葛藤を処理する方法を知らないし、知ろうともしないと言い換えてもいいでしょう。自分は本当はつまらない人間で、小心者であることを否認し、あるいは直視しないで済むようにするために、誰かの絶対的優位に立ち、支配することでしか、生きられない。

彼らはそういう思考と行動パターンを、成長しながら学び、それを学び落とす機会もないまま身につけ、今となっては骨の髄にまで染みつかせてしまいました。彼ら自身が真にその誤りに気づき、彼ら自身の意思で、今からでもこれを学び落とそうとする（そんなことがほとんどありえないことについては、すぐ後で述べます）のでない限り、「治る」ことはありません。
　あなたという、彼が選んだ支配（依存）対象がそこにいる限り、彼はあなたを支配しいじめ続けるでしょう。少なくともあなたとの関係において、彼がモラル・ハラスメントをやめるためには、あなたが彼の傍から離れる以外にありません。薬物依存の人から薬物を取り上げるのと全く同じです。

「暴力」には「うまみ」だけがある

　4章、11章でお話しするように、「暴力」には、家庭の中で、生活面、感情面、性的欲求など、あらゆる要求が、何の対価も責任も伴うことなく満たされるという「うまみ」があります。そうそう手放せるものではありません。
　ここで薬物依存などと決定的に違うのは、モラル・ハラスメントをどんなに続けても、くり返しても、それ自体によって本人が刑罰を受けたり、財産や社会的地位を失ったり、健康を害したり、命が危険にさらされるといったリスクや代償がないということです。つまり、加害者本人が、「こんなことをしていては自分はダメになってしまう」とか「このままでは死んでしまう」といった切実な危機感を抱く機会は、まずありません。
　彼には、「うまみ」だけがあるのです[注1]。
　強いて言えば、せっかく支配下に収めた被害者に逃げられたときが、彼にとって「このままじゃいけない」と気づける機会といえますが、どうしてもこの被害者を引き戻すことができなければ、また別の餌食をみつければそれで済む話。簡単なことです。そんなことをくり返しながら、その人格の歪みを増幅させたあげく、家族のみならず友人知人からも見放され、自分の周りに誰もいなくなったとしても、彼らは、その独自の理屈でもってそれらの人たちに全ての非を転嫁して、「自分は絶対に悪くない」と思いこめてしまいます。
　モラル・ハラスメントとは、「暴力」を自分に許される正当な行為と考える加害者自身が、その全人格・全信念を全面的に否定し、根本からひっくり返して初めて、克服できる問題です。加害者が加害者でなくなるためには、加害者自身が、

自分の考え方や行動は絶対的に間違っているということを、完全に納得し、理解する必要があります。

そんなこと、普通の人だって、ものすごい努力と苦しみを伴うことです。まして、加害者になってしまったような人たちに、できることでしょうか。

「モラル・ハラスメントは治らない」といわれるのはこのためです。

加害者カウンセリングが本来的に抱える矛盾

加害者向けのカウンセリングや夫婦カウンセリング、あるいは「加害者更生プログラム」といったものに、加害者の"更生"と、共存の可能性を見いだそうとする気持ちは、とてもよく理解できます。とりわけ、「子どもには両親が揃った家庭を」とは、親としてあたりまえの願いです。彼が変わってくれるならば、という一縷の望みにすがりたい気持ちは、誰もが抱くものでしょう。

しかし、まずそもそもの問題として、加害者にカウンセリングを受けさせるところから、高く厚い壁にぶちあたることでしょう。なぜ自分がそんなことをしなければならないのか、自分には何の問題もないのにふざけるなと強く抵抗され、俺を精神病扱いする気か、おかしいのはおまえの方だなどと罵倒されもするでしょう。

仮に首尾よくその壁を越えられたとしても、カウンセリングというものは本来、カウンセラーが相談者に対して共感的に関わるという基盤のうえに成り立つものです。少々おおざっぱな言い方になってしまいますが、ごくごくわかりやすく言えば、「妻はこれだけダメな女で、自分をこれだけいらだたせるのだ。これでも自分は感情を抑えているのだが、ついつい言葉がきつくなってしまう」というように、加害者がこれでもかと妻の非をまくしたて、自らの行為の暴力性は巧妙に否認あるいは矮小化しても、まずは「そうなんですね」と肯定的に受け止め、「あなたもがんばっておられるのですね」くらいの言葉かけをするのがカウンセリングです。これは、加害者にすれば、自分の言い分が正当だとカウンセラーも認めたということにほかなりません。もちろん、カウンセラーは他にもいろいろな言葉かけをし、場合によっては彼の考え方の誤りをやんわり指摘したり、慎重に表現を選びながら批判的な助言をするなどのこともありましょうが、そういう自分に不都合な言葉はことごとく、みごとなまでに完璧にシャットアウトできてしまうのが加害者です。そして自分に都合のいい言葉だけを都合よく取り上げ、

あるいは意味内容を都合よく変容させ、家に帰って妻に「それみろ、カウンセラーだって俺が正しいと認めてくれたぞ」と意気揚々と告げることでしょう。

　加害者は、いつどんなときでも、どんな詭弁を弄してでも、「自分が正しい」という確信を絶対に揺るがすことはありません。その加害者の歪みを助長し、自分の意思によって「暴力」を選んでいるという事実から目をそらさせる危険性を、カウンセリングはその性質上、必然的にはらんでいるのです[注2]。

　そればかりか、「おまえの言うとおり、カウンセリングにも行ってやった。俺は努力している」と言って、また、自分を正当化しあなたを責め立てる格好の口実にもなりえます。

　そうならないようにするためには、いうならば批判的な、時には否定的な働きかけを主軸としなければなりません。それはカウンセリングの本来の役割・機能と相容れないものといえるでしょう。

　まして夫婦カウンセリングなど、初めから役に立たないことは、これでおわかりでしょう。そもそも夫婦カウンセリングとは、夫婦が互いに理解し合い、譲り合い、協力し合うことで夫婦関係を円満に再構築することをサポートするものです。夫婦双方に、その意思と能力があることが当然ながら大前提です。加害者はその前提を完全に欠いています。

　「加害者更生プログラム」についても、加害者カウンセリングと同じようなことがいえます。加害者自身がその意思によってこうしたプログラムを受けること自体、まずありえないでしょうし、そもそも日本ではまだまだその方法論はもちろん、着地点すらも確立していないのが現状と思われます。着地点とは、加害者を"更生"させることによって、被害者との対等で穏やかな関係を構築するという修復方向を目指すのか、加害者が被害者との離別を受け入れられるようにするという点に目標を据えるのか、という問題です。この点の認識からして、まだまだばらつきがあるのが現状というべきでしょう。

　なにより、「加害者更生プログラム」とはあくまでも被害者支援の一環として、被害者が今後更なる被害を受けないことと、新たな被害者を作らないことが、明確に目的とされるべきです。加害者が"更生"するということは、そのための手段であるとはっきり位置づけられなければなりません。この点を明確にしたプログラムでなければ、やはり加害者カウンセリングと同様の危険があります。実際に、これについてかなり進んだ研究と実践を積み重ねているアメリカの経験から

は、加害者がこうしたプログラムを通じて、逆に、より巧妙な支配のノウハウやテクニックを身につけてしまう危険性すら指摘されています。

　アメリカにおいては、主として身体的暴力の加害者に対して、こうしたプログラムの受講が、刑罰に替わって義務づけられることがあります。つまり政府や裁判所が主体となってこれに取り組んでいるわけですが、それでも、実際に"更生"できた加害者はごく少数にとどまると報告されています。このことからも、加害者の"更生"のための働きかけがいかに困難か、おわかりになることと思います。

　こうしたカウンセリングやプログラムによって、"更生"する加害者が皆無とはいいません。しかしそれはごくごく少数であって、また困難きわまりない道のりであるということを、しっかりご理解いただきたいと思います。

自覚できる人間ではない

　加害者とはこのように、人格的な歪みや偏りが常軌を逸しているということができます。彼らは徹頭徹尾、自分の問題性を自覚することを避けて避けて避けて、生きてきたのです。その生き方・考え方を変えるなんて到底できることではないというべきでしょう。

　ましてそこから離れるあなたが、それを変えてどうするというのでしょうか？

　あなたはもしかしたら、加害者自身があなたの面前でその誤りを認め、反省し、謝罪し、そしてあなたの人格やこれまでの努力をきちんと認め、ほめてくれないことには、自分の心が本当には癒されることはないと思うかもしれません。でも、そんなことにこだわり続けることは、自分で自分をいじめるようなものです。あなたが加害者にどれほど語りかけようと働きかけようと、彼が自分の非を認めることはありません。そのことはほかならぬあなたご自身が、痛いほど身に染みているのではありませんか。

　新たな被害者を生まないことは大事ですが、それはあなたの役割では全くありません。あなたはあなたの傷ついた心を手当てし、あなたの道を歩むことだけを考えるべきです。あなたは、そうしていいのです。

　あなたの心は加害者とは全く関係のないところで、心穏やかな暮らしの中で、そして適切なサポートのもとで、あなた自身が手当しなければなりません。

　あなたという餌食が逃げていった。それだけで、彼の受ける打撃は相当なものです。それだけで、彼のことはもう、よしとしませんか。

【注1】　加害者と長らく暮らしたあなたは、彼が異常(というよりも滑稽)なまでに、「勝ち」にこだわるということも、よくご存じでしょう。とりわけ奴隷として支配していたあなたとの関係においては、どんなささいな「負け」をも認めません。ましてそのあなたが彼から逃げて、離婚を要求するなどという"叛逆"ともいえる行動に出たときには、彼はあなたを徹底的に打ちのめして自分が「勝ち」を収めないと気が済まないのではないか、とあなたは恐れるかもしれません。その恐れは、たしかに正しいといえます。しかし、被害者が適切な弁護士のサポートのもと、家族や友人などにしっかり守られ加害者の手の届かないところにいれば、加害者は思うように嫌がらせもできません。多少の嫌がらせができたところで、思うようなダメージを被害者に与えることはできません。そのことを加害者自身が悟ったとき、加害者はその被害者への執着を捨てて、新たな餌食を確保しようとまたがんばるのが、一般的な行動パターンといえます。くり返し述べているとおり、彼らは、常にいじめる相手を必要としています。それはあなたに「勝つ」ことよりも遙かに強く、また切実なのです。中には、特定の被害者への嫌がらせの継続に執念を燃やす加害者もいます(その格好の道具になるのが面会交流です。これについては29章で詳しくお話しします)が、被害者の側で適切なガードをしっかり続けてさえいれば、その平穏な生活は守られると考えていいと思います。遠からず加害者はあなたを諦め、新たなターゲットにその攻撃の矛先を向けることでしょう。

【注2】　たとえば、日本では比較的早くからDV加害者(男性)サポート活動に取り組んでいるカウンセラーの1人は、「(加害者である)男たちが自らの抑圧——被支配の構造に気付き、自己変容していくことを援助していきたいと思います。そのためには男たちに、糾弾することなく共感していきたいと思います。人格を受け入れてもらえないと実感している犯罪者は、加害行為を正当化するその人なりの正義を持っているでしょうし、いくら、糾弾しても罰しても、より巧妙に陰湿に潜在化した加害になるのではないでしょうか。…(中略)…その人格を受け入れる、その人格に共感を示すという方向性のほうが大切だと思うのです。それが当人たちの暴力的衝動が鎮まり、ジェンダーの病から解放され、自己変容していく契機になると信じています」と明確に述べています(豊田正義『DV——殴らずにはいられない男たち』199ページ、光文社新書、2001年)。ここでは、こと加害者という特異な人格に対して「共感」を示すことの、本文に述べたような危険性、あるいはこのカウンセラーの立場からすれば副作用といってもいいでしょう、それが全く認識されていません。「人格を受け入れてもらえないと実感している犯罪者は……より巧妙に陰湿に潜在化した加害になる」という部分はまさにそのとおりです。「糾弾」や処罰が、この問題の解決にならないことなど、いうまでもありません。しかしだからといって、その方法論を「共感」に求めることは、加害者という異常な思考・行動パターンを身に染みつけ、それを修正しよう(その必要がある)などとつゆほども思うことのできない人間に対しては、危険性のほうが遙かに大きいといわざるをえません。

11章　単なる亭主関白か、超未熟夫か、とも思うのですが……

> 夫が少々横暴だったり、母親的な役割を妻に求めたりすることって、普通にありますよね。それと、モラル・ハラスメントって、どう違うんでしょうか？

「俺と対等だと思うな」

　ほとんどの加害者は、表面的にはごく普通に社会生活を送っています。しかし、特定の相手・特定の場所・特定の機会を選んで、人を人と思わず、あらゆる言動や態度でもって相手の心身を痛めつけ、とことん追い詰め、こてんぱんにやりこめて支配するという行動に出ます。その意味で、人格に甚だしい偏り・歪みがあるというべきでしょう。またこの点で、精神や脳の疾患や障がいと異なります。疾患や障がいであれば、相手や場面を選ぶことはできないからです。
　4章で、「特権意識」というお話をしました。加害者は、家庭生活は自分の要求あるいはニーズを満足させることが中心であるべきだという、確たる信念を持っています。妻には当然にその義務があり、これを怠ることは、自分に対する精神的虐待だとまで、本気で思いこんでしまえます。
　そして、そんなことが起きないようにするためには、「暴力」という手段を用いてもいいのだと、平然と確信しているのです。妻が自分と対等なわけがない、と。
　この「特権意識」という切り口から見るとよくわかりますが、モラル・ハラスメントと亭主関白とは、現実には非常によく似ています。亭主関白も、「家長」「一家の主（あるじ）」などという言葉に象徴される、ある種の特権意識が基になっているといえます。そして、その特権には「家族を食わしてやる」という責任（本来当然にして最低限の義務であるのに、彼らは、自分が家族に与える恩恵のようにも思っているもの）以外に伴うものはないのだと、実際に多くの「家長」たちは考えていたのではないでしょうか。
　ちなみに、多くのモラル・ハラスメント加害者も、妻に対して平然と、「俺は家長だ」「家長の俺に○○（例・ゴミ出し）させるのか」などと言ってのけます。
　机の上の理屈だけを言うならば、亭主関白とはあくまでも、家庭の中で支配的な考えや振る舞いをするけれども、その言動には何ら暴力性はない、あるいはそ

れが乏しいということができるかもしれません。あなたを傷つけようとか、痛めつけようという積極的な意図はないし、あなたを徹底的に完全にやりこめることまではしないでしょうし、人格的な歪みもみられないことでしょう。よく言われるように、適当におだてて、上手に立てて、「手のひらで転がして」おけばそれで済む人のことを、本来は関白亭主というのだろうと思います。

しかし、妻にとって関白亭主との生活が辛い、と感じられるレベルに至ると、その支配的な言動には相当な暴力性を伴っていると考えるべきでしょう。妻の人格を認めず、その意思を無理やり押さえつけて自分の要求や意見を通し、逆らうことは絶対に許さない。そのために、「食わしてやっている」という絶対的に優位な立場を最大限利用もする。そうなれば、それは単なる亭主関白を超えた、あからさまな「暴力」というべきです。

夫婦として生活していく上では、たしかに我慢の必要なことはたくさんあります。しかしそれは本来、夫婦が相互に、いい関係を築き、それを維持しようと思って、そのためにする我慢です。夫婦の片方が一方的に強いられる我慢とは、全く異質です。今自分のしている我慢はどちらなのかを、よく見極めてください。

ただし、もしも彼がモラル・ハラスメントの加害者であるならば、上記のとおり、その「特権意識」が満足させられていないというだけでもって、「自分こそ一方的に我慢を強いられている被害者だ」ということをあらゆる屁理屈と詭弁でもって強弁しますから、くれぐれも騙されないようにしてください。相手の言うことに振り回されることなく、自分の気持ちに正直に、そして自分の置かれている現実を直視して、考えてみてください。自分はそこにとどまるべきか、逃げるべきか、逃げていいのか。

「モラル・ハラスメント」という言葉は、そのためのひとつのヒント、あるいはきっかけと考えるのがよいと思います。決して、「判定」する必要はないのです。「夫の言動がモラル・ハラスメントに該当するのかどうか」ということにばかりこだわっていては、適切な答えは出ません。そうではなくて、今現実に夫と一緒に暮らすことが辛いと自覚すること、その辛さの原因が夫の言動にあることを正しく認識すること、それは自分が全面的に一方的に我慢すべき筋合いではないと気づくこと、そして「暴力」とは何かを正しく知ることです。1章をもう一度読んでください。

6章の問いかけは、そのためのいくつかの視点を示しています。冷静に、ご自

身に問いかけてみてください。

「産んだ覚えのない長男」？

　さて、ここでいう「特権意識」とは、加害者の極端な身勝手さ、自己中心性を、加害者の頭の中で正当化するものです。つまり加害者は、その極端に身勝手で自己中心的な思考や言動をいつまでたっても改めることのできない、精神的に極端に未熟な人間と言い換えることができます。

　たとえば加害者は、家族で楽しく旅行やレジャーに出かけている時にも、よくわからないことで怒り出したり不機嫌になって、妻子がその場にいたたまれなくなるほどに、刺々しく冷たい態度をとり続けるなどという、ただただみっともないというほかない、子どもじみた行動も平気です。いついかなるときであっても、自分の気分を悪くする何かが起きれば、子どもであろうと巻き込むことに何の問題をも感じません。たとえ幼い子どもであっても、自分が機嫌を損ねれば、楽しい気分でいることは許さない。おまえらも俺の機嫌を取れ。いい気分にさせろ。

　このような幼稚きわまりない言動や思考パターンだけを取り上げてみると、あなたの心には、夫の言動はモラル・ハラスメントそのもののように感じるけれども、彼は単に精神的にすごく幼いだけで、私への甘えが過ぎて子どもがだだをこねているようなものなんじゃないか、という思いも生じるでしょう。だから、そんなものと受け止めればいいのではないか。母親・姑世代の女性たちはよく言うではないか、「夫は産んだ覚えのない長男だと思え」と……、こんな疑問にも、多くの被害者は直面します。

　うちの夫は単に幼いだけかも、という思いから離婚をためらう気持ちの中には、夫もこれから少しずつ成長してくれるのではないかという期待が少なからずあることでしょう。

　たしかに、単に幼いだけならば、根気よく対話を重ねることで、彼も分かってくれるかもしれない、少しは大人になってくれるかもしれない、ということは、一応いえるかもしれません。

　しかし彼は、年齢を重ね、社会に出ても、結婚しても、そして子どもが生まれても、それでも幼いままなのですよね。彼はこれまでの人生の中で、彼自身の自覚によって、幼い自分を変えるチャンスは、あるいは変えざるをえない局面は、このようにいくつもあったはずです。それらをことごとく経てなお、変わらない

彼が、本当にこれから変わってくれるものでしょうか？

　人は多かれ少なかれ未熟な面を持ちながら生きているものですし、またそのことを自覚している人であれば、年齢を重ねながら相応の人間的成長をとげていくものでしょう。しかし年齢を重ねるということは、ひとつ間違うと、人格的な歪みをますます悪化させ、頑迷にさせるという過程でもあります[注1]。

　モラル・ハラスメント加害者の思考や言動は、その表面をみれば、たしかに幼い子どもに似ていることがあります。実は彼らはその成長過程のどこかで、間違った規範を学び、間違った思考・行動パターンを身につけてしまった結果、精神的な成長を止めているということができます。それは多かれ少なかれ、彼自身の意思あるいは欲求にもとづくものです。

　なぜなら、その間違った規範にもとづく間違った言動は、彼に「特権」的立場を与えるもの。それは彼に、「うまみ」でいっぱいの生活をもたらします。自分の問題性と向き合う必要は全くありません。そのままでいる方が楽に決まっています。だから、自分の考え方や言動を変える必要性など全く感じません[注2]。それを変えて、健全に成長しようという原動力になるものは何もないのです。

　小さな子どもは自分の要求を通すために、泣いたりわめいたり、親を叩いたりおもちゃを投げたり壊したりします。DVあるいはモラル・ハラスメント加害者のしていることは、これと同じです。

　子どもは、自分の要求を他者に伝えるにはどうすべきなのか、何をしてはいけないのかを知りません。それを、親などの養育者が教えます。くり返し教えても、子どもがその通りに行動できるようになるまでには、相応のトレーニングが必要です。親は根気よく寄り添いコーチします。そうして子どもは、していいことと悪いことを学び、人との健全な関わり方を学びながら、成長していくものですね。

　極端に幼い夫とは、親などの養育者がそうした適切な教育を怠り、また彼自身も学ぶことを拒否して、そのまま大人になってしまった人です。そういう人を変えるということは、まさに「産んだ覚えのない長男」を、あなたが一から育て直すことを意味します。それも、彼は現実には年齢と経験を重ねているわけですから、相応の狡猾さや頑迷さだけは、しっかり身につけています。そのうえで、自分の意思で、きちんと計算したうえで、成長を止めています。本物の子どもとは、とてもではありませんが、比べものにならない厄介さです。

　「産んだ覚えのない長男」というのは、多くの横暴な「家長」の支配のもとで、

妻たちが身につけた、生き延びる知恵のひとつなのでしょう。しかし、本当に産んだ子と同一視することは、現実には絶対に不可能であることは、しっかり押さえてください。

ともあれ、モラル・ハラスメント加害者と、一緒に生活するのが辛いほどに幼い夫というのは、非常に連続的で、必ずしもはっきりと区別できるものでも、見分けのつくものでもないように思います。そしてなにより、そのように区別しにくいものを無理して区別することに何の意味もないと、私たちは思っています。

亭主関白の話と同様、「モラル・ハラスメント」という言葉、あるいは夫の言動の暴力性を知るということは、自分自身の辛さに気づき、それを認め、そこから逃げるべきかどうかを考えるための、決定的といっていいきっかけです。極端に幼いだけであっても、単なる亭主関白でも、その人との生活が本当に辛いなら、逃げてもいいのです。

夫婦げんかとはどう違うのか

ここまでお読みになったあなたは、もうおわかりですね。

それはよくいわれる、「異文化のぶつかり合い」でも、「主導権争い」でもありません。

加害者には、あなたを徹底的にやりこめ、打ちのめそうという明確な意図あるいは意欲があります。健全な愛情と信頼関係のもとで起きるけんかや口論であれば、必ず双方の頭の中に、言っていいことと決して言ってはいけないこととがきちんと線引きされ、相互に相手の言うことにも一定の理のあることを理解し、時にはその理解を示しつつ、引き際を考えたり、無難な着地点を探るなど、お互いにどこかで譲らなければならないという意識が多かれ少なかれ働きます。そこでのコミュニケーションは、必ず双方通行であり、対等です。会話はきちんと噛み合い（あるいは相互に噛み合わせようとの意識があり）、対話が成り立っています。平行線であっても、堂々巡りになっても、多少の揚げ足取りや曲解など意地悪なコミュニケーションが交じることがあっても、あなたの言う言葉の意味内容そのものはきちんと伝わり、それを踏まえた反論が返ってきます。

何を言っても鉄の壁にはじき返されるように理解を拒まれ、言葉を発する傍からことごとく歪め、ねじ曲げられ、あらゆる言葉と態度で否定され、罵声によって口を封じられ、そうしてぐうの音も出ないほどに打ちのめされ、ぺしゃんこに

なって、もう一言の反論をする気力すらも全て奪われ尽くすまで、容赦なく攻撃され続ける、などということは決して起きません。

　それは単なる口論や夫婦げんかなどとは全く質の異なる、言葉による暴力、コミュニケーションを利用した暴力です。当然ながら、加害者はそれでも、単なる夫婦げんかだと矮小化して強弁します。あなた自身で判断することが難しければ、そのときの全ての音声を録音して、第三者に聞いてもらってください。その人が真っ当で健全な感覚さえ持っていれば、それが「暴力」であることを理解するには至らないまでも、その異常さと、あなたの辛さは、正しく感じ取ってもらえるはずです。

【注1】　したがってまた、加害者との離別後、「子どもが夫にそっくりのことをしたり言ったりする」と感じられたときにも、「子どもが夫に似ている」のか、「夫が子どもに似ている」のかを、冷静に見極めることが大切です。本書でくり返し述べるように、「暴力」あるいはモラル・ハラスメントを行う人格というものは、決して障がいや疾患の類ではないのですから、遺伝ということは起きえません。それはあくまでも、成長過程での学習の結果です。加害者と引き離すことによって、あなたは子どもから、その悪しき学習の機会を奪いました。すでに学習したものについては、「学び落とし」させている最中でしょう。そのような状況において、「子どもが夫に似てきた」という場合、それは子ども自身の成長過程における一過性のものである可能性が高いといえます。注意深く見守りながら、自分を信じて、子どもと向き合ってください。

　ただし、学習ということでもうひとつ、注意が必要なのは、被害者であるあなた自身が加害者の言動や思考パターンを知らず知らず、学んでしまっているかもしれない、ということです。そうすると、子どもはほかならぬあなたから、「夫に似た」言動を学習してしまいかねません。子は親の鏡。いうまでもなくその親とは、一緒に暮らす親を指します。そうした自戒も（モラル・ハラスメントの被害者に限ったことではありませんが）常に心のどこかに留めておきたいものです。

【注2】　強いていえば、支配下に収めたつもりの妻が自分から逃げようとしたときが、彼の「変わる」チャンスということはできます。しかし、10章で詳しくお話したとおり、多くの加害者は、そこで変わったふりはできても、また変わることを約束しても、本当に変わることはまずありません。

> コラム

子どもが生まれたら、彼は変わってくれるかもしれない?!

　まだ子どものいないあなたは、子どもが生まれれば精神的に幼い彼にも父親としての自覚が芽生え、変わってくれるのではないかと期待して、積極的に子どもをもうけようとするかもしれません。

　しかし、それは残念ながら、モラル・ハラスメント加害者あるいは本文で述べるような、それと区別がつかないほどに極端に幼稚な人間に関しては、はなはだ見当違いの期待といわざるをえません。妊娠したら、つわりで辛くて動けないこともあるでしょう。体が重くなるにつれて、それまでのようには家事もできなくなるでしょう。そうなれば、相手があなたを非難し、責める材料が増えるだけです。昔ながらの姑の「嫁いびり」さながらに、「妊娠は病気じゃない」「俺の母親は妊娠していても、全く変わらずきちんと家事をしていた」等々と責め立てて「いつもどおり」の家事を要求し、それができなければ無視や罵倒、嫌みやあてこすりなどの「制裁」を加える。気分が悪くて横にでもなろうものなら、「いいご身分だな」などという言葉が冷たい目線とともに、あなたに突き刺さることでしょう。

　もっと心配なのは、無事に子どもが生まれた後には、それまであなたが彼のことだけを考え、彼のためだけに奉仕していた家庭生活が、完全に子ども中心になってしまうことで、彼の怒りやいらだちが増し、攻撃がひどくなることです。それはさながら、「ママを奪われた上の子」が赤ちゃん返りをするのに近いものがあるのかもしれませんが、11章でお話ししたように、彼は本物の幼児ではありませんから、自分の「お兄ちゃん」という立場を自覚し、兄として成長するといったことはまず期待できません。それどころか、もっともらしい理由をこじつけてあなたの非を論じる術も、あなたを傷つける言葉も、ふんだんに持っています。

　また、子どもの存在は、あなたが彼との離婚を決意したときに、あなたの支えにもなりますが、彼にとっては最強の攻撃の道具にもなりえます。子どもの存在ゆえに、逃げる決意ができたという面もあれば、いつまでも嫌がらせに利用されることもあるのです（特に、29章をご参照ください）。

　あなたの心には、「子どもが生まれれば、彼も変わってくれるのではないか」という期待とともに、「こんな相手と、子どもをもうけてもいいのだろうか」という疑問や不安の声が大なり小なり響いているはずです。その声にこそ、しっかり耳を傾けてください。

12章　私のほうこそ加害者なのかも……

> 夫はいつでも、どんなことでも私が悪いと責めるので、本当にそうなのかもという思いが消えません。実際に、夫と対峙していると私は感情のコントロールがきかなくなってしまい、訳のわからないことをわめき散らしたり、それこそひどい暴言を吐いてしまうこともあります。

追い詰められる被害者

「私はたしかに夫の言うとおり、頭も良くないし、だらしないし、主婦なのに家事も完璧にできなくて、妻として母として、全くダメなんです。夫が怒るのも、無理もないと思います」。

こんなふうに話す相談者に、「では、相手にダメだと言われたのは、具体的にどんなことですか？」と尋ねると、それはたとえば朝食が少々手抜きになってしまったことがあるとか、子どもの乳幼児期に掃除が行き届かなかったとか、ティッシュペーパーなどの日用品をうっかり切らしたことが何回かあったとか………、実に実に、取るに足りないことばかりだったりします。

それでも、それがものすごく大きな失態であるかのように思いこんでしまっている。彼のコントロールによって、あなたの意識や認知が大きく歪んでしまった結果です。

加害者にとって「被害」とは、あなたが自分に少しでも逆らったり、要求どおりに家事などができなかったりすることだったりします。彼は、自分の要求に従うことがあなたの当然の義務だと思っているから、それを怠ったあなたの罪は重いのだという態度です。その考え方をあなたまでもが、知らず知らずのうちに受け容れてしまいます。

あるいは、さんざんに言葉で攻撃されたとき、あなたが懸命に何かを言い返せば、おまえこそが言葉の暴力だと言われます。実際にも、何を言っても浴びせられる罵詈雑言に、ただ対抗することしか考えられなくなり、あなたの方でも彼のそれを上回るような罵詈雑言を懸命に探し、必死になって言葉の刃を研ぎすましている……、そんな自分に気づき、ゾッとした、という経験をお持ちの方も少なくないのではないでしょうか。

そこまでいかなくても、とてもとても冷静ではいられなくなり、大声でわめ

き散らしてしまったり、手当たり次第に物を投げつけてしまったり、それまでのあなたにはとても考えられないような衝動的な行動にも出てしまうことでしょう。モラル・ハラスメントの「コミュニケーションを利用した暴力」に無防備にさらされていれば、自然に起きてくる心の反応といえます。あなたの心をぐちゃぐちゃにかき乱し、冷静さを失わせ、どうにもこうにも感情のコントロールをできなくしてしまう。「コミュニケーションの暴力」には、そんな力があります。それを狙ってこそ彼は、そうした「暴力」を振るうのだともいえるでしょう。

では、彼に何を言われてもじっと耐えて、何も言い返さず、ひたすら聞き流すことに努めていればそれで済むかといえば、そんなことはなくて、それはそれで、あなたが彼を「無視」していたとの攻撃や主張の材料になります。「妻はあれこれ至らないくせに非常に頑固な性格で、私がそれを注意しても、じっと黙り込むだけなのです。聞く耳は持ちません。こうして妻との間ではまともに意思疎通ができなかった。それが、私には何よりも耐え難い苦痛でした」等々と、裁判などでも正々堂々と主張されます。

そう思うあなたは、加害者ではありえない

自分は加害者なのかもしれない、自分の言動が相手を傷つけているかもしれないと思ったら、まずは安心してください。あなたは、モラル・ハラスメントの加害者ではありません。本当のモラル・ハラスメントの加害者には、そうした自省はできません。

それと同時に、強い危機感を持ってください。あなたの心がひどく追い詰められ、ずたずたに傷つき、疲れ切っているサインだと思いましょう。冷静になれる時間と場所が必要です。とにもかくにも、加害者から一時的にでも離れてください。理由は何でもいいから、別居ができればそれが最も望ましいですが、それがすぐには無理ならば、数時間でもいい、1人になれる場所に逃げてください。

そして、あなたの現在の姿を冷静に見ることのできる誰かが身近なところにいるならば、その人と落ち着いて話のできる場所で、あなたの今の気持ちを話してみてください。

被害を受け続けたあなたの心にはいろいろな問題が起きてくること、それがあたりまえであることを、正しく知っておきましょう。心療内科やカウンセリングなど、心の専門家の援助を大いに利用してください。

この点、そんなことをしたら加害者に、「精神を病んでいる（あるいは、精神状態の不安定な）母親だ。子どもの親権者としてふさわしくない」というような攻撃に利用されてしまうのではないかと不安になる方もおられますが、まずはそんなことよりも、自分の辛さを手当てし、心の健康を取り戻すことを第一に考えてください。それこそが母親としてあるべき姿です、相手のこの種の言いがかりに振り回されてはいけません。

　ここではさしあたり、谷本惠美『カウンセラーが語る モラルハラスメント 人生を自分の手に取りもどすためにできること』（晶文社、2012年）をご紹介しておきます。

あなたが現実に起こしてしまった行動は

　長いこと被害を受け続けて、すっかり健康を損なってしまった被害者の心が、安らぎを求めて他の男性と関係を持ってしまう。ストレスが高じて、浪費やギャンブルに走ってしまうなど、時として、被害者自身が現実に、離婚や慰謝料の原因になるような行動をしてしまうこともあります。してしまったことは仕方ありません。加害者はここぞとばかりあなたを責め立て、攻撃するでしょう。

　こうしたことが、離婚や慰謝料との関係で、あなたにとって「不利になる」とは具体的にどういうことなのか、については、15章、31章でお話しします。

13章　夫に親権を取られないか、不安で踏み切れない。

> 夫は、離婚してもいいが子どもは絶対に置いていけと言います。本当に子どもを夫に取られてしまうのではないかと怖くて、身動きが取れません。

親権を主張して譲らない加害者

「おまえみたいなバカで無能な女が、1人で子どもを育てられるわけがない」
「出て行くなら1人で出て行け、子どもは絶対に渡さない」

　加害者はあなたを逃がさないために、こんなふうにあなたをくり返し罵り、脅すことでしょう。これも加害者の常套手段のひとつ。子どもは加害者にとって、支配継続のための切り札ともいうべき道具です。いうならば、「人質」です。彼が本当に子どもを愛しているわけではないことは、何度も指摘するとおりです。そんな父親を持つという不幸を背負った子どもは、ただかわいそうというほかありませんが、あなたは、この現実を直視しなければなりません。

　ところで、未成年の子がいる場合、親権者を夫婦のどちらかと定めなければ離婚をすることができません[注1]。そこで「子どもの取り合い」が起きるわけですが（まれに「押し付け合い」もありますが）、モラル・ハラスメント（DV）加害者が親権を主張する場合、それはイコール、離婚はしない、お前を逃がさないという主張そのものだと考えてほぼ間違いありません。離婚はしないとストレートに主張する加害者も多いのですが、中には、それは体裁が悪いと感じるのか、おまえみたいなバカな女はこっちから捨ててやる、だけど子どもは絶対に渡さないという主張でもって、離婚に抵抗するのも典型的なパターンのひとつです。

　離婚の時点で決めた親権者を、後から変更する裁判手続は一応あるのですが、ひとたび決まった親権者を変更するためのハードルはとても高いのが現実です。育児放棄といった虐待レベルの問題（当然ながら、裁判所の目に明らかなもの。モラル・ハラスメントは、裁判所が見抜けない可能性が高いことは25章などでお話します）があるとか、ある程度の年齢（だいたい中学生以上でしょうか）になっている子自身が、他方の親と一緒に暮らしたいと真剣に強く希望している、一緒に暮らす親や祖父母との関係が非常に悪化しているといったような事情がない限り、他

方の親の意思や希望だけで変更されることはまずないと思っておく必要があります。ですから、この点だけは、加害者にどれほど迫られても脅されても、すぐに離婚してやると言われても、どんなに高額の慰謝料をちらつかされても、絶対に屈してはいけません。

とはいえ実際には、加害者が親権を譲らないというのはほとんどが、本気で自分で子どもを育てていく気持ちなんかなく、現実的にも無理であることが誰の目にも明らかな、いわば「口先だけ」の主張ですから、裁判所に認められることはありません。

そのこともあって、多くの場合、加害者は、離婚紛争のどこかの段階で、親権は実質的に諦め、その代わりに面会交流を利用してあなたを支配し続けようとします。面会交流は、離婚も親権も断念した加害者にとって、いうならば最後の砦です。これについては、29章で詳しくご説明します。

母性優先の原則？

テレビやインターネットでは、「小さい子どもの親権者は絶対に母親に決まるから安心していい」「子どもが小さければ小さいほど、親権については母親が有利。虐待さえしなければ大丈夫」という趣旨の、「離婚カウンセラー」その他これに類する「離婚問題の専門家」を名乗る人たちの発言や解説が目立ちます。

たしかに、現実に、小さな子どもがいる夫婦の離婚の圧倒的多数において、母親が親権者に合意または指定されています。それは、女性が産む性であることに由来する自然ななりゆきとして、専業主婦であっても共働きであっても、子育ての主たる担い手は母親というのがこの社会の実態であり、男女を問わず多くの人の自然な認識でもありますから、当然といえるでしょう。そのために、親権者について当事者の話し合いがつくようなケースでは、ごく自然に、母親を親権者と合意することが圧倒的に多いことは確かです。

問題は、当事者の話し合いがつかない場合です。モラル・ハラスメント（DV）のケースにおいては上記のとおり、子どもを「人質」に取ることによって離婚に抵抗しようとする加害者と、親権争いをしなければならないのです。

最終的には裁判官が決めるのですが、裁判官は、要は「どちらの親のもとで育つのがその子にとって幸せか」ということを検討して判断します。その材料として重要なのは、現在の子どもの生活状況（子どもが今どちらの親のもとで、どんな

ふうに世話をされ、育てられているか)、心身の発達状況、ひとり親になった段階での育児サポート体制、それまでの子どもとの関わりのありかたやその深さ、それを踏まえた子どもの気持ちやそれぞれの親との精神的結びつきといった要素ですが、そのいずれをとっても母親に軍配のあがるケースが現実としては多数と思われます。子どもが小さければ小さいほど、そういえるのもまた事実です。

　ここで、子どもが今、どちらの親のもとでどのように育てられ、生活しているかということはとりわけ重要です。

　その状況に、特段の問題がなければ、強いてそれを変更すべきでないという原則論のようなものがあります。これには強い批判的意見もあるところですが、実際に子どもの生活に激変を（それも多くは、別居時に引き続き）強いるわけですから、それには慎重であるべきという、現実的な要請を否定することはできないと思われます。たとえば、別居に伴い転校を余儀なくされ、子どもなりに努力してせっかくなじんだところを、また転校させるなどという事態を考えればおわかりでしょう。子どもには大人が想像する以上の柔軟性や順応性があるから大丈夫だというような、私たちに言わせれば無責任な意見もいわれるところですが、現実に子どもが負う精神的な負担は、少しでも少ない方がいいに決まっています。子どもは両親の離別を経験し、その紛争に否応なしに巻き込まれ、ただでさえ辛い思いをしているのですから。

　そして、現実に、裁判官が親権について判断するようなケースでは通常、夫婦はすでに別居し、子どもはどちらか一方の親のもとで暮らしていて、それなりの期間が経過しています。それはほとんどの場合、今後ともに子どもを単身で養育監護していく意思と能力（適切な育児サポートを見込めることも含め）のあるほうの親であり、現実にその圧倒的大多数は、やはり母親です。

　親権者の指定において「母性優先の原則」があるなどと言われることがありますが、それはそうした原則論が先にあるのではなく、この社会の実情を前提に、現実の親権問題において自然に生じている現象とみるべきです。

　他方で、裁判所が以上のような観点から検討した結果、父親が（その親などの適切なサポートを受けて）大きな問題なく子どもを単身で育てていて、今後もこの状態が続くことが見込まれる、と判断されれば、父親が親権者に指定されています。それは決して珍しいことではなく、加害者が子どもをがっちりと取り込み、頑として手放さなければ、最終的に彼が親権者に指定されてしまうという不幸も、

現実に起きています。

お金は誰でも払える

　モラル・ハラスメント（DV）の加害者があなたの口を封じる定番の決めぜりふのひとつが、「誰のおかげで食えてると思ってるんだ」というものでしょう。これをくり返し言われ続けたあなたは、当然のものとしてその発想を受け容れ、身に染みつけてしまい、「稼ぐ力のない自分が離婚して生きていけるわけがない。まして1人で子どもを育てていけるわけがない」などと思いこんでしまっているかもしれません。また、現在無職であることや正社員でないといったことを大きな負い目と感じ、ひどく気に病んで、急いで就職しなければと必要以上に焦る方も少なくありません。他方で、自分がフルタイムで働いてしまったら子どもに寂しい思いをさせる、そしたら子どもを夫（またはその背後にいる夫の親）に取られてしまうのではないかと悩んでしまう方もいます。

　しかし、冷静に考えてください。子どもにとって母親は、あなたひとりです。ほかに、誰も替わることはできません。

　たしかに、子どもを育てるためにはお金がかかります。しかし、お金は、誰にでも払うことができます。あなたにお金を負担する力がないなら、その役割は、その子の父親が分担できるし、すべきです。それは父親として、当然にして最低限の義務です。

　加えて、母子家庭になれば、充分ではないにしても母子手当その他の経済的給付や就労支援などを受けることもできますし、家賃の負担の軽い公営住宅に優先的に入居できるなど、行政からも一応の援助が得られます（99ページのコラムを改めてご参照ください）。したがって、経済的な力という要素は、親権者の指定にとって重要視されることはないと考えてください。

　以上を踏まえてこれからどんな働き方をするか、それはあなたが、あなた自身の生き方の選択、生活設計として、決めるべきことです。目の前の親権争いのために有利とか不利とか考えるべき筋合いの問題ではありません。当面の経済力のなさは子どもの父親に補わさせればいいのです。

　あなたが母親として今、何が何でもしなければならないことは、子どもを「暴力」のある家庭から連れ出し、たとえ経済的なゆとりがなくなっても、心穏やかに笑顔で暮らせる家庭を作ることです。加害者の脅し文句に振り回されることな

く、淡々と準備を整え、1日も早く、子どもと一緒に逃げてください。

絶対に、1人でがんばりすぎてはいけない

　逃げるにも、別居後の生活設計を立てるにも、全てを自分1人の力でがんばろうとしてはいけません。受けられるだけの援助を受けてください。あなたが潰れてしまっては元も子もありません。その結果として最も深刻な打撃を受けるのは、いうまでもなく子どもです。

　モラル・ハラスメント加害者から逃げて自立を目指すというのは、今のあなた1人の力で乗り越えられる性質の困難ではないのです。実家を頼れるならば、頼ってください。頼れる実家などがなくても、行政的にどういう給付や支援を受けられるのか、しっかり調べた上、何度でも窓口へ行って納得のいくまで説明を受けてください。助けてくれる友人や支援者がいるなら、今は遠慮している場合ではありません、頼ってください。このあたりについては、17章でも改めてお話します。

離婚紛争中の「子の取り合い」

　一応覚悟しておいていただきたいこととして、あなたが子どもを連れて家を出るや、加害者が「子どもをこっちへ戻せ」という裁判手続を取ってくることがあります。あなたがそれまで最も深く強く子どもと関わっていて、別居後の母子の生活が平穏で安定しているならば、このような裁判手続を起こされたからといって、動じる必要は全くありません。

　相手の意図はほとんどの場合、あなたに対する圧力あるいは嫌がらせです。こういうときこそ、冷静に、誠実に対応することが大切です。

　反対に、加害者に子どもを連れ去られてしまうと、こちらからそのような裁判を起こさなければなりません。これは受けて立つよりも遙かに大変ですが、それより何より、この裁判手続が決着するまでの少なくとも数カ月間、子どもと離ればなれになるばかりか、会うことすらおぼつかなくなることもあるのです。ですから、万々が一にもそのようなことにならないように、くれぐれも注意してください。子どもが小さければ小さいほど、連れ去りの危険は高いことはいうまでもありません。子どもを1人にしないことはもちろん、通園先にはよく事情を伝えておき、父親と名乗る人が来ても一切相手にしないようにしっかり申し入れてお

くなどの対策はしっかりしておきましょう。

【注1】　親権には、理屈上は、①実際に手元で子どもを育てていく権限（監護権といいます）と、②子どもの財産の管理権を中心とした形式的な権限という、大きく２つの内容があります。「子どもの取り合い」で現実に取り合っているのはいうまでもなく①の監護権で、②の財産管理権等が日常生活の中で表だって意識されることはあまり多くはありません。
　この点、ごくまれに、たいがい親権争いの妥協の産物として、①の監護権だけを親権から切り分けて、親権者は父・監護権者は母というように合意または指定されることがあります。ごく簡単にいえば、②の財産管理権を中心とした形式的な権限だけを父親に残し、現実に子どもと一緒に暮らし育てていくのは母親という、いわば名を捨てて実を取る策です。昨今、離婚後も父母が共同で親権を持つべきだという議論も盛んにされているところで、父母がこのように離婚後も何らかのかたちで子育てを協同していくというのは、ある種の理想論とはいえますが、相手がモラル・ハラスメント（DV）加害者である場合に当てはまる議論では、もちろんありません。

～第3部～
別れることを決めたら

　決めたら、もう迷わないでください。脅しに屈しないでください。泣き落としに騙されないでください。
　そして、全てをひとりで解決しようとは決してしないでください。信頼できる身近な人の助けを求めましょう。適切な専門家のサポートを受けましょう。
　ここでは、別れることを決めたあなたへ、相手との対応や離婚（紛争）を控えて、必要な準備や心構えを中心に解説します。

14章　夫にどうやって、離婚の意思を伝えたらいいのでしょうか。

> 夫は私が離婚の話をしても、おそらく聞く耳を持ってくれませんし、私ももう夫のことが怖いので、話し合いなどできそうにありません。

対話は成立しない

　すでにあなたご自身がイヤというほど痛感していると思いますが、モラル・ハラスメント加害者とは、およそ対話が成立しません。
　意見が食い違うだとか、双方の言い分が平行線をたどる、というのとは全く異質の、どうにもこうにも噛み合わないやりとり。あなたがどんなに誠実に言葉を尽くしても、どうしようもなく悪意に取り、普通では考えられないような曲解をし、揚げ足を取っては枝葉の問題をしつこくつつき、自分に不都合な問題はことごとくすり替え、とんでもない方向から反撃を仕掛け、隙あらばあなたの非を取り上げて攻撃する。
　あなたがどんなに言葉を尽くしても尽くしても、まるで鉄の壁にはじき返されるように、相手には通じない。こんな、絶望的なまでにすり減るばかりの対話に、あなたはもう疲れ切っていることでしょう。
　あなたを支配し続けたい加害者は、何としてでもあなたをやりこめて言いくるめ、あなたの離婚の意思をねじ伏せなければなりません。あなたの言い分が真っ当で、筋が通っているほど、加害者は正当な反論の言葉を持たないわけですから、言葉を噛み合わせるわけにはいきません。どんどん、あらぬ方向へ話を歪めてそらし、先に進めさせません。そうしてあなたの心を潰し、疲弊させる。それが、彼のいつものやり方ではありませんでしたか。
　しかも、彼の心には、自分が奴隷として支配してきた妻から離婚を突きつけられたことへの、強い怒りもあります。その報復としての彼の攻撃の刃は、いつにも増して鋭くもなるでしょう。
　話し合いをしてもムダではないか、というあなたの読みは的確です。そんなことはもうしたくないというその気持ちは、まったくもって正当です。

「昼逃げ」が鉄則

　離婚の意思さえ固まったなら、「話し合い」など一切せず、しっかり計画を立ててすばやく準備し、黙って家を出ることが、「暴力」から逃げる正当で安全な道であると私たちは思っています。もしも加害者が、あなたが家を出ていく計画を知ったならば、あの手この手で引きとめようとしたり（16章で詳しくお話しします）、引越作業を妨害するなどの行動にも出かねません。ですから家族などの協力を得ながら、住む場所を決め、子どもの転校・転園の手続をし、荷物を整理し、引越の段取りをする、その一切を加害者に気づかれないようにすべきことはいうまでもありません。相手の不在中にさっとスムーズに家を出られるように、「その日」に向けてしっかり準備しましょう。これを的確にも「昼逃げ」と表現した方がいましたが、そのもともとの表現に本来伴う後ろめたさの点を除けば、まさにそのとおりです。

　また「昼逃げ」ではなく、盆暮れの帰省や里帰り出産など、何か機会を捉えて実家に戻り（当然ながら上記のとおり準備万端整えた上で）、そのまま帰らないといったバリエーションもありますが、いずれにしても、家を出るにあたり「話し合い」をしなければいけないなんて、考える必要はありません。

　余談ですが、加害者はどういうわけか、このようにしてあなたが「計画的に家を出た」という点を、調停などにおいて格好の材料とばかりに攻撃してくることがあります。「計画的」ということに、加害者が強い怒りを感じるのはわかりますが、そのようにして家を出なければならないところまであなたを追い詰めたのはほかならぬ加害者ですし、仮にその点が裁判所などに理解されなかったとしても、あなたに「計画的」に出て行かれるほど嫌われていたということだけは誰にも理解できるところで、それを裁判所でわざわざアピールしなくても……と、いつも思うのですが。こんなものをネタにされたところで、痛くもかゆくもありません。これを強いて法律論に"翻訳"するならば、「悪意の遺棄」だという主張になるのでしょうが、これについては次の15章でご説明しましょう。

そして徹底的に接触を断つ

　家を出たら、さっさと調停を申し立ててください。離婚の話し合いは全て、調停でしましょうと、相手が何を言ってきても突っぱねてください。できれば、遅くともこの段階までに弁護士に依頼し、調停手続はもちろんですが加害者との

対応も、何もかも全て弁護士に任せてしまうことが理想です（弁護士の探し方などについては 20 章でお話しします）。仮に弁護士に依頼しないとしても、両親やきょうだいなど信頼できる身近な方に、全面的に対加害者の連絡窓口になってもらってください。とにもかくにも、あなた自身は金輪際、一切加害者と接触するべきではありません。加害者は、ありとあらゆる口実を設けて、あなたに直接連絡をしてきたり、2 人きりで話をしたいなどと言ってきます。加害者はまだ、第三者を排除してあなたと 1 対 1 の関係に持ち込めば、あなたを揺さぶり、言いくるめ、やりこめて、その支配下に引き戻すことがまだできると（愚かにも）思っています。あなたと 2 人きりにさえなれば、罵声も土下座も、脅しも泣き落としも、何でも使えると思っています。彼はそのとっかかりを摑もうと懸命になっています。

　だからこそ、加害者があなたに直接接触してきても、ことごとく黙殺しなければいけません。どうしても相手に連絡をする必要があるときには、どんなささいな連絡ひとつをも、全て弁護士経由、あるいは家族のどなたか経由ですることを徹底してください。加害者の中にはしばしば、やれ「買い置きの下着がどこにあるのか教えて」だの「洗濯機の操作の仕方がわからない」等々、日常生活の細々としたひとつひとつにも困っていることをアピールしながら、このようなメールを毎日のように送ってくる者もいますが、この種の連絡にこそ、注意が必要です。今のあなたには、黙殺するにも相当な勇気が必要かもしれませんが、彼はそれをとっかかりに、あなたとの直接のコンタクトを回復しようとしています。あなたがたとえ一言でも返信すれば、「メールありがとう。やっぱり俺が困っていたら君は放っておけないんだね。そんな俺たちが本当に別れていいものだろうか。もう一度、2 人でじっくり話し合わないか」などというメールでもって、あなたの心を揺さぶりにかかるでしょう。

　当然ながら「子どもに会いたい、子どもから父親を奪うのか」という類のメールも、あなたの罪悪感をあおる手段に過ぎません。彼のような父親なら、いないほうがましだと強く念じてください。子どもと相手との面会については、29 章でお話します。

　とにもかくにも、彼が何を言ってきてもすべては、あなたに直接接触するための口実であることをしっかり意識していてください。一切相手にしてはいけません。

15章　家を出るときに、私から「離婚したい」と言ってはまずいのですか？

> 先に離婚を言い出したほうが不利になるということをよく聞きます。かといって、黙って家を出て行ったら後々もっと不利にならないか、心配です。

離婚を先に言い出した方が「不利」という俗説

「浮気など相手にはっきりした非がない限り、先に離婚したいと言った方が不利だから、相手にそう言わせるように仕向けるのがいい。自分から先に離婚を申し入れてはいけない」という俗説を耳にします。そうはいいながら、何をもって「不利」と捉えるか、具体的にどんな「不利」があるのか、ということが、充分にイメージされていることはあまりありません。

これは、法律論としては全くのデタラメです。離婚を先に言い出したほうが悪いのではなく、離婚の原因を作ったほうが悪いのです。離婚原因を作るというのは、典型的には浮気や暴力などによって、婚姻関係を「破綻（はたん）」させることです。

あなたとしては、むしろ少しでも早く、離婚を申し入れるべきなのです。これについては25章でお話します。

ただ、このような俗説が生まれる理由には、思い当たるものがあります。

というのは、いうまでもなく、離婚は一方があくまでも反対すれば、最終的には裁判で離婚判決をもらわなければいけません。浮気など、明らかに一方が悪いといえる事情がある場合は別として、離婚事件の多くは「性格の不一致」などというような、一方的にどちらが悪いとはいいにくかったり、モラル・ハラスメントのように、一方が悪いということが傍目にはわかりにくかったりします。25章でも述べるとおり、こういう場合に裁判をして、離婚が確定するまでの道のりは、相当に長く険しい茨の道です。そうすると、あくまでも離婚したい側が、離婚したくない側に対して、いわば「手切金」を払うことで納得してもらい、早期解決を図る、ということがしばしばあります。離婚のごたごたが長期化すればするほど、精神的にもすり減るし、何かとお金も時間も取られるし、自分のほうが収入が多ければ一定の生活費を相手に払い続けなければなりません。そうした負担よりは、相手に少々のお金を払ってでも、早くこのごたごたを終わらせよう

と考えるのは自然であり、合理的です。決して、払う者が「悪い」から払うのではありません。その紛争を自分の希望どおり離婚というかたちで解決するために、払うのです[注1]。

　そういうわけで、裁判であれ協議であれ、結果的に、どうしても離婚したい人がこの「手切金」を払って解決するケースが少なくないという現実が、あるにはあります。どうしても離婚したい人が離婚を先に言い出すのが普通でしょうから、それで、「先に言い出した方が不利」という俗説が生まれたのではないかと想像します。

　調停や裁判など、裁判所でする離婚においては、この「手切金」はもう少し上品に、オブラートに包んで「解決金」や「和解金」と呼ばれます。数の上では日本の離婚の圧倒的大多数を占める、裁判所が関与しない協議離婚においても、「慰謝料」という名目で支払われる金銭の中には、この「手切金」をたぶんに含んだものが少なくないと思われます。

　このように、紛争を終わらせたい方が、他方に「解決金」などという名目で一定の金銭を支払うことによって決着をつけるというのは、離婚に限らずあらゆる私的な紛争の、かなりメジャーなといっていい解決方法です。当然ながら、当事者双方が合意する場合にだけ、可能です。法や裁判所がそれを強制することは、ありません（勧めることはありますが）。

　この「手切金」を払って離婚するという選択肢は、それが可能な方にとっては、大いに検討に値することもあります。次に述べるところを参考にしてください。

何をもって「不利」と考えるのか

　一度はしっかり考えてみてください。漠然と「不利になる」ことをあれこれ心配する気持ちは理解できますが、あなたが「不利」になって困る事態とは、具体的にどういうものなのか。

　あなたが最も得たいのは、離婚（当然、親権とセットです）という解決であるはずです。離婚と親権がきちんと勝ち取れるならば、極端なことをいえば、たとえあなたが「悪い」、つまりあなたが離婚の原因を作ったのだと非難されても、気分は悪いですがそれでもいいと割り切れませんか？

　もちろん、そうすると慰謝料の問題も出てきますので、相手が本気で慰謝料を求めて争っているときにはきちんと対処しなければなりませんが、離婚の裁判で

慰謝料が認められるためのハードルは、思いのほか高いのです。よほどはっきりした不貞や暴力の証拠がない限り、なかなか認められないのが現実です。慰謝料については30章、31章で改めてご説明しますが、ここでは、あなたが明らかな不貞行為を行ったというような場合でない限り、慰謝料が切実な問題になることはないと考えてください。あなたが黙って家を出たことについて慰謝料が発生するのではないか、ということが心配な方もおられるでしょうが、これについてはすぐ後でご説明します。

ともあれ、あなたにとって最大の「不利」は、慰謝料などお金の問題ではなく、離婚請求それ自体を裁判所が認めないようなことや、親権者として裁判所から問題視されるような事情です。あなたの目的からして、それ以外にはないはずです。万が一、あなたの側に何らか、慰謝料を払わざるをえないような事情があったとしても、それで離婚ができるならよしとは考えられませんか？

「悪意の遺棄」とは

さて、あなたが「黙って（計画的に）家を出る」ことが、まさにその「離婚請求それ自体を裁判所が認めないようなこと」につながるかもしれない、ということが心配でしょうか。

それはたしかに、「悪意の遺棄」だの「夫婦の同居義務違反」だのと攻撃する口実を加害者に与えます。加害者は、自分は何も悪くないのに、あなたがわがままで、身勝手にも家を出て行ったのだ、それによって夫婦関係が壊れたのだと主張して、あなたが離婚原因を作った側、つまり「有責配偶者」だから、あなたからの離婚請求は認められないという法律論をもっともらしく述べ立てたりします。あるいは、夫婦関係が壊れた以上、離婚は仕方ないが、その原因を作ったことについて慰謝料を払えと強く主張する加害者もいます。

「悪意の遺棄」[注2]とは、簡単に言うと、夫婦には同居して協力し合って生活する基本的な義務があるところを、これを正当な理由なく怠ることです。

あなたはどうですか。夫の有形無形の「暴力」を受け続けて、心身ともに傷ついて、一緒に暮らすことが辛くて我慢できなくなったから、そして子どもをそこに居続けさせてはいけないと思ったから、家を出たのでしょう。あなたが家を出たことには、きわめて正当な理由があります。あなたの行動はそもそも「悪意の遺棄」にはあたりません。離婚の原因を作ったのは、あくまでもモラル・ハラス

メントという「暴力」を行った加害者です。

　もちろん、25章で詳しくお話するように、モラル・ハラスメントそれ自体を裁判で証明することも、その暴力性を裁判官に理解させることも、通常は容易ではありません。それでも、丁寧に主張と立証を尽くせば、最悪でも、「性格の著しい不調和」、つまりあなたが家を出たことにも一応の理由があって、それは必ずしもあなたが一方的に悪いのではない、夫婦双方に相応の原因があるのだという程度までは、裁判所に認めさせることができるはずです。そうなれば、あなたが慰謝料を払わなければならないということにはなりません。

「有責配偶者」からの離婚請求は認められない、という理屈

　まして、勝手に出ていったあなたは「有責配偶者」だから、あなたの離婚請求それ自体を認めないなどと裁判官が判断することは、なおありえないと考えていいでしょう。以下は、ほぼ間違いなくあなたにとっては無関係な話ですから、「ふんふん、そんなものか」と読み流すくらいでかまいません。

　まずこの「有責配偶者」云々という話は、ごく簡単に言うと、離婚の原因を作った者が離婚請求をすることは、あまりにも身勝手な行為で、道徳的に許されるべきでないから、そのような離婚請求を裁判所は認めない、という理屈です。離婚の原因とは上記のとおり、典型的には浮気や暴力ですが、それらはいうならば、配偶者に対する重大な裏切り行為です。そういう裏切り行為をしながら、相手に離婚を請求するなんてひどすぎる、許されるべきでないということは誰しもうなずけるところでしょう。

　こういう議論があるため、夫のモラル・ハラスメントに耐えかねて家を出た妻が、加害者である夫やその周囲の人から「悪意の遺棄」だと非難されて、裁判所に行ってもムダではないかという不安から行動を起こせないということが起きます。

　しかし、そもそもあなたのその行為が「悪意の遺棄」にあたらないことは上記のとおりです。したがってあなたは「有責配偶者」ではないのだから、初めからこの議論が問題になる筋合いではありません。

　仮に、何らか別の理由で（たとえば、31章で取り上げるように、実際に他の男性と関係を持ってしまったとか、甚だしい浪費をして家計を破綻させてしまったとか）あなたが「有責配偶者」だとされてしまったとしても、そもそもこれは、あなたに

当然、あてはまる話ではないのです。

　もともとこの「有責配偶者」論は、法律に書いてあるのではなく、現実の離婚裁判で最高裁判所がそういう内容の判決を出したことによって、解釈論として確立したものです。それでその離婚裁判がどういう事案だったかというと、いわゆる一家の大黒柱として妻子を養うべき立場にあった男性が、外に女性を作って子どもまで産ませ、家庭を顧みなくなって婚姻関係を破綻させたうえ、邪魔になった妻子を家から追い出してその女性と結婚するために、裁判に訴えて離婚を請求したというものです。こんな不誠実な夫の身勝手を許すべきでないというのは誰しも異論のないところでしょうが（ただし、この事案では妻の側にも相当な問題があったようですが）、それ以上に現実問題として、このような離婚請求を認めてしまったら、妻子はたちまち生活に困ります。しかも時代は終戦後間もない昭和20年代。そのような事案だから、たとえ夫婦間に愛情も何もなくなり、婚姻関係が完全に壊れていても、その継続を裁判所が強制することで、妻子に対する扶養義務を尽くさせる必要があると考えられたのです。

　その後同様の問題が議論された数多くの裁判においても、離婚によって妻子が生活に困窮する心配のないときには、有責配偶者からの離婚請求であっても「破綻」が認定できる限りは離婚が認められています（ただし「破綻」の認定は、ただでさえ厳しいのに加えてこの場合には更に厳しいのは確かでしょう。「破綻」ということについては25章でご説明します）。

　つまりこれは、基本は道徳論ではあるけれども、それにとどまるのではなく、より実践的な狙いを持った解釈論と位置づけるべきなのです。

　さて、あなたの場合はどうでしょう。あなたと離婚したところで、夫が生活に困窮するわけではないでしょう。あなた方の離婚紛争は、初めから、「有責配偶者」論があてはまる場面ではないのです。

　したがって、夫がそんな主張をしてきても、単なる言いがかりと受け止め、動じないでください。気分は悪いですが、こんなデタラメな理屈を恥ずかしげもなく裁判で主張してくる相手の弁護士が、よっぽど不勉強なのだと考えるくらいでよいと思います。

【注1】　202ページのコラムで取り上げる、俳優の高嶋政伸さん元夫婦の離婚訴訟も、夫婦関係の「破綻」を理由として離婚を認めた一審判決の後で、高嶋さんが美元さんに

相当額の金銭を払って協議離婚し、裁判は取り下げという結果に至りました。その金額は明らかにされていませんが、政伸さんが美元さんに別居中支払っていた生活費の1年分程度であろうという推測がされていました。現実の多くの離婚訴訟でも、「あのまま裁判を続ければ、離婚判決が確定するまでおそらく1年も2年もかかるであろう、ならばその間の生活費程度のお金を今払って終わらせてしまおう」と話をつけるのは、とてもよくある話です。

【注2】　夫婦には一般に、同居して、互いに協力し扶助（扶養）し合って生活する義務があると、法律には定められています。これは当然といえば当然のことです。このうち、扶助（扶養）義務ということについては28章でお話しします。

　ここで主として問題にされるのは同居義務や協力義務ですが、では単身赴任がこれらの義務に違反するのかというと、そんなはずはないですね。また夫婦のライフスタイルとして、あえて別居を選ぶ夫婦もいます。それも自由です。

　モラル・ハラスメント加害者はよく、家を出た妻に対し「同居せよ」と求める調停などを起こしますが、たとえ裁判所があなたに「夫と同居せよ」と命じる裁判をしたところで、それを直接に強制する法的な手段はありません。

　このように、同居義務・協力義務というのは一応法的な義務ではあるけれども、それこそ道徳的なものとご理解ください。

> **コラム**

一億円の手切金？

　余談ですが、有名人の離婚慰謝料ということで、たいへん印象に残っているのが、ある女優・歌手の小柳ルミ子さんが夫との離婚に際して、「私の心を傷つけた代償は、これほど大きいのだ」ということを示すために、元夫に対して途方もない金額の慰謝料を請求し、彼はこれに応じて何年もかけてそれを支払ったという話です。その金額は明らかにされていませんが、1億円ともいわれています。

　彼は彼女よりも一回り以上も年下で、もともとは無名のバックダンサーであったところを、彼女と結婚したことによって、その後押しなどを受けて有名タレントに成長できた、ということでした。その彼から離婚を求められたときに、彼女は「一生かかってでも、私の求める金額の慰謝料を支払うか、もとの無名のバックダンサーに戻るか」という選択肢を彼に突きつけたと、彼女自身がテレビのインタビューで語っていたのを記憶しています。それに対して彼は、自らの意思で前者を選んだということでした。

　この話の真偽は定かではありませんが、以下は事実であったと仮定してのお話です。

　離婚の直接の原因は元夫の女性関係であったようですが、彼としては、彼女との結婚生活が苦痛でたまらず、どうしても離婚がしたかった、しかしいくら話し合いをしても、どうしても彼女が離婚に納得してくれないから、高額の慰謝料というリスクを覚悟のうえで、あえて彼女にわかるように派手に女性関係を持ち、やっと離婚にこぎつけた、そうするしかなかった、というようなことを彼自身が語っているのを聞いたことがあります。

　しかし、慰謝料については、30章で説明しますが、いくら当事者が納得すれば金額は自由とはいっても、1億円はあまりにも高額に過ぎます。しかも、ここに財産分与の趣旨を含むと理解することは困難です。財産分与については32章でご説明しますが、妻と夫それぞれの芸能人としての力量や活動の実態などからすれば、圧倒的に妻の方が収入が多かったはずですし、いくら彼女が彼の芸能活動に貢献したとはいえ、彼が彼女の芸能活動に貢献した面も当然あるはずですから、むしろ財産分与すべきは妻であった可能性が高いと思われます。それこそ、常識的な金額の慰謝料など帳消しになるほどに。

　しかし彼としては、それだけの金銭を支払ってでも、そして財産分与請求権などどうでもいいほどに、彼女と別れたかったわけです。つまりは、彼が何年もかけて支払ったという高額の慰謝料の実態は、たぶんに彼の彼女に対する「手切金」であったと理解することができます。

　ところで、彼女が彼に突きつけたというもう1つの選択肢、「さもなくば無名のバックダンサーに戻れ」という要求ですが、これはあまりにも理不尽で、脅しともいえるもので、法律的にみればとうていその効力を是認することはできないものと思われます。彼女と結婚したことによって、彼は無名のバックダンサーからそれなりに売れるタレントになった、それは間違いのないことであったでしょう。しかしその後、彼がバックダンサーに戻るか、売れっ子タレントとして活動を続けるか、それは彼が決めること。彼女が手出し口出しできる筋合いでは全くありません。

　もちろん、彼女としては、彼がそれほどに理不尽な二択を受け入れるなどとよもや思わずに、あくまでも彼をつなぎ止めたいという一心から、そのようなことを言ってしまっただけなのかも

しれません。他方で彼は、彼女という人が、どんな意図であれそういうことを言えてしまう人だから、どれほどの大金を何年かかって払ってでも、彼女と別れたいと思ったのでしょう。その気持ちは、とてもよくわかります。

16章 夫は、別れるなら自殺するとまで言うのです。怖くて家を出られません。

> 離婚したいと伝えたら、夫は、金は一銭も渡さない、それでおまえが生きていけるわけがないなどと脅し、それでも私の意思が揺るがないと「俺が悪かった、別れないでくれ」と涙ながらに土下座したり、果ては自殺までほのめかします。本当に自殺されたらと思うと、怖いです。

怖いのは、脅しよりも泣き落とし

　体に対する暴行を伴うDVにおいては一般に、被害者が逃げようとするときに最も激しい暴力が振るわれることが多く、被害者の生命身体への危険が最も切迫するのがこの場面であるといわれています。いうまでもなく、加害者が文字どおり力尽くで被害者を支配下に留め続けるためです。『北風と太陽』という童話がありますが、まさに「北風」のやり方です。

　一方で、「太陽」のようなやり方で被害者を逃がすまいとする加害者も少なくありません。特に、体への暴行という方法をとらないモラル・ハラスメント加害者の多くが好んで用いるのはこちらです。初めのうちこそ「離婚してもいいが一銭もやらない」「おまえみたいなお女が離婚して生活できると思っているのか」などと脅したり罵ったり、あるいは無視したり、得意の暴力的コミュニケーション（4章などで詳しくご説明しました）によって徹底的に対話を拒絶するなど「いつもの手」を使いますが、それが効かないとなると、態度を一変させます。涙ながらに反省と謝罪の言葉をくり返して許してくれと訴え、出ていかないでくれ、俺をひとりにしないでくれ、子どもを片親にしないでくれと土下座までして、果ては自殺までもほのめかし、あなたの同情心やら罪悪感やらをあおります。

　あなたはつい最近までさんざん彼にいじめられ、痛めつけられ、支配されていました。その同じ彼のこの姿に、戸惑わないはずがありませんね。彼のもくろみどおり、同情心や罪悪感でいっぱいになるでしょうし、もしかしたら今度こそ本当に変わってくれるかもしれない、さすがに今回ばかりは心を入れ替えて二度とあんなひどいことを言ったりしたりしなくなるのではないかと、信じたくもなるかもしれません。

　加えて、あなたの心の中には、彼がこれまで手間暇かけて植えつけた恐怖心があります。もしもこの哀れで惨めな姿を、奴隷であったはずの私にさらしてまで

許しを請う彼の言うことを聞かなかったら、彼はきっとこのことをいつまでも恨みに思って、いつどんな報復をされるかわからない、踏みとどまるなら今ではないか、という迷いも生じるかもしれません。
　5章で、「ハネムーン期」というお話をしました。童話の「北風」が旅人のコートを脱がせることができなかったのに対し、「太陽」は容易にそれをしたように、逃げようとする被害者にとってより警戒すべきは、あからさまな暴行や脅迫ではなく、こうした泣き落としです。泣き落としといっても、その正体は脅しです。泣いて土下座しながら、子どものために思い直してくれ、おまえが今ここで耐えて踏みとどまらなかったら、辛い思いをするのは子どもではないか、子どものために少しだけでいい、許す心を持ってくれなどと、彼らの言葉はまるで判で押したように同じですが、結局のところ、おまえは子どものことをぜんぜん考えていないではないか、おまえは自分のことしか考えない身勝手な女だ、許す心を持てない心の狭い人間だ、などとあなたの人格を攻撃し、そのせいで子どもは不幸になるんだぞ、俺が自殺するかもしれないんだぞ、それでもいいのか、と言っているのです。
　でも、自信を持ってください、こんな父親のいる家庭で育つことこそが、子どもにとってなによりの不幸です。

加害者の反省と謝罪の言葉ほど、信用ならないものはない
　彼はこれまで、「暴力のサイクル」をくり返しながら、「もう二度としない」という約束を破り続けてきました。加害者は、そんな約束を破ることなど、何とも思っていません。慣れたものです。
　10章で、薬物依存者を例にとってご説明したとおり、モラル・ハラスメントも一種の依存であり、嗜癖（アディクション）です。彼らは特定の人を支配下に置き、いじめることでしか、自分を保つことができません。そういう人格を、あるいは思考・行動パターンを、完全に骨身に染みつけ確立させてしまいました。しかもたちの悪いことに、薬物などと異なり、それをいくら続けてもくり返しても、健康を害したり、命が危険にさらされるといったリスクはありません。こんなことはもうやめよう、やめなければならないと、真剣に決意する動機づけになるものは何もないのです。薬物依存者が懲りずにまた薬物に手を出すことよりも、遙かに"再犯"の危険性は高いというべきです。まして彼は、あなたとの関係において、

相当な手間暇・エネルギーを費やして、「特権」的な立場を獲得しています。それは彼にとっては絶対に、手放しがたいものです。

　加害者が、「反省している」「これから心を入れ替える」「自分は変わる」「だから別れないでくれ」と、くり返し述べるのは、今後もこれまでと同様、あなたを支配下に置き続け、「特権」的立場に立って、あなたをいじめ続けるためです。

　もしも本当に彼が反省し、心を入れ替え、考えや行動を変えるというのならば、離別を望むあなたの気持ちに従うことこそが、その第一歩のはずです。自分がどう行動すれば、あなたが幸せになれるか、ということを考えることができるはずです。子どもをネタに脅したり、戻って欲しいという自分の欲求ばかりを押しつけることは、絶対にしないはずです。本当に「変わる」つもりがあるなら、あなたが別れようと別れまいと関係なく、「変わる」努力をするはずです。どうしてもあなたが大事なら、彼のその努力をみたあなたがいつか帰ってきてくれることを信じて待つ、という決断ができるはずです。

　しかし、彼はそうはせず、あの手この手であなたの意思に働きかけ、引き戻しを図ろうとする。それだけで、彼の意図は明らかです。彼の反省や謝罪の言葉を、決して信じてはいけません。

　いわんや、「戻ってくれなければ死ぬ」の類の脅しになど、絶対にたじろいではいけません。「ああそうですか、どうぞご勝手に」と聞き流すくらいでちょうどいいでしょう。フィクションの世界では、加害者の自殺によって幕を下ろすドラマなどもありますが、現実の加害者が自殺することなど、まずありえないと考えてかまいません。彼らは、いうならば、自己愛の塊です。そんな人が、何よりも大切な自分の命を自分で絶つことなど、するでしょうか?!　万々が一にも、本当にそんな事態に至ったら、あなたが今抱えている離婚問題は、何もかもきれいに一挙解決するのですが。

　現実に彼が自殺未遂をしたことがある、だから恐い、という方も少なくないことでしょう。でもそれは、冷静な目で振り返ってみて、本当にその行動によって死に至るようなものでしたか？　あなたが、「彼は私がいなくなったら本当に自殺しかねない」と思ってしまうような自殺未遂騒動も、あなたがそう思う程度には本気に見えつつもそれが既遂にならないよう、計算されたものではなかったでしょうか。

　たしかに、現実には、時折報道されるように、被害者や子どもを巻き込んだ無

理心中的な行動に出る加害者は存在しますから、完全に警戒を怠ることはできません。彼が1人で勝手に死ぬことは、ことここに至ってはあなたが心配すべきことでは全くありませんが、あなたや子どもが危害を加えられることだけはくれぐれもないように、ただそれだけを考えてください。くり返しですが、きちんと計算のできる加害者ほど、そういう行動にはそうそう出ないこともまた、頭のどこかに留めておいてください。

加害者たちの「お詫びの手紙」

さて、私たちのところには、このような反省や謝罪の言葉、あるいは虚仮威しに騙されることなく、別居を敢行していらした被害者たちに対して、加害者たちが懸命に書き続けた「反省と謝罪の手紙」が何十通も保管されています。私たちはほぼ例外なく、依頼を受けた後は、加害者に対して、被害者に直接接触することを一切許しません。それでも何とかあの手この手で直接の接触を図ろうとする加害者もいますが、少なくない加害者は、私たちに、被害者宛の「反省と謝罪の手紙」を託して、「どうか妻にお渡しください、お願いします」と殊勝な態度で懇請します。

だいたい、書いてあることは、滑稽なまでにみんな同じです。全く無関係の他人が書いているものとはとても思えないほどに、似通った言葉の数々、文章の数々が並びます。彼らはどこかでつながっていてお互いに助言し合っているのか、はたまた加害者向けマニュアル本でもあるのではないかと思うほどです。

最大公約数的な3要素を、ここにご紹介しておきましょう。

第一に、自分の辛さをこれでもかとアピール。

あなたのそれまでの辛さなど、彼の頭にはカケラもありません。「あなたに辛い思いをさせてすまなかった」というような言葉があっても、その「辛い思い」は、文面上、何も具体的な形を持ちません。

他方、彼のほうは、あなたの大切さに今更ながら気づかされた、あなたに出て行かれ、寂しくて辛くて何の気力も湧かない、食べ物ものどを通らない、仕事も手に付かない、ミスばかりして処分されそうだ、大好きな酒もたばこも断っている、等々、これでもかとあなたの同情心や罪悪感をあおる言葉が並んでいます。そして、自分は愛情に恵まれずに育った、だから愛情の示し方がわからなかったのだとか、仕事がこんなに大変だった、ものすごいストレスだっただとか、○○

というショックなことがあった、それで「うつ」のような状態になっていたなどなど、虚実織り交ぜ、あなたを揺さぶるために利用できそうな事柄を実に的確に選んで言い訳に利用します。そして、そんなストレスや辛さをこれまでは自分ひとりで抱え込んでいた、あなたに心配をかけないために、家では何も話さないようにしていたのだ、でもこれからはそういうこともちゃんと話すから、お互い辛いこともうれしいことも２人で分かち合おう、などとまで言ってのけます。あなたの苦痛の原因はそんなところにはないのに、そうやって巧妙に論点をそらしていく、いつものやり口です。

　第二に、この期に及んで要求、要求、要求。

　いわく、「もう一度だけチャンスをください」「広い心を持って、許してください」「私はすぐには変われないかも知れませんが、どうか根気よく、これからの私を傍で見ていてください」等々。

　あれだけさんざん傷つけ苦しめたあなたに対して、この期に及んでなおもチャンスをくれ、のみならず「広い心」を持って自分を許せ、「根気よく」気長に見守れと要求する。よくもまあ、臆面もなくそんなことが言えたものです。彼らはあなたが出ていったことで身に染みたなどと、今回の「反省と謝罪」はこれまでくり返してきたそれとは違うことをアピールしますが、あなたがとうとう出ていったからこそ、もう取り返しがつかないのだと自覚できなければ筋の通らない話です。もちろん、彼らは筋の通らない話は大得意なのですが。

　くり返しますが、本当に彼が反省し謝罪の気持ちがあるならば、あなたの意思に従い、離別に応じるのが道理というものです。

　第三に、例によって脅し。

　あなたに対して最も効果的な脅しはいうまでもなく、子どもです。あなたの今していることは子どもから「父親を奪う」ことだ、「子どもを片親にする」ことだ、「子どもの心に深い傷を負わせる」ことだ、とあらゆる表現を駆使してくり返し、あなたの罪悪感を懸命にあおります。あなたにその決意をさせたのは彼自身であることはわかっている、けれどもそれは夫婦の問題ではないか、それに子どもを巻き込んではいけない、などともっともらしく述べ、彼を許さないあなたを暗に責め、脅します。

　養育費を利用した露骨で稚拙な脅しもよくみられます。いわく、母子家庭になったら経済的に辛い思いをするのは子どもだ、充分な教育も受けさせてやれない

ではないか、おまえはそんな苦労を子どもにさせようというのか、等々。あなたを愛している、子どもを愛していると言いながら、自分の支配下から去ったら金は出さないと言っているのですから、まさに、語るに落ちたというものです。本当にあなたや子どものことを思っているのなら、反対に、せめて金銭的なことだけは充分にしなければならない、してやりたいと思うものでしょう。離れて暮らしていても、お金を送ることは、しようと思えばいくらでもできるのです。

　巧妙な加害者の中には、「今回のことでミスをくり返し、会社での立場が危うくなっている」「うつになって休職せざるを得ない」などと、減給や失職、転職（それによる大幅な減収）などを示唆して脅す者もいますが、そんな彼自身の首を絞めるようなこと、実際にする加害者はほとんどいません【注1】。

　ともあれ、経済的な責任は、一緒に暮らしていようといまいと、果たすことができますし、また果たさなければならないものです。そして多くの場合、加害者はそのことをちゃんとわかっています。わかった上で、正々堂々たる態度でもっともらしく脅しにかかるという「いつもの手」が、まだ、あなたに通用すると思っています。

　このように、これらの手紙は皆、みごとなまでに、書いた本人の極端な身勝手さ、病的なまでの共感能力のなさ、甚だしい幼児性を鮮やかに表しています。

　それは確かに彼らの言うように、質的にも量的にも充分な愛情を受けなかったという気の毒な生い立ちのためでもありましょう。しかしあなたがその責任を引き受ける筋合いなどありません。まして離別を決意した今となっては、全くもってあなたの知ったことではありません。

「読まない」ことが大事

　当然ながら、私たちがこれらの手紙を「はいわかりました」と被害者にお渡しすることはもちろん、原則としてお見せすることすらありません。こんな手紙が来ましたよという事実は簡潔にご報告しますが、全て私たちがお預かりします。たとえ加害者がその手紙に封をし「未開封のまま妻に渡して欲しい」と要求していても、私たちは被害者の了解を得て開封し、中身を確認したうえ、お預かりします。

　もちろん、こんな手紙によって、別居したうえ弁護士に依頼するにまで至った被害者の離別の決意が揺らぐことはまずありませんが、せっかく平穏な生活が

始まったところへ、その心の状態によっては根強く残る罪悪感が刺激されて心が揺さぶられ、同居中とはまた別の辛さをもたらすこともあります。そうでなくても、猛烈な不快感を催すものです。被害者は、今まさに、心の平穏と健康を取り戻そうとしています。そんな大切な時に、またこんなふうに加害者に心をかき乱されていいはずがありません。

また、加害者に対して、そんなものは読まないという態度を示すことも重要です。

以上の説明にもかかわらず被害者がどうしてもと希望したときにはお見せすることはありますが、もはやそんなことを希望する被害者は、全くといっていいほどいません。

被害者にとってこれらの手紙を読む意味があるとしたら、彼女らがモラル・ハラスメントという精神的暴力のカラクリをしっかり理解したうえ、離婚紛争が進むに従い加害者が本性をむき出しにしていくのを目の当たりにし、「ああ、別れて正解だった」という確信を強め、加害者のどんな攻撃にも揺るがない健康な心の状態を取り戻した段階に至って、「ああ、別れて正解だった」という自信を新たにする、ということくらいです。

【注1】　実際に私たちが扱った例では、一流企業に勤め相当な収入を得ていた加害者が、離婚あるいは離婚紛争が原因でうつになったと称して休職の末、自主退職し、その後自暴自棄にでもなったか、（元妻とは全く無関係のところで）犯罪を行って逮捕・起訴され、執行猶予付きの有罪判決を受けた、それもあって再就職が困難になり、今は親の世話になっているから養育費は払えないと言ってきた、ということはありました。しかしこれは、きわめてレアなケースですし、仮にそんな男と一緒に暮らしていたら、またいつどんなことでどんな苦労をさせられることになるのか、わかったものではありません。どちらにしても、「別れて正解」です。

17章　家を出た後、夫が私と子どもに近寄れないようにしたい。

> 夫は絶対に、私たちを連れ戻そうと、しつこく追いかけてくると思います。DV防止法でそれを防ぐことはできますか？ それ以前に、絶対に夫に居場所を知られないようにする方法はありませんか？

DV防止法の概要

　DV防止法は、正式には「配偶者からの暴力の防止及び被害者の保護に関する法律」といい、被害者を保護し支援するために行政はこうしなさい、ああしなさいと、いろいろ定めているのですが、その目玉はなんといっても「保護命令」です。2001年の制定以来、何回かの改正を通じて、まだまだ不充分ながらも、この制度が被害者にとってより役立つものになるよう努力が積み重ねられてきました。

　保護命令とは、簡単に言うと、①加害者に対し、6カ月間、被害者本人やその子ども、親など一定範囲の関係者に対して、その住居や勤務先などの周辺に行ったり、電話やメールなども含めあらゆる接触を禁じること（接近等禁止命令）、②加害者に対し、2カ月間、被害者と同居していた自宅を出て行かせたうえ、その付近に行くことも禁じること（退去命令）、の大きく2種類です。これらの違反に対しては、刑事罰（1年以下の懲役又は100万円以下の罰金）が定められています。

　これはつまり、被害者が加害者から逃げることを前提に、その準備のための時間的余裕とその間の安全を確保して、加害者がそれを妨害したり被害者らを追跡することなどを、刑事罰によって威嚇することで防止するという仕組みです（それゆえに、「なぜ被害者が、何もかも捨てて逃げるという犠牲を払わなければいけないんだ」という根本的な批判にさらされ続けています）。

　ところで、1章でも触れたとおり、同法において「配偶者からの暴力」とは、「身体に対する暴力又はこれに準ずる心身に有害な影響を及ぼす言動」と定義されています。つまり言葉による暴力や性的暴力、経済的・社会的暴力などの、広く精神的暴力あるいは心理的虐待というべきもの（モラル・ハラスメント）をも含むことをはっきりと謳っています。

　その一方で、保護命令の対象になる「暴力」は、「身体に対する暴力」と、「生命等に対する脅迫」に限定されています。「身体に対する暴力」とはいうまでも

なく、「身体に対する不法な攻撃であって生命又は身体に危害を及ぼすもの」。いわば古典的な、殴る蹴るといった暴行です。「生命等に対する脅迫」とは、典型的には「逃げたら殺すぞ」などというように、被害者の生命又は身体に対して危害を加えると脅すことです。

　保護命令の対象になる「暴力」は、このように限定されています。この限定された意味での「暴力」を全く伴わない、いわば純粋なモラル・ハラスメント（精神的暴力）の被害者にとって、この制度は全く頼りになりません。

　このことの評価はさておき、まずはこの法律の現時点での基本的な枠組みとして、知っておいてください【注1】。

DV防止法の現場

　この法律自体は、「暴力」のなんたるかを正しく理解していると評価できますし、保護命令の対象になる「暴力」が限定されているのもある程度やむを得ないとは思いますが、その現実の運用には、かなりの疑問を感じることが多いというのが実感です。

　なんといっても問題なのは、現場の裁判官が、「暴力」のなんたるかを正しく理解しているとは限らないことです。そのことの最も端的な表れとして、これまで振るわれた「暴力」についてかなり客観性の高い証拠があるか、加害者がその事実の全部または相当部分を認めているのでない限り、裁判官はなかなか「暴力」があったという事実を認めてくれないという現実があります【注2】。もちろん、保護命令は加害者にとってみれば、行動の自由を大幅に制限され、場合によってはその生活の本拠まで一時的に奪われてしまう、非常に打撃の大きな裁判ですから、決して「えん罪」があってはならないと、裁判官がある程度慎重になるのはやむをえないとはいえます。しかしDVの加害者が「暴力」を否認し、あるいは矮小化し、責任転嫁することが天才的にうまいことは、DVに関する基本中の基本の認識です。加害者はまるで、自分に都合の悪いことはことごとく、記憶を完全に消したり完璧に変容させたりできてしまうのではないかというほどです。巧妙に証拠が残りにくいように「暴力」を振るい、もっともらしい弁解のできるずる賢く危険な加害者ほど、この法律の適用を免れるという側面があることは否定できません。もう少し、裁判官の理解があればと切実に思います。

　また、保護命令が出されるためには、単に過去にこうした「暴力」があったと

いうだけでなく、身体に対する更なる「暴力」によって被害者の「生命又は身体に重大な危害を受けるおそれが大きい」という要件をクリアしなければなりません。もちろん、この要件自体は、決して不当とはいえません。そもそもDVとは、加害者が巧妙な計算のもとで「暴力」をくり返すことによって被害者を支配するという点に本質があります。

　しかしそれゆえにこそ、加害者はいつもいつも「暴力」を振るっているわけではなく、普段はその威嚇（つまり、被害者にとって、「いつまた暴力をふるわれるかわからない」という恐怖）だけで足りているのです。加えて、被害者が逃げようとする時にこそ、加害者が「ハネムーン期」を作り出したりもします（5章、16章に詳しくお話ししました）。そういう加害者は、それで効果がないとみたときに初めて、それ以前に増して激しい「暴力」を振るうのです。

　こうしたことへの的確な理解があれば、この更なる「暴力」という要件がネックになることはないはずなのですが、現実には裁判官の無理解から、「たしかに過去に『暴力』があったことは認められるが、それはここしばらくの間は収まっているようだし、反省の言葉をくり返し述べ、今後二度と『暴力』は振るわないと約束しているから、今後その恐れがあるとは認められない」などと判断されることがあります。ここでも、加害者の巧妙な演技や弁解がものを言うといっていいでしょう。

　加えて、保護命令の期間経過後もまだ危険であると考えられる場合（あたりまえですがそれが普通です）、再度の申立（いわば延長）が可能ですが、あくまでもその再度の申立の時点での判断として、「身体に対する（更なる）暴力」によって被害者がその「生命身体に重大な危害を受けるおそれが大きい」かどうかを裁判官は検討するわけです。ずる賢い加害者ほどその期間中はおとなしくしていますから、再度の申立はさらにハードルが高くなります【注3】。

　それから、保護命令に違反した加害者に対する制裁の甘さです。法律で決められている刑罰ですら、「1年以下の懲役又は100万円以下の罰金」と、決して重いとはいえません。しかも現実には、その程度の重さの罪の場合、いうならば刑事処分の「相場」的な扱いとして、少なくとも1回目については、逮捕等はしないで取調べ（事情聴取）などをしたうえで起訴猶予（事実上の無罪放免）か、ごくごく形式的な簡単な裁判で罰金刑という処分に終わることが多いのが実情です。たとえ正式な刑事裁判になっても、ほぼ間違いなく執行猶予が付くといえましょ

う。つまり、加害者が逮捕されたり刑務所に入ったりすることは、単純な保護命令違反だけでは、現実にはほとんどないと考えられます。たとえば、保護命令違反とともに妻に対する過去の暴行それ自体についても傷害罪などで立件されているとか、保護命令違反の際にかなり悪質な住居侵入や暴行・脅迫などの犯罪行為を伴っていたとか、前科が山ほどあるとか、そういう事情がある場合にやっと実刑の可能性が出てくるのが現実と思われます。その実刑とて、決して10年20年という単位の長期間にわたることはまずありません。

　これでは、保護命令に違反しようとする加害者に対して、あまりに威嚇力に乏しいといわざるをえません[注4]。

　以上のように、保護命令が出るためのハードルは決して低くはなく、なおかつ、出たところで絶対に安全というものではありません。その効力を過信しないようにしてください。

どう「逃げる」か

　体に対する暴行の有無を問わず、また保護命令が出ている、いないにかかわらず、私たちは、加害者の粗暴性、危険性がよほど甚だしい場合を除いては、まずは頼れる実家があるならば頼ることをお勧めしています。実家が「頼れる」ということの意味は、最低限、なによりもまず当面あなたがた母子がそこに住める物理的なスペースがあること、両親ほかそこに住む家族全員が、あなたの置かれた状況や心の状態を理解し、積極的に受け入れる気持ちであること、精神的サポートは当然のことながら、金銭面や育児について必要な援助をしてもらえること、加害者の特質あるいは問題性を（完全にとはいわないまでも）理解し、あなたや子どもへの接触や嫌がらせから守ってくれることです。

　特にモラル・ハラスメント加害者はたいがい、損得の計算がよくできます（だからこそ身体に対する暴行という「わかりやすい」「証拠が残りやすい」手段を選ばないのです）から、自分に「損」になることが多い、粗暴な行動は避けるのが普通です。とりわけ、加害者が正業に就き、相応の収入と社会的立場があるときには、その危険はさらに少ないといえます。多くの場合、あなたが逃げた後、どんなに接触がしつこいとしても、その方法は電話や手紙、メール（16章のとおり、脅しとすかしと泣き落とし）がせいぜいといえるでしょう。しつこく訪問してきて居座って動かないといった例も非常に少なく、あなたが身の危険を感じるような事

態に至る可能性はかなり低いのが通常です（ただし、あなたの心が揺さぶられたり、傷ついたり、かき乱されるなどの精神的被害は軽視できませんから、やはりこうした加害者対応は、家族あるいは弁護士に全面的に任せる必要があります）。

　想定される加害者の接触がこの程度のものであるならば、その危険や煩わしさよりも、「頼れる」実家にいることで得られる安心感と、物心両面にわたりサポートを受けられるメリットが遙かに勝るといえましょう。そうして、ゆっくり着実に、自立のための準備をなさったらいいのです。

　実家が「頼れる」最低限の条件がひとつでも欠ける場合には、一時的にごく短期間、実家や友人のところなどに身を寄せるとしても、できるだけ早く、母子だけ（子どもがいない場合にはあなた単独）の住まいを確保しましょう。親族や友人など、何かあったときに頼れる人がすぐ近くにいる場所が望ましいことはいうまでもありません。相手に居場所を知られないようにする必要がある場合もありますが、すぐ後でお話しするように、あなたがこれから、常に誰かの援助の手の届く場所にいることのほうが遥かに大切です。

　自分の蓄えや実家などからの経済的援助がないならば、自治体の相談窓口や婦人相談所を大いに活用し、シェルターや母子寮[注5]も検討してください。自治体によっては、離婚がまだ成立していなくても市営住宅などに優先的に入れる場合もあるかもしれません。こうした対応は自治体によって差があるようですが、根気よく、相談してください。

「雲隠れ」には別の危険がある

　被害者や子どもの身に危険が切迫しているときには、加害者の追跡を逃れるために、全く地縁のない、加害者に絶対に見当のつけられないような土地に母子だけで転居し、居場所を加害者に絶対に知られないようにする、ということを検討すべき場合もあります。

　しかし、加害者に見当のつかないような、全く地縁のない土地というのは、通常、あなたにとっても頼れる人が一切なく、孤立してしまう危険の大きな場所でもあります。両親や親しい友人などに加害者の攻撃の矛先が向かないようにするために、それらの方々にも居場所を告げられないとなると、なおのことです。加害者が追いかけてこられないよう住民票を移さないことで、行政的な支援も受けられない（そんなことはありません！）と思いこんでしまう人もいます[注6]。

加害者の追跡を逃れることはできても、こうして誰の援助の手も届かない状況に身を置くことになれば、完全に孤立して生活に困窮したり、心身を病んだりする危険のほうが遙かに心配です。それでは本末転倒も甚だしいでしょう。

　たとえば、家族や支援者などが、加害者の攻撃を受けることなく、いつでも物心両面にわたり適切な支援をしてくれるとか、その土地の付近に、加害者の知らない親戚や友人で、いざとなったら何でも頼れる人がいるとか、実家の家族もろともその土地に避難するとか、そういった特別な事情があれば別ですが、そうでない限りは、仮に「完全に身を隠す」必要があると考えられるときには、シェルターや母子寮を選択することが賢明です。こうした施設での多かれ少なかれ管理された集団生活は、煩わしい面も多々ありますが、孤立しないで済み、自立に向けた種々のサポートを受けられて、何かあればすぐに助けてくれる人が必ずそこにいるというメリットを、ぜひとも優先していただきたいと思います。

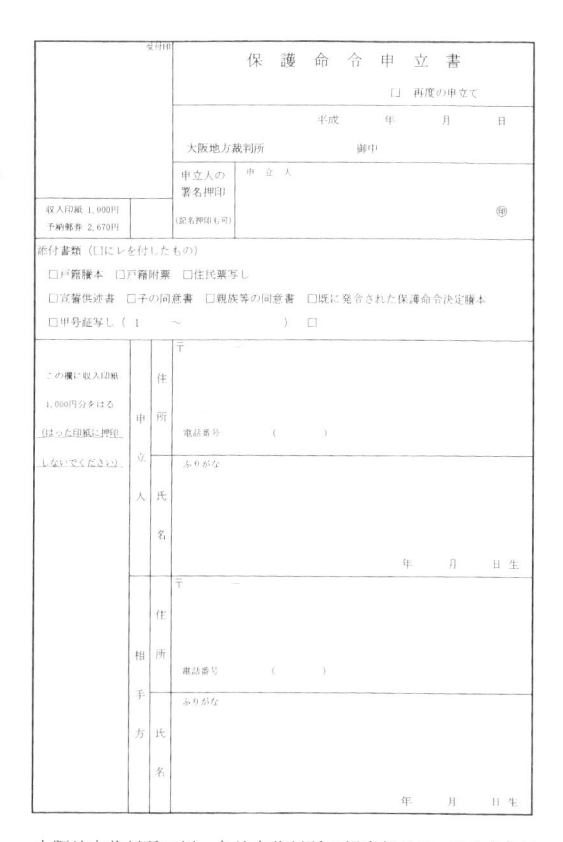

大阪地方裁判所の例。各地方裁判所の担当部では、このように、本人が書き込むことで申立書類が整うように、定型的な書式が用意されています。

面会交流との関係

　こうして妻子に接触することのできない状態にされた加害者は、別途、家庭裁判所に面会交流（29章で詳しくお話しします）の調停を申し立てることがあります。

たとえ保護命令が出ていたとしても、それと面会交流とは全く別々の裁判手続であり、全く別の観点から検討されるべき問題ですから、前者によって当然に後者が禁止されるということはありません。もちろん全く無関係ではありえず、通常は、保護命令、とりわけ子どもに対する接近等禁止命令が出るほどのケースであれば、当面は面会交流はしなくてもいいという結論になることが多いといえます。ただそれまでの手続に対応するのは、決して小さくない負担です。
　この点、完全に身を隠してしまえば、現実問題として加害者も申立のしようがないとはいえますが、上記のとおり、よほど恵まれた事情のない限りは、そのことに伴う別の危険性やデメリットに勝るとは思えません。
　面会交流調停を申し立てられたときには、受けて立たないわけにはいきません。これについては29章で詳しくご説明します。

【注1】　DV防止法による保護命令の対象から漏れてしまう場合であっても、事情によっては、ストーカー防止法が使えることもあります。使える法律がなくても、弁護士が就くことで収まる場合もあります。諦めずに、この種の問題に慣れた弁護士に相談してみてください。

【注2】　暴力の証拠というとあたりまえのように出てくる診断書ですが、その証拠としての本来の価値ないし意味合いについては、正しく認識しておく必要があります。それはあくまでも、そこに書いてある時期において、そこに書いてある内容の傷害を負っていたというだけの事実を証明するものであって、その原因については、何ら証明するものではありません。仮にそこに「夫の暴力により」云々という記載があっても、その部分は患者の申告をそのまま記載したものにすぎず、その申告内容が事実であることの証拠にはなりえません。もちろん、カルテや、入院した場合には看護記録など他の記録などによって、その申告内容の真実性がぐんと高まることはあります。またその受傷の部位や状況など客観的な事実や他の証拠から、明らかに、相手の暴行以外の原因は考えられないというような場合もあるかもしれません。
　　　　　当然ながら診断書も全くないよりはマシですし、少なくとも保護命令の裁判においては大いに活用されてはいます。ただ、診断書そのものの証拠として本来の価値を、過大に評価しないように注意してください。

【注3】　もちろん、期間経過をじっとおとなしく待つ加害者に対する警告の意味で、認められない可能性が高いことを承知した上であえて再度の申立をすることには、充分に意味があります。加害者はまた裁判所に呼ばれ、裁判官の面前で、「期間が経過しても被害者に近づきません。これまでどおり、おとなしくしています」という約束をさせられますから、それで充分と考えられることはよくあります。そいうときには申立をいったん取り下げて、加害者が何か行動を起こしたときに改めて申立を検討します。

【注4】　この場面でも、ごく普通の社会生活を送っている人（つまり、加害者の多く）にとっては、逮捕等されなくても、警察や検察に呼ばれて「被疑者」として取調べ（事情聴取）を受け、さんざん絞られるだけで、それなりに打撃になりますし、懲りも

150　第3部　別れることを決めたら

するでしょう。そのことによって、違反行為が抑えられることは、一応期待できます。ヘタに身柄拘束されては、いずれにせよせいぜい数カ月という短期間で出てくるわけですから、却って加害者の報復感情などを増幅させる一方、会社においては降格や左遷、最悪の場合には解雇などの処分にもつながります。とりわけ解雇などされたときには、加害者が社会的立場をなくして、「もう失うものは何もない」とばかりに自暴自棄になって、危険な行動に出る可能性がぐっと増しますし、生活費や養育費も途絶えるなど、むやみに刑事処分を厳しくすることのいわば副作用も、決して軽視できません。悩ましいところではあります。

【注5】　母子寮とは、正確には「母子生活支援施設」といい、各自治体の相談窓口を通じて入所します。
　　　　入所すると、子どもが満20歳になるまでそこで生活することができます。その間、カウンセリングなどの心の手当や、必要に応じて生活保護の申請の援助、自立のための就労支援その他のサポートが受けられます。その質や充実度は施設によってかなりばらつきがあるようですが、利用できるものは最大限有効に利用して、1日も早く自立することを目指してください。

【注6】　住民票等については「DV支援措置」なる制度によって、加害者その他の第三者にこれが開示されないようにできるなどといわれていますが、これが全くあてにならないことを、必ず知っておいてください。たしかに加害者本人があなたの住民票等の写しの交付等を請求しても拒否されます。しかし、加害者が弁護士に依頼して、その弁護士が、たとえば面会交流調停や親権者変更の手続を行うために必要だなどと正当な理由をつけて住民票等の写しを請求すれば、自治体はその弁護士に口頭で「支援措置がとられているので取り扱いには特に注意して下さい」と伝えるだけで、渡してしまいます。その弁護士が住民票そのものを加害者本人に見せることはしなくても、裁判所に提出する申立書類にはあなたの住所も書く必要があるので、住民票をもとに弁護士がそれを書いてしまえばそれまでです。くれぐれも注意してください。

18章 「昼逃げ」の準備をしています。家具や通帳、持ち出しても大丈夫？

> 家を出る決意ができました。今こっそり引越の準備をしているところですが、今後の生活を考えてできるだけ出費を抑えたいので、家にある家具や家電などで必要なものは持って出たいです。通帳やカード類ももちろん、私が持っていたいです。

テレビは？　冷蔵庫は？　誰の物？

およそ、夫婦が暮らしていた家にある家具や家電など、2人が共同で使っていた家財道具は、誰がお金を出して買ったものかということは一応さておき、原則として2人共同の所有物だと考えられる場合が多いだろうと思います。たとえば、いわゆる嫁入り道具としてあなたが用意した（あなたの両親などが購入した）ドレッサーやたんすなどで、あなたしか使わないような物は、純粋にあなたの物といっていいように思いますが、家の中を見渡せば、どれが誰の物という明確な線引きの難しい物がほとんどでしょう。

ですからあくまでも理屈だけを言えば、それらは全て財産分与（32章で説明します）の対象として、相手と協議して誰がどれを取得するのか、あるいは金銭的にどう精算するのか、決めなければなりません（決められなければ、裁判所に決めてもらいます）。その手順を踏まずに勝手に持ち出してしまえば、後の離婚紛争において問題になる可能性は一応あります。ただ、現実には、多くの離婚紛争においては、この点については決着までの過程で何となく当事者の合意ができて、それほど大きな問題にならずに解決することがほとんどであろうと思います。

嫌がらせや攻撃の好材料

しかし、あなたの相手は、モラル・ハラスメント（DV）加害者です。どんなことでも攻撃材料にすることのできる才能の持ち主です。離婚紛争を引き延ばし、あなたを攻撃し、苦痛を与える材料になると思えば、当然ながら、この家財道具の持ち出しについても理不尽な要求や主張を頑として譲らないということもあります。

したがって、あなたとしては、いわゆる嫁入り道具の類を除いては、全て置いていくことが無難だということは、一応いえます。

とはいえ、そういう相手ですから、あなたが家を出た後で、あれを引き取りたい、これを引き取りたいと協議を申し入れても、それがあなたの希望どおりに実現することはありえないと考えるべきです。私たちがそうした申し入れをしたときにも、離婚問題が全て解決するまでは（明らかな嫁入り道具の搬出すら）拒否するとか、財産分与の話し合いの中で決めるべきだからそれまでは何も持ち出すな、などと言ってくる場合は、まだまともなほう。私たちの申し入れを一切黙殺する相手もいれば、離婚が成立した後になってやっとこちらが求めた物を送ってきたものの、たとえば、大切な思い出の品やアルバムをずたずたにされていたり、嫁入り道具のたんすの中に食用油をまきちらされ、扉の取っ手を壊されているなど、まともなかたちで返ってきた例はすぐには思い出せないほどです。あるいは、妻が必要な荷物を搬出するのはいいがその場に立ち会わせろと要求し（その要求自体は不当ではないのですが）、日程と搬出する物を取り決める段階からあれこれ理不尽な要求や主張をくり返し、なかなか調整ができなかったり、やっと決まった搬出作業当日においても、その場であれに触るな、ここに立ち入るな等々と妻につきまとい、その一挙手一投足に難癖をつけるなどの嫌がらせをしたあげく、妻がもっとも強く求めていた、子どもの写真やへその緒などの大切な思い出の品類を隠したのか捨てたのか、とうとう渡さなかった加害者もいました。また、搬出を依頼した業者の到着が３分遅れたからと難癖をつけて（交通事情や前の作業が少し遅れるなどのこともありますから、普通はこういう場合、30分程度の幅を持たせて時間を決めるものですが）業者の立ち入りを拒否し、とうとう作業をさせなかったということもありました。

　荷物の持ち出しひとつ取っても、加害者にとってはこのように、嫌がらせの好機になります。ですから、別居にあたり、あなたがどうしても必要な物、ぜひとも持ち出したい物があるならば、後の離婚紛争において加害者に攻撃材料にされにくいものや、されても大きな支障のないものに絞って、持ち出しておいたほうがいいでしょう【注1】。そして置いていった物については、（もちろん、協議や交渉の余地はありますが、最終的には）諦めるという腹をくくりましょう【注2】。

　個々の家庭によってその具体的な線引きはさまざまであろうかと思いますが、だいたい以下に述べるあたりが最大公約数的なところですので、参考にしてください。理屈ではありません。現実的にどうするのが無難かを考えましょう。

①　それをあなたがある日突然持ち出すことによって、相手の生活上直ちに大きな支障を来すような物は、原則としてそのまま残していくべきです。冷蔵庫、洗濯機など、生活に必要不可欠で、通常は1世帯に1台しかないようなものをイメージしてください。冷暖房器具やカーテンなど、原則的に各部屋に必要不可欠の物についても、同様の注意が必要でしょう。

　こうした家財道具については、それが誰がお金を出して買ったものであっても（たとえ、あなたが独身時代から使っていたものであっても）、ある日突然無断で持ち出せば、加害者はまちがいなく、あなたのその行動によってその日から生活するのに困った、嫌がらせだなどと攻撃してくるでしょう。

　以上の観点からいうと、テレビは微妙なところです。複数あるのならばいいですが、1台しかない場合には、通常は置いていくのが無難です。

②　いわゆる嫁入り道具の類は、①にあたるもの以外は全て、持ち出してもよいでしょう。中には、嫁入り道具であっても、たんすやダブルベッド、テレビやソファなどのリビング用品は相手と共同で使用してきたというケースもあり、そのような場合には、①と同様に攻撃材料にされることはあります。ですが、それらは「なくても何とかなる」ようなものですから、それらが嫁入り道具ということであれば、裁判所が大きく問題視することはないといえるでしょう。裁判所が問題視しないようなことは、仮に攻撃材料にされたとしても、それだけで紛争が長期化するなどの心配は少なく、あまり気にする必要はありません。あなたにとって必要性が上回る限りは持ち出すのでいいでしょう。

③　夫婦共同で使用していたパソコンも微妙なところがありますが、置いていく場合には、もっぱらあなたの保有するデータは全てきれいに消去すること、持ち出す場合には、相手の保有するデータと、子どもの写真など夫婦共有のデータを適宜の記録媒体にコピーして置いていくこと、を忘れないでください。

　いずれにしても、耐久消費財のことですから通常は微々たる金額ではありますが、最終的には金銭的な精算が問題になる可能性はあります（その分が財産分与額から差し引かれるなど）。

預貯金通帳

　預貯金については、まさに財産分与問題ですし、個々の家庭ごとの家計の管理のあり方や経済事情などによってさまざまですので、ここで一般的なお話しをすることは困難です。ここでも、最大公約数的な目安をお話しします。

　まず1つめは、あたりまえですが、あなた名義の口座については確実に全てを持ち出してください。

　たとえそこに、婚姻中夫婦で蓄えたお金など、夫婦共有とみられるお金がどれだけ入っていたとしても、あなたの名義のものはひとまず全て持ち出してください。ただ、この預金の全部または一部が後に財産分与の対象になり、彼の管理する預貯金等も含め共有財産の状況によっては、そこからいくらか相手に渡さざるをえない可能性があることだけ、頭に留めておいてください。当然ながら、あなた名義の預貯金は全額、あなたのものとして確保することを第1の目標として目指したいところですが、これについては財産分与のところでも触れるように、「手切金」と諦める割り切りも大切です。

　2つめは、加害者が同居中、給料の全部または一部が振り込まれる彼名義の口座を家計管理のためにあなたに委ねていた場合、その通帳等を持ってあなたが家を出たと知るや、彼がまず最初にすることは、当該金融機関にそれら通帳等の紛失届を出すなどして、利用停止の措置をとることです。それはそれは、実に迅速な動きを見せます。念の入った加害者はさらに、勤務先で手続きして、給料の振込先口座を変更します。そのどれもしない加害者はまずいないと考えておくべきでしょう。本来、別居しても正式に離婚が成立しない限り、加害者はあなたと子どもの生活費を負担する義務があるのですから、それまでどおりその口座を使わせておけばいいはずです。しかし、多くの加害者は出ていった被害者に対して、戻ってきてくれ、愛している、悪かった、許してくれとしつこく迫り続ける一方で、平然とこうやって兵糧攻めを仕掛けます。彼らには、こんな矛盾など矛盾のうちに入らないようです。

　ともあれ、これに備えて、あなた方の当面の生活や引越などに必要な、合理的な金額のお金は、別居直前にその口座から出金して現金で持っておきましょう。ただし、必ず、次に給料が振り込まれるまでに予定される引き落としの資金分だけは残してください。それを残したら引き出せるものがないときには、そのまま手をつけないことが無難です。

当然ながら加害者は、あなたが少しでもその口座からお金を持ち出せば、それもごちゃごちゃと言い立てるでしょうが、最終的には婚姻費用（28章で説明します）または財産分与問題の中で調整されます。
　３つめは、連れて出る子ども名義のものについても、相手ががっちり管理していて全く手が出せないという場合には仕方ありませんが、そうでない限りは必ず持ち出してください。これも夫婦の共有財産と扱われる可能性が高いですが、夫婦で分配することなく、「子どもの財産」として確保することを目指したいものです。
　その持ち出す方法ですが、彼がその口座の存在を把握している場合には、家を出る直前に、新たに別に子ども名義の口座を作り、そこに全額を移動させることが無難です。というのも、彼は自分の把握している子ども名義の口座についても、あなたが家を出るや、勝手にお金を引き出してしまったり、通帳等の紛失届を出し、あなたが所持する通帳等を利用できなくしてしまうことがあります。婚姻中は彼も共同親権者ですから、そういうことができてしまいます[注3]。
　さいごに、最も問題が多いのは、夫婦の貯蓄用の口座が相手名義になっていて、なおかつそれをあなたが管理している（あなたが自由に入出金できる）場合です。経済的暴力という方法をとらない加害者の場合には、このようなことがありえます。
　この場合にも、あなたが家を出た後は、加害者は直ちに通帳等の利用停止手続をすることは間違いありませんが、さりとて、後で財産分与請求をしてそこから自分の取り分をもらおうとしても、現実には困難であることが多いのです。それがために離婚紛争が長引くか、早期解決のためにそのお金は諦めるか、という選択をせざるをえない可能性が高いでしょう。
　したがって、あなたの把握する限りにおいて、計算上（ただし、きちんと弁護士に相談したうえで計算しましょう）、夫婦共有の財産全部（その口座のお金だけでなく、その他の主要な財産全て）を折半したらこの金額になるという金額を限度として、その口座から出金して持ち出すことをお勧めしておきたいと思います。
　以上いずれの場合にも、あなたが持ち出したお金や預貯金は、財産分与問題が解決するまでの間は、手をつけないことが望ましいですが、２つめのところで述べたように、合理的な使途・金額の範囲で、当面の生活費や別居のための費用などに充てるのはかまいません。念のため、その使途明細はきちんと記録して、領

収証類も保管し、必要とあればいつでも説明できるようにしておきましょう。

【注1】　本文でお話したところからわかるように、アルバムや子どもの図画工作の作品など、いわゆる記念品の類、お金で買えない大切な思い出の品類は、あなたの心を深くえぐる嫌がらせの絶好の道具になります。加害者はあらゆる機会を捉え、あらゆる方法でもって、あなたの心を傷つけようとしていると考えておく必要があります。
　　　　　　家族などとも相談しながら工夫して、確実に、加害者の手の届かない安全なところに持ち出してください。

【注2】　もちろん、あなたが必要としない物は全て置いていきましょう。これについては、相手においても不要であるから処分するとして、その費用の一部又は全部を請求されることもありますが、それこそ、財産分与問題の中で解決すればいいことです。必要な物を確保するという場面とは異なり、あなたにとって何ら切実な問題でも、急いで解決しなければならない問題でもありませんし、金額的にも大きな問題ではありませんから（家を出るための必要経費ともいえるでしょう）、そんな請求が来たところでたじろがないでください。

【注3】　したがってまた、新しい口座を作る際には、金融機関に届け出る連絡先を彼と同居していた住まいとしないよう、くれぐれもご注意ください。そんなことをしたら、後に必ず来る金融機関等からの郵便物等によって、新しい口座の存在とその金融機関名などの情報が彼に伝わってしまいます。もとより、その口座を作るのは家を出る直前が無難で、その時点での住所地を証明するものは元の住所のものしかないかもしれませんが、それまでに一時的に実家に住民票を移しておくなど工夫しましょう。

19章 ほとんど着の身着のまま出てきました。荷物を取りに帰りたい。

> 当初は一時的な避難のつもりで家を出たのですが、落ち着いて考えることができ、もう二度と家には戻らない決意ができました。夫は絶対に引き止めにかかると思うので、家にある私たちの荷物は、夫のいない間に持ち出してしまいたいのですが……。

こっそり取りに行っても大丈夫？

　前章のようにしっかり準備をして家を出るのではなく、一時的な避難や帰省のつもりで家を出たところ、夫から離れることであなたの心が整理されて決心ができ、そのまま離婚を前提とした別居に至る、ということもあります。ただその場合、あなたと子どもの衣類・日用品類をはじめ荷物はみんな自宅に置いたまま。取りに行きたいけれど、夫はもう帰ってこいとうるさく言ってきているので、夫がいると、どんな妨害をされるかわからなくて怖い。それどころか、もう家から出られなくなるかもしれない。暴行を受けるかもしれない。そんな恐れがある時には、夫が仕事に出ている間に、家に戻って必要な荷物を全て持ち出したいのは当然です。

　前章でもお話ししたとおり、紛争状態に至れば、あなたが荷物を引き取りたいと言っても、相手がまともにこれに応じることはまずないと考えておくべきです。ですから、相手があなたは単に一時的に実家に帰っているだけと認識しているうちに、あなたにとって必要な物や、大切な物は、すべて引き上げておきたいところではあります。

　私たちとしては、一応、離別の意思を固めたら、相手にそれを伝える前に、すばやく行動に移すことをお勧めしておきたいと思います。その際、相手との接触やトラブルを避けるために、相手の不在中に立ち入ることも、考えられていい場合も多々あると思います。ただ、個別の事案によっては見送った方が無難だろうと考えられる場合もありますので、やはりこの種の問題に慣れた弁護士に相談してから行動するようにしましょう。

住居侵入？窃盗？

　一応、法律的にどんな問題がありうるのかということを、ここで簡単に説明しておきます。たとえもともとは自分が住んでいた家であっても、別居した後で、

相手に無断で立ち入れば、その時期や紛争の状況によっては、理屈の上では住居侵入罪という犯罪を構成する可能性があります。これはあくまでも理論上の可能性であって、現実的にあなたが罪に問われることは、少なくとも離婚紛争中に自分の荷物を取りに行くという目的で立ち入る限りは、まずないと考えてかまわないでしょう。

　ただこれも、加害者が攻撃材料にしてくるという、現実問題としての可能性を考えなければなりません。今後の離婚紛争の中で、ここぞとばかりにこの点を追及してくる、なんとも浅はかな加害者は珍しくはないのです。夫婦関係は「破綻」していない、妻を愛している、戻ってきてくれと強く主張しながら、住居侵入罪だなんだと騒ぎ立てるという矛盾。中には、本当に警察に被害を申告する加害者もいます。だからといって、上記のとおり、あなたが罪に問われる可能性はほぼないと考えていいのですが、警察から連絡が来るなどして、あなたが嫌な思いや煩わしい思いをすることはありえます。

　さらに、少しでも共有と見られる物、前項でお話ししたテレビなどの家財道具ですが、こうした物を持ち出したときには、窃盗だとまで騒ぐ、さらに短絡思考な加害者もいないではありません。

　もちろんこれも、騒がれたところであなたが現実に罪に問われる心配はないといっていいでしょうが、騒がれれば厄介です。ただでさえ厄介な相手との離婚紛争です。相手はありとあらゆることを持ち出して、あなたを攻撃する材料にするでしょうから、そういう厄介なことはひとつでも少ない方がいいということは一応いえるでしょう。

　ということはつまり、もともとどうしたって厄介なんだから、単に厄介がひとつ増えるだけ、という考え方もできるところです。しかもそうして騒げば騒ぐほど、彼はあなたとの関係を自ら積極的に壊しているばかりか、夫婦関係が壊れていることを積極的にアピールするのに等しいのですから、夫婦関係の「破綻」（25章でお話しします）という認定にはぐっと近づくといえます。そう割り切って、腹をくくれば、この問題にそれほど神経質になることはありません。

20章 弁護士は、どうやって探したらいいですか？

弁護士はどうやって選んだらいいのか、どういう弁護士がいい弁護士なのか、どういうところに注意したらいいのか、何もわかりません。

どんな弁護士が、「いい」弁護士？

『弁護士のくず』（井浦秀夫、小学館）という漫画をご存じでしょうか。型破りな性格の主人公・九頭という名前の弁護士の活躍（？）ぶりを描くもので、私たちが読んでもたいへんおもしろい漫画です。その中には、モラル・ハラスメントを描いたとみられる話もいくつかあります。そこで九頭弁護士は、被害者である依頼者に対して不穏当な発言をくり返しながらも、頭の中ではその人の置かれた状況をきちんと理解するとともに、加害者の思考・行動パターンを的確に見抜き、依頼者の希望に沿った解決に導きます。

これくらいの洞察力があれば、モラル・ハラスメントの被害者にとってこれ以上ない心強い味方といえるでしょう。しかし、ただひとつ、この九頭弁護士に欠けていると思われるもので、私たちが仕事の上で最も大切にしているものがあります。それは、依頼者に対して説明義務を尽くすということです。

説明義務ということについては27章でも改めてお話ししますが、弁護士は依頼者との関係においては、いうならば法律や裁判の世界の道案内役です。依頼者が安心してその道を先に進めるように、丁寧にわかりやすくガイドすることが、弁護士の仕事の大きな柱でなくてはいけません。

初めて弁護士を訪ねるあなたの心の中は、たくさんの不安やら疑問やらでいっぱいでしょう。それがきちんと整理されるように、丁寧に質問に答え、説明をするかどうかが、あなたにとって「いい」弁護士を見分けるための、最初の重要なポイントになろうかと思います。

やっぱり、「DVに強い」弁護士がいい？

弁護士は医者の「○○科」のように、「○○専門」ということは、ほとんどありません。

特定の分野が得意であるとか、特に力を入れて取り組んでいるといったことはありますが、少なくとも離婚に関していえば、どの弁護士でも扱っていると思い

ますし、ひととおりの処理はできるはずです。

　もちろん、どんな事件であっても、その処理を的確に進めるためには、その事件で問題になっている事柄を正しく理解している必要があることはいうまでもありません。モラル・ハラスメントに関していうならば、被害者がどんな状況に置かれ、それがどれほど辛かったのかということをまずしっかり理解できなければ、被害者はその弁護士を信頼して任せることはできないでしょう。それとともに、加害者の特異な思考・行動パターンを把握していなければ、弁護士までもが加害者に騙され、振り回されてしまいかねません。九頭弁護士のように特別に優れた洞察力があるならばいいのですが、現実にはそうもいきません。

　ですからやはり、「DVに強い」弁護士を選ぶことが望ましいとはいえます。

　しかし残念ながら、「DV」という今や誰もが知っているような言葉についてすら、その本質を正しく理解している弁護士は、決して多くはありません。この種の案件を何件も取り扱っていながら、言葉の暴力だけならば「DV」ではないなどと平然と言い放つ弁護士だって、まだまだいるのです。いわんや、モラル・ハラスメントという言葉に至っては、なおお粗末な認識にとどまるのが現状です。そんな概念を理解することができず、あるいは理解しようともしないのに、広告等では平然と「DVが得意」と宣伝する弁護士も珍しくありません。

　他方、たとえ「モラル・ハラスメント」という言葉を、あなたの相談で初めて聞いたという弁護士であっても、またDVを一度も取り扱ったことがなくても、真摯にそして謙虚に、あなたの置かれた状況、あなたの抱えている辛さを理解しようとしているならば、充分にあなたにとって適任といえると思います。そのような弁護士であれば、その本質を理解しようと努め、必要に応じて勉強や調査をしながら事件処理を進めるでしょう。それならば、たとえDV未経験であっても大きな問題はないと思います。

　以上に述べたようなことは、弁護士としての力量という面がもちろん大きいのでしょうが、結局のところ、その弁護士の人間性の問題に行き着くようにも思います。ですから、その人間性に直接触れて、しっかり自分の目で確かめることなしに、弁護士を選ぶことはできません。

手間暇そして経費、惜しまないで

　そういうわけですから、手っ取り早い方法はありません。目星を付けた弁護士

に、ひとりひとり会って、自分の目で確かめ、見極めるしかありません。

その目星の付け方ですが、今ではインターネットをはじめ種々の広告がありますし、著書やブログなどがあれば、それらも手がかりになるでしょう。また「弁護士ドットコム」というウェブサイト（http://www.bengo4.com）では、最大5人の弁護士から見積もりを取れるというサービスなどもあり、弁護士探しに役立つことと思います。

各弁護士会（巻末の一覧をご参照ください）や自治体、法テラス（21章でご説明します）などでも、法律相談を受けることができます。弁護士会は基本的には有料（通常、30分につき5000円＋税）ですが、自治体や法テラスは無料です[注1]。ただこのような法律相談は、たまたまそのときに割り当てられた弁護士が担当するので、相談者が弁護士を選ぶことはできません。

また、東京や大阪など、規模の大きな弁護士会では、特定の分野について得意な弁護士を紹介するというサービスをしているところもあります。ただし、何が得意かということは、基本的には弁護士の自己申告だけによらざるをえないことにご注意ください。

ともあれ、私たちは通常、相談に来られる方に対して、最低でも2～3人の弁護士と法律相談をしたうえで、依頼する弁護士を選んでほしいとお話ししています。その中でも依頼したいと思う弁護士に出会えなければ、納得いくまで弁護士を訪ね歩いてほしいと思います。もちろん、手間も時間も、そしていちいち安くない相談料もかかります（ただ、初回相談は無料という弁護士も今は少なくないようです）し、地域によっては思うようにもいかないこともあるでしょうが、弁護士を必要とするような事態とは通常、あなたの人生の一大事です。その一大事を乗り越えるための、あなたに適任のサポート役を探すわけですから、当然にかかる、そしてかけなければならない、手間暇とコストと思っていただきたいと思います。弁護士によって、基本的な考え方が異なれば事件の処理方針も異なり、また21章でお話しする費用もさまざまです。当然ながら時には妥協も必要ですが、自分のニーズに合う（またはそれに近い）弁護士を、しっかり見極め、選んでください。

法律相談で、これだけは

どんなに遅くても相談の日の数日前までには、弁護士に相談したいことの内容

を、できる限り詳しく書いたものと、関連する資料のコピーを、弁護士に送っておきましょう。離婚の場合には、いつごろ結婚して、その後どんなことがあって離婚したいと思っているのか、離婚にあたって何を希望するのかといったことは最低限明記してください。その他どんな情報を伝えておくべきか、あるいはどんな資料を送っておく必要があるかといったことについては、相談日を予約する段階で弁護士に確認してください。

　それと同時に、今あなたが抱えている具体的な疑問や不安をしっかり整理し、書き出しておきましょう。その書き出したものも、上記と一緒に弁護士に送っておくことが望ましいと思います。

　そして、相談においては、あなたのそうした疑問や不安に対して、どれだけわかりやすい言葉で、具体的で説得的な説明がされたか、よく確認し吟味してください。先に述べた説明義務ということに対して、その弁護士がどれだけ忠実であるかが、それでよくわかります。

【注1】　法テラスの無料相談を利用するためには、所得や貯蓄が一定の基準以下であることが必要です。詳しくは法テラスにお問い合わせください（21章をご参照ください）。

コラム

弁護士でない、離婚問題の「専門家」を名乗る人たち

　最近、「街の法律家」だとか「法律職」と称する行政書士や、「離婚カウンセラー」という肩書きの人たちが、離婚やそれに関連する法的な問題に関して、法律面に相当に立ち入った助言をしているようです。助言ばかりでなく、違法すれすれの（時には明らかに違法な）法律的事務を行っている例もしばしば見聞きします。弁護士でない人が、お金をもらって他人の法律事務を処理することは、弁護士法によって禁じられている犯罪行為です。

　離婚問題は法律問題です。本来、お金をもらって他人のために法律問題を処理することができるのは弁護士だけです。行政書士には一定範囲の法律的事務を処理することが許されますが、非常に狭く厳しく限定された範囲にとどまります。「離婚カウンセラー」に至っては、離婚という局面における純粋な人生相談に徹するべきです。またそうしてこそ、彼らの存在意義があるのだと思います。離婚問題の解決には、怒りや不安などの感情を整理するという心の手当が不可欠といえます。そのサポートに徹する存在であってほしいと強く思います。

　こうした人たちが「離婚問題専門」などと宣伝しているホームページや、マスメディアでの発言などを見ている限り、その法的知識は質的にも量的にもきわめて不充分で、非常に不正確であったり、明らかな誤りを述べていることも少なくありません。彼らの本来の専門分野も、活動すべき領域も、弁護士とは全く違うことを、ご理解いただきたいと思います。

　とはいえ、これまで法律や裁判といったこととは無縁の生活を送ってきたあなたには、「離婚カウンセラー」はともかく、弁護士も、行政書士も、あるいは司法書士も、どこがどのように違うのか、わからないのが普通でしょう。依頼するためにかかる費用は安いほうがいい、とお考えになるのも無理もありません。

　でも、離婚を含め、あらゆる法律問題は、最終的には裁判で解決すべきであり、またそうせざるをえないものです。それをサポートする専門家は、何ができなければならないでしょうか。

　まずは、裁判になった場合の見通しを的確に立てることができなければなりません。それができて初めて、では裁判をしたほうがいいのか、しないで解決することを目指した方がいいのか、などの方針を立てることができます。つまり、ある法的紛争をどのように解決するのが妥当か、という検討と判断は、「裁判になった場合にはどうなるか」という見通しと切り離すことはできないのです。

　弁護士は、裁判官と同じ試験を通過し、同じ法的教育を受けています。いうならば両者は、ある法律問題について、法的にどう処理されるのか、あるいはそのトラブルをどのような形で解決することが妥当なのか、ということを考える頭の構造が、基本的に同じです。だから弁護士は、そのような見通しや方針を的確に立てることができるのです。

　最終的には裁判で解決するということはまた、それをサポートする専門家は、あなたに代わって、全ての裁判手続を行うことができなければなりません。これを「訴訟代理権」といいます。法律でこれを持つことを許されるのは、原則として弁護士だけなのです。

　調停の場に、あなたと一緒に出席することを許されるのも、原則として弁護士だけです。

　弁護士以外の人が、どんなに離婚問題に詳しいと言ったところで、資格がない以上、弁護士と

同じ仕事は絶対にできないのです。必要な法的教育を受けたこともなければ、実務経験を積むことも許されないのですから、正確な知識も実務感覚も、身につけることは不可能です。

　こうした人たちの宣伝文句の中には、離婚問題では弁護士は頼りにならない、費用が高いだけでろくな仕事をしない、というようなものもみられます。そのような評価があてはまる弁護士は、たしかに、残念ながら少なからず存在します。あなたはそういう弁護士を選ばないように注意してください。

21章 弁護士費用は、どれくらいかかるのでしょうか？

> 弁護士費用はとても高いというイメージがあります。私にはとても払えそうにないですが、弁護士に依頼することはできないのでしょうか？

弁護士費用とは

弁護士にはいったいいくらかかるのか。弁護士を利用するにあたって、最も気になるところでしょう。

現在、弁護士費用は個々の弁護士が自由に決めていいことになっていますので、金額はもちろん、どういう場合にどういう費用が発生するのかということについても、弁護士によって相当なばらつきがあるようです。

ですからここでは、多くの弁護士が取っているであろう最大公約数的な考え方をご説明します。

まず費用の種類としては、着手金と報酬金、日当、手数料、実費の5項目について、理解しておけば充分と思われます。

① 着手金

これはいわば、弁護士を動かすための初期費用であり、委任契約時に原則として一括で支払っていただくものです。事情によっては、分割払いや支払い猶予(たとえば報酬と同時に支払うなど)について、相談に応じることもあるでしょう。

これは、もしもご依頼になった事件が終結しないうちに、依頼者の都合で弁護士との委任契約を解消することになった場合には、原則として返還しないという約束がされることが多いと思います。もちろん、委任契約の解消が双方にとってやむをえないものであったり、弁護士の側に責任がある場合には、事情に応じてその全部または1部を返すべきことは、通常、委任契約でもはっきり決められていることですし、消費者契約法という法律からも当然と考えられます[注1]。

その金額は、一般的に、その事件で問題になる経済的利益の価額の何%、というように決められます。典型的には、貸金500万円を請求する事件ならば、その8%とか、10%というように算定されます。反対に、500万円の金銭支払いを請求されている場合にも、基本的には同様に算定されます(ただ、請求する場

合よりも若干低いパーセンテージに抑えることが多いと思われます)。

　離婚のように金銭に換算できない事案については、だいたい、20万円～60万円の範囲内で決めている弁護士が多いことだろうと思います。ものすごい幅ですが、これが現実です。また離婚であっても、慰謝料や財産分与を求める場合には、通常の貸金の場合などと同じように、その求める金額の何％というように決める場合もあるでしょう。

　着手金についてご注意いただきたいのは、これが基本的には、段階ごと、手続ごとに発生するということです。たとえば、離婚事件の場合、調停対応の着手金としていくら、訴訟に進んでしまった場合にはいくら、高等裁判所に行った場合はいくらというように、裁判手続の段階が進むごとに発生します。また、離婚事件の最中に、相手が子どもを引き渡せという請求（13章）をしてきた場合とか、DV防止法に基づく保護命令（17章）を申し立てるとか、別の裁判手続を取ったり受けて立ったりする場合にも、別途相応の追加着手金がかかるのが普通です。

　ここでのポイントはしたがって、どういう場合に追加着手金が発生し、それぞれだいたいいくらなのか、といったことが、あなたがきちんと理解できるように説明され、なおかつ、そのことがきちんと委任契約書に書いてあるかどうかです。そして、あなたの事案においてはどういう追加着手金が発生する可能性が考えられるか、という見通しも、併せて説明されることも重要です。

　こうした説明を丁寧にわかりやすくしているかどうかということも、いうまでもなく弁護士選びの最重要のポイントのひとつです。

② 報酬金（成功報酬）

　報酬金とは、弁護士の事件処理によって一定の成果に達したときに、その成果と、それまでに行った事件処理の内容等に応じてお支払いいただくものです。典型的には、たとえば500万円の貸金を回収したときにはその10％とか、15％とかいうかたちで発生します。そのパーセンテージは委任契約できちんと決められている必要がありますが、通常は、「得られた経済的利益の10％～20％の範囲内で、成果に応じて定める」というように、ある程度の幅を持たせておくことが多いでしょう。これは、どのような成果が得られるのか、委任契約の段階ではわかりませんから、やむをえないと思われます。

　また、「得られた経済的利益」とは、単にあなたが現実に支払いを受けた金銭

のほか、相手から請求された金額のうち、支払うことを免れた金銭も含みます。たとえば、500万円の慰謝料を請求されたところ、それが100万円で済んだというときには、差額の400万円を経済的利益として、報酬を算定します。

　また、離婚が典型ですが、金銭に換算できないような成果の場合には、通常、着手金と同額などというように金額を決めておくか、「経済的利益を○○円とみなして算定する」というように決められることが多いでしょう。そのうえで、慰謝料などの経済的利益があったときには、その価額に応じて算定した金額が加算されるのが一般的です。以上のこともちろん、相談段階できちんと説明がされたうえで、委任契約で明確に定められている必要があります。

③　日当（出廷費）

これもかなりのばらつきがあるところで、どこの裁判所であれ出廷するたびに数千円〜数万円の日当（出廷費などという場合もあります）が発生する場合もあれば、遠方に出張したときにのみ数万円〜十数万円という場合もあります。

④　実費

相手方や裁判所に書類などを送ったり、裁判所に支払う手数料、移動に要する交通費など、事件処理に要する経費を概算でお預かりするものです。足りなくなれば追加で請求されるのが通常と思われますが、いずれにしても当然ながら、事件終結時に精算されます。

⑤　手数料

通常、手数料というと、書類を取り付けたり、作ったり、送金を代行するなどの事務について発生するものです。弁護士に着手金を払って委任契約をした後の段階では、そうした事務も含めて原則的に全て着手金でまかなわれますから、委任契約後に手数料名目の費用が発生することはあまりないと思います。

　以上について、相場とか適正価格というものは、一応あるといえるのかもしれませんが、その幅は上記のとおり非常に広く、かつて決められていた基準によっても、たとえば離婚調停の着手金は20万円から50万円の範囲内、訴訟は30万円から60万円の範囲内、というような具合です。今でも多くはこの範囲にだ

いたい収まっていると思います。

　ただ、弁護士の中には、離婚やこれに関連する事件の費用を他の事件よりも低く設定している人も少なくありません。この点、これからシングルマザーになろうという人からそんなに取るわけにいかないという考えもありうるところですが、弁護士の中には、これらの事件にはそれほど手がかからないという認識のもと、実際にもそれほど手をかけないことを前提に、費用を安くしているとみられるケースも散見されるので、注意が必要です。

　私たちに言わせれば、その認識そのものが見当違いも甚だしく、その弁護士が少なくとも離婚事件ではまじめに仕事をしていないということの、これ以上ない鮮やかな現れといってもいいくらいです。離婚事件ほど、多くの手間暇を要する事件もありません。お金を貸したの借りたのの紛争を始めとする多くの民事事件は、いわばその人の生活あるいは人生のごくごく一部の問題に過ぎませんが、夫婦や親子に関する問題は多かれ少なかれ、その人のその時点での全生活、オーバーにいえばこれからの全人生がかかった問題です。種々雑多な問題が日々発生します。普通の民事事件の何倍も、弁護士の仕事の量も役割も、大きいのです。

　弁護士の仕事は、いうならば職人の手仕事。ひとつひとつ、人が手をかける仕事です。その費用は、高すぎるのはもちろんですが、安すぎるのも要注意です。

法テラス

　法テラスとは、弁護士を必要としながらその費用を負担する経済的余裕のない人に対して、無料法律相談や、弁護士費用の立て替えなどの援助事業をしている公的な組織で、正式な名称を「日本司法支援センター」といいます。こうした援助を受けるためには、収入などが一定の基準以下であることなどの条件がありますが、それまで夫に扶養されていた女性がその夫と離婚しようというときなどには、心強いサポートになりえます。詳しくは、法テラスのウェブサイト（http://www.houterasu.or.jp/）をご覧になるか、直接お電話（0570－078374、受付は平日午前9時〜午後9時、土曜日は午後5時まで、日曜祝日は休み）にてお問い合わせください。

　法テラスを利用するためには、法テラスの窓口や法律相談を経由してもいいですし、自分で選んだ弁護士に経済的な事情を説明した上、法テラスの利用を希望すると伝えて、弁護士がそれを了承すれば、あとは弁護士が手続を取ります。た

だ、弁護士の側においても、依頼者から希望があったときには必ず法テラスを利用しなければならないという義務は原則としてなく、お断りする自由があることをご理解ください。

この点、インターネットなどを見ていると、時折、法テラスの利用を嫌がる弁護士はよくないという類の記載が目につきます。

たしかに、充分な経済力のない人にも等しく法的サービスを提供するという、法テラスの事業はたいへんに重要な意義あるものですし、これに弁護士が積極的に協力することは、弁護士のひとつの使命ともいえます。

しかし、現状、法テラスの現実の事業のあり方には多くの弁護士が強い不満や疑問を感じており、弁護士全体と法テラスとの間で、充分な信頼関係はいまだ築けてはいないといわざるをえません。そのために双方努力していく必要があることはいうまでもありませんが、今のところは、法テラスの利用を断るというだけでもって、弁護士のいい悪いを判断する適切な材料にはなりえないし、していただきたくないと思います。もちろんそれもひとつの判断材料ではありますが、弁護士としての仕事に真摯に取り組み、自らに手抜きを許さず、強い責任感を持ってまじめに丁寧に仕事をしている弁護士ほど、法テラスへの不信や不満が強いことを、私たちは日々実感しています。ですから、法テラスの利用を断るというだけでその弁護士を選択肢から除いてしまうことは、みすみす、そうした職人気質の弁護士との縁を初めから断ち切ってしまうことにもなりかねません。はっきりと法テラスの利用を断る弁護士は、それ相応の信念をもっていることも往々にしてある（もちろん、そうでないことも多々ある）、ということは、頭のどこかに留めておいてください。

【注1】　消費者契約法においては、ごくごく簡単にいうと、消費者（弁護士に依頼する場合も当然含まれます）の利益を、あまりにも不当に害するような内容の契約は、無効とされています。わかりやすくいえば、「着手金はいかなる時期においてもいかなる理由があっても返還しない」という約定があったとしても、その弁護士が何カ月もその事件を放っておいて何も仕事をしなかったために解任されたような場合に、着手金を全く返さないということは、この法律によって許されないということです。いずれにしても、こうしたことで弁護士とトラブルになったり、なりそうなときには、その弁護士の所属する弁護士会にそのための相談窓口もありますので、ご利用ください。

～第4部～
離婚への道案内

　離婚は、ただでさえ一大事。ましてモラル・ハラスメントという「暴力」から逃げるための離婚となれば、その大変さは何倍にもなります。調停や裁判など、これまで全く縁のない別世界だった場所に身を置くことを、当然のこととして覚悟しなければなりません。心の中は不安だらけ、わからないことだらけでいっぱいでしょう。
　本書は、そんなあなたが少しでも安心できる道案内役でありたいと願って作りました。この章では、いよいよ離婚紛争に臨むにあたって、最低限正しく身につけておきたい基本的な知識と心構えを中心にお話しいたします。

22章　調停や裁判は不安。話し合いで解決したい

調停委員の言葉に傷ついたとか、全く聞く耳を持ってくれないとか、態度が威圧的で、言いたいことも言えないとか、調停についていい話を聞いたことがありません。裁判となると、もっと怖じ気づいてしまいます。普通の話し合いで何とかならないものかと思うのですが……。

話し合いなんて、できる相手ですか？

　14章でもお話ししました。モラル・ハラスメント加害者とはおよそ対話が成立しません。

　なにがなんでもあなたを餌食として支配し続けたいのですから、彼は、どんな理不尽も支離滅裂も矛盾も駆使した、あらゆる「暴力的」なコミュニケーションでもってあなたを言いくるめ、ねじ伏せようと、全力でかかってきます。あなた1人を相手にする限りは、それが可能だと思っています。加えて、彼には、奴隷であるはずのあなたが主人であるはずの自分に嚙み付いてきたというような怒りがありますから、あなたを痛めつけ、やりこめようという意欲も、いつにも増して強いことでしょう。そういう加害者と、あなたとの離婚の「話し合い」において、およそ「話し合い」と呼べるような、嚙み合った言葉のやりとりができると思われますか？

　思い出してみてください。これまでの結婚生活の中であなたはどれだけ、あの気がおかしくなるほどにすりへる対話に、打ちのめされてきたことでしょうか。

　だからこそまた、加害者のほうは、被害者から離婚を突きつけられるや、必ずと言っていいほど「話し合い」にこだわり、「話し合い」を求めてきます。もしも被害者が、「話し合い」をせずにいきなり弁護士を立てたり、調停を申し立てたりしたときには、「まずは、当事者が直接、話し合うのが先だろう。順序が違う」と言って、あたかも被害者のやり方が道理から大きく外れているものであるかのように論じ、攻撃材料にします。「話し合い」が不可能または無意味だから、調停を利用するしかないのですが、問題意識に乏しい調停委員も、一見もっともらしく語られる彼のこうした弁に同調してしまうことがあるから厄介です。

　いうまでもなく彼は、裁判所（調停委員）や弁護士、被害者の親などという邪魔な第三者を何とか排除したいのです。上記のとおり、彼はまだ、あなたと1対

1の関係性の中であれば、あなたをやりこめ、言いくるめることができると考えていますから、そこに第三者が入ってきては困るわけです。それで、「夫婦の問題なんだから、まずは夫婦が2人きりで直接話し合うのが順序だ」などともっともらしく述べ、あなたを彼と1対1の場に引きずり出そうとするのです。どうしても1対1が嫌なら親も同席させてもいいと言ってくることもありますが、その場合はあなたの親も言いくるめることができると計算してのこと。

こういう相手である以上、「話し合い」によってこの離婚問題が解決できるはずがないのです。そういう意味で、私たちは、基本的には、モラル・ハラスメント加害者との「話し合い」は、全くお勧めしません。離婚の意思が固まったら、「話し合い」など一切せず黙って家を出て、すぐに弁護士に依頼し、さっさと調停を申し立てる。これが、この問題にとって一番だと考えています。

「話し合い」を試みる意味

仮に、それに先だって「話し合い」をするとしたらば、その意味は、形ばかりであっても「話し合い」と名のつくプロセスを踏むことによって、加害者の「話し合いが先だ、順序が間違っている」という攻撃材料をひとつ減らす、という1点にほぼ尽きます。加害者はありとあらゆることを攻撃材料としてきますから、それがひとつ減ったところで大きな意味はないともいえますし、ひとつでも攻撃材料を減らせばその分だけでも面倒が減る（程度問題に過ぎませんが）、ということもいえます。

いずれにしても、「話し合い」にはこの程度の意味しかないと考えておきましょう。ですから、仮に「話し合い」をするとしても、決して、離婚問題を解決しようと思って、それを期待して、「話し合い」に臨まないでください。それでは相手の思うつぼ、あなたが対話を嚙み合わせようと懸命になればなるほど、彼の「コミュニケーションの暴力」を振るいやすくするだけです。あなたはあくまでも、「話し合いをした」という事実をひとつ作るだけです。淡々とその場をやり過ごし、相手に言いたいことを言わせておきましょう。くれぐれも、相手の挑発に乗ったり、感情的になったりしないようにしてください。

弁護士を立てて協議離婚、というのは？

とはいえ、調停や裁判をためらい、怖じ気づく気持ちもまた、よくわかります。

この後でご説明するとおり、面倒なことがたくさんありますし、精神的な負担もとても大きいのです。

そこで、弁護士が交渉役となって何とか協議離婚に持ち込めないか、という相談をしばしば受けます。協議離婚というのは、双方が離婚届に署名押印して役所に出すだけで成立する離婚です。日本の圧倒的大多数の離婚はこれですし、インターネットを少し検索すると、調停や裁判は大変だ、協議離婚がいちばんいい、その際「離婚協議書」さえ作っておけば大丈夫、安心ですというようなことを、「専門家」と称する人たち（164ページのコラムを改めてご参照ください）がもっともらしく書いていたりします。この「離婚協議書」の法的な意味合いなどについては、次章で解説します。

ともあれ「協議離婚」というのは文字どおり、当事者双方が「協議」つまり「話し合い」のうえ合意して初めてできるものです。相手が離婚届に印鑑を押してくれなければ、できないのです。しかしモラル・ハラスメント加害者と「話し合い」ができないこと、彼が印鑑など絶対に押したくないことは、上記のとおりです。

これは、弁護士が間に入っても同じことです。加害者は、あくまでも離婚に抵抗し続け、弁護士との対話も頑として噛み合わせません。しかも弁護士には彼らの「暴力」的な対話手法が（普通は）通用しないので、いらだつのでしょう、言うこと言うことますます意味がわからなくなり、支離滅裂、矛盾だらけになります。話など、するだけムダです。

ですから、モラル・ハラスメント加害者の特質をよくわかっている弁護士であれば、そんなムダなことは端からしようとはしません。依頼を受けたら、さっさと調停を申し立てます。

少なくとも調停は、このような相手と離婚するためには、必ず通らざるをえない道と考えておく必要があります。このような相手と離婚をするのは、普通の何倍も大変なのです。

調停は、一応がんばってみる意味はある

本来、法的な紛争を解決するための原則的な制度は、裁判です。離婚も法的な紛争ですので、最終的には裁判で解決しなければなりません。

しかし、裁判で解決するということは、裁判官が出した判決が当事者の意思如何にかかわらず効力を持つということで（そのために裁判をするわけですが）、そ

こには少なからず強権的な色彩があります。

　他方、調停とは、簡単にいえば、裁判所の中で、主として調停委員という仲介者を介して行う話し合いです。ここでの話し合いがつけば、法的には裁判で解決したのと同じことになります。

　離婚事件（をはじめとする、夫婦や親子をめぐる家庭内の紛争）においては、原則として調停を先にしなければ、裁判ができないことになっています。このような家庭内の問題は、できる限り話し合いベースで、強権的でないかたちで解決することが望ましいから、まずは必ずそれを試みなさい（というように法が強制すること自体が強権的とも思えるのですが）、ということです。

　話し合いといっても、相手と直接会って話し合うことはありません。調停をする部屋に調停委員（原則として男女1名ずつの2名）がいて、当事者はそこに交互に入って、調停委員に対してその言い分を伝えたり、調停委員を通じて相手の言い分を聞いたりします[注1]。

　調停委員は、一定の研修を受けてはいますが、法律の専門家ではなく（弁護士も少ないながらいますが、離婚事件で出てくることはほとんどありません）一般市民がボランティアに近いかたちで務めています。平日の日中にボランティアができるような人たちですので、必然的に、定年退職をした年配の男性や、子育てを終えた主婦などが多いといえます。少々戯画的なイメージとしては、長屋の熊さんと八つぁんの口げんかを大家さんが仲裁するように、地域社会の人生経験豊かな良識ある大人が、ごくあたりまえの市民感覚によって家庭内の紛争を仲裁するといったところでしょうか。

　この調停委員のいわば背後には、裁判官が1人います。裁判官は1人で何件もの調停を担当していますので、調停の場に出てくることはあまりありませんが、書類はすべてきちんと読んでおり、折々調停委員から報告を受けたり、協議を行い、必要に応じて調停の席にも登場します。

　調停は、基本的にはこの3名がいわばチームになって担当します。

　このほかに、担当の裁判官が必要と判断するときには、家庭裁判所調査官という役職の人が登場します。調査官とは、心理学などの行動科学に関する知識や技能をもった専門職です。法律とは異なる観点から、当該紛争をどういうかたちで解決するのがいいのか、当事者や関係者と面談などをしながら検討し、裁判官らと話し合います。子どもの親権（13章）や面会交流（29章）をめぐる対立が深

22章　調停や裁判は不安。話し合いで解決したい。　175

刻である場合に、よく活躍します。

　調停期日は、通常、1～2カ月に1回のペースです。弁護士をつけている場合でも、原則として当事者本人が毎回出席する必要があります。これがたいがいまるまる半日かかるものですから、とりわけ仕事や乳幼児を抱える人にとって、その負担は小さくないことでしょう【注2】。

　調停で、離婚することで話し合いがつけば、裁判で離婚判決が確定したのと同じことになります。具体的には、以下の3つの意味があると考えてください。

　1つは、それによって直ちに、確定的に、離婚が成立するということです。追って届出は必要ですが、それは単なる報告の意味しかありません。離婚はあくまでも、調停成立によって成立します【注3】。

　2つめは、調停で養育費や慰謝料などの金銭の支払いが合意されていれば、相手がこれをきちんと支払ってこなかったときには、裁判所で所定の手続をして、相手の預貯金や不動産などの財産を裁判所に取り上げてもらって、そこから支払いに充てさせることができます（これを「強制執行」といいます）。このことは、特に養育費について大きな意味があります（詳しくは24章で説明します）。

　3つめは、それで紛争が法的に決着するということです。紛争が法的に決着するということは、離婚に関していえば少なくとも離婚本体、慰謝料（30章、31章）、財産分与（32章）については、後になってやっぱり不満だと言って蒸し返して裁判などをしようとしても、できないということです（ただし、親権、養育費や面会交流という子どもに関わる問題については話は異なります。これらについてはそれぞれ13章、24章、29章で解説します）。

　調停でいいところは、このように、当事者が曲がりなりにも話し合いによって、渋々でも一応は納得し、合意して解決したという格好をとりながら、裁判と同じような、実効性ある解決ができるということです。

　加えて、話し合いによる解決ですので、多かれ少なかれ柔軟な解決ができるということでもあります。典型的には、たとえば慰謝料に関して、「慰謝料」という名目では支払う側が「悪い」ということですから、判決でこれを命じられてしまうといささか呑み込みがたいものですが、話し合いベースでは「解決金」「和解金」というような、支払う側の心理的抵抗が比較的少ない格好にすることがよくあります。面会交流についても、柔軟できめ細かな取り決めが可能です。

　以上のとおり、調停という制度そのものは、決して悪いものではありません。

モラル・ハラスメント（DV）の場合も含めて、このような調停による解決ができればそれに超したことはありませんので、少々しんどくても辛くても、ある程度がんばってそこでの解決を目指す意味はあるといえます。

調停の評判はなぜ悪い？

でも、調停に関していい話を聞いたことがなくて、不安なのですよね。残念ながら、その懸念は全くもってごもっともです。

まずあたりまえのことですが、調停制度そのものが、普通のまともな人、きちんと噛み合った対話のできる人が利用することを前提に作られています。「人と人とは、話せばわかり合える」という、モラル・ハラスメントを経験した人からすればノーテンキともいえる思想のうえにのみ、成り立つ制度ということもできるでしょう。

あなたの紛争の相手方は、まともに対話をする気など、初めから全くありません。あなたが彼の同居中の言動をどれほど詳しく説明し、それによってどれほど苦しく辛い思いをしてきたかを訴える一方で、加害者は巧妙に良き夫・子煩悩な父を演じ、全ての責任をあなたに転嫁して、あることないこと、言いたい放題。なのにその同じ口で、離婚はしたくない、妻を愛している、子どもを愛しているなどと涙ながらに訴えます。自分はこんなに愚かなデキの悪い妻を許してここまでやってきたのだ、これからもその気持ちは変わらない、こんなに寛容ないい夫なのだとアピールし、だから妻が戻ってきさえすれば自分は許して受け入れるとまで、臆面もなく言ってのけます。

調停委員は、「DV」についても、研修などを通じてひととおり勉強しているはずなのですが、その本質をきちんと理解しているとは限らないのが現実です。ましてやモラル・ハラスメントという、その暴力性自体が非常にわかりにくく、単なる夫婦げんかや亭主関白の類と区別しにくいケースでは、まず理解してもらえないと思っておくのが無難です。

そういうわけですから、「話せばわかる」というノーテンキな思想にあくまでもしがみつく調停委員の、言葉による二次被害というべき事態もしばしば起こります。

あなたからすれば、調停の席につくたびに、ただただ聞くに堪えない加害者の言葉が調停委員の口から次々と伝えられるわけです。その苦痛だけでもいたたま

れないことでしょう。それに加えて、もう一度きちんと向き合って話し合ってみなさい、ちょっと不器用なだけで、いい旦那さんじゃないの、あなたももっと大人になって、相手を変えようとするのではなくてまずは自分を変える努力をしなさい、相手の気持ちや立場も考えてあげて、などと、いかにもあなたがワガママで幼いのが悪いといわんばかりに"助言"されてしまうことも珍しくないのです。

　あなたがそれまでどれだけ話し合いの努力をくり返してはさんざんに心を潰されてきたか、それでもひとたび好きになった相手のいいところを探し出しては、本当はこんなひどい人ではないと信じようとし、私にも悪いところがあるんだ、彼も仕事のストレスで辛いんだ、自分が我慢すれば、自分が変われば等々と耐えに耐え、がんばってきたことなど、まるで意に介しない"助言"です。

　言ってもわからない人に、無理にわかってもらおうとしても、すり減るだけ。それは、加害者との結婚生活で痛いほど思い知らされたことでしょう。それと同じ思いを、調停でもするかもしれない。そういう覚悟は、一応しておいてください。

　もちろん、全部が全部の調停委員がそうだというわけではありません。当事者の言葉に真摯に耳を傾け、理解しようと努力し、不用意な発言をしてしまったときには適切な謝罪の言葉を言うことができる、そういう方々もきちんとおられます。加害者と対話を重ねるうち、調停委員もそのおかしさに気づくこともしばしばありますし、中には調停委員も初めから加害者との対話に苦慮することもあります。

　なにより、調停で解決できるかどうかということと、調停委員のいい悪いということは、必ずしも一致するわけではありません。

　調停はあくまでも話し合いですから、解決のキーはやはり相手方にあります。相手方である加害者がどこまでがんばって抵抗を続けるか、加害者の依頼した弁護士がどこまで紛争解決のため努力をしてくれるか、ということに、最も大きく影響されます。

　調停はその性格上、加害者が巧妙に引き延ばしを図れば、それを相当程度許してしまう面があります（28章でお話しします）。早く相手と縁を切りたいあなたにとって、調停を引き延ばされることは、すなわち苦痛を引き延ばされることを意味します。それ自体が最大の嫌がらせであり、加害者の意図するところといっていいでしょう。だからこそ、あなたの弁護士がきちんと加害者のその意図を見抜き、適切な時期に見切りをつける必要があります。

調停でダメなら裁判せざるをえない

　調停が成立しなければ、裁判を起こさなければなりません。とはいえ、モラル・ハラスメントの場合には「調停が不成立になってやっと、裁判を起こせる」というほうが実感に合うケースが少なくありません。上記のとおり、裁判をするためには調停をせざるを得ないので、調停を単なる通過儀礼と位置づけ、初めから成立を期待しないでこれに臨む場合も少なくありません。

　裁判となると専門的な知識がどうしても必要になりますので、弁護士を依頼せざるをえないのが通常です。弁護士に依頼すれば、裁判手続そのものは、弁護士に任せきりで大丈夫です。調停と違って、あなたが出席する必要はほとんどありません。弁護士の求めに応じて事情を説明したり、弁護士からの報告を受けたりするだけです。

　裁判はほとんど書面と証拠のやりとりで進みます。その書面を作ったり、提出すべき証拠を取捨選択するのは、すべて弁護士の仕事です。

　あなたがすべきことは、そのために必要な情報や資料の提供、事情説明ですが、実はこれが一番、辛い作業です。特に相手が出してきた書面に反論する必要がある場合、基本的にはまずはあなたがそれをしっかり読んで、相手の言っている事実のここがこう違う、事実は一応そのとおりだがその実情はこうだ、というように、弁護士に詳しく説明しなければなりません。加害者から出てくる書面はたいがい、これでもかと事実を偽り、露骨な悪意をもって歪めて、あなたやあなたの家族を攻撃する理不尽な言葉で埋め尽くされているといってよく、それに反論する作業は本当に、辛いものです。

　これがだいたい半年〜1年程度にわたり、その間に数回の書面のやりとりがあるのが普通ですが、場合によってはそれ以上かかることもあります。

　その後、当事者尋問という手続があります。まさに、テレビに出てくるような法廷で、証人尋問と同じように、それぞれの弁護士や裁判官からの質問に答えなければなりません。これもたいへんに負担の大きい手続です。特に相手の弁護士からの質問では、相当に辛い思いをさせられることは覚悟しなければなりませんし、なにより、（テレビのイメージとは異なり）決して広くはないその同じ法廷の中に、加害者本人がいるので、それだけで、あなたには耐え難いことでしょう[注4]。

しかしこれは、離婚の裁判をする以上ほぼ避けては通れないと覚悟しておく必要があります。
　もしもその前に、裁判官の仲介のもと、もういちど調停と同じような格好で話し合いを試みて、それがうまくいけば、当事者尋問はしないで済みます（ただ、実際は当事者尋問の直後に初めて、こうした話し合いの場をもつことが多いかもしれません）。これを「裁判上の和解」といいます。
　「和解」という表現には少し語弊というか、抵抗を感じるかもしれませんが、単なる法律用語だと思ってください。離婚するという和解が成立すると、調停が成立した場合と同じことになります。
　調停でうまくいかなかったものが、裁判で和解の話をしてもなかなかうまくものではないので、あまり大きな期待は持てないのですが、裁判段階では、仲介者がプロの法律家である裁判官ですので、調停よりもずっと適切な仲介がされる場合もしばしばあります。また、加害者が裁判になって初めて弁護士をつけて、その弁護士が加害者本人を強力にリードして、和解成立のため努力するというようなケースもあります。
　和解がうまくいかなければ、判決をもらうしかありませんが、判決となると、離婚を認める、認めない、どちらの結論であっても必ずどちらかにとって不服なのが普通ですので、ほぼまちがいなく、控訴するかされるかでしょう。そうすると舞台は高等裁判所に移りますが、控訴審は一審よりも更に淡々と、スピーディに進みます。控訴審でも改めて、和解が試みられるのが普通です。調停でも一審でもできなかった和解が控訴審でできるなんてことは、更に期待薄といっていいかもしれませんが、一審判決の内容次第では、加害者が離婚自体はやむを得ないと諦め、控訴審になって初めて離婚を前提に話し合いができるようになり、条件面に絞って協議し和解成立、という場合もあります。
　いずれにしても、裁判で離婚するということは、ほんとうに時間もエネルギーも消耗するものです。
　なお、「最高裁まで争う」と息巻く加害者もいますが、最高裁はほぼ100％門前払いで終わりますので、実際はどんなにがんばっても高裁判決が出れば、それが遠からず確定しておしまいです。ここまで来れば、多くは、離婚を認める判決です。この高裁判決で、万が一、「離婚を認めない」判決が出た場合については、26章でご説明します。

【注1】　裁判所から、調停委員などの同席のもと相手と直接話し合ってはどうかと提案されることがあるようですが、拒否すれば無理強いされることは決してありません（とはいえ、単身、初めての調停に臨んでいる人が、これを毅然と拒否するのは難しいでしょう）。これは「同席調停」と呼ばれるやり方で、一般論としてそれが有効な場合がありうることを否定はしませんが、少なくともモラル・ハラスメント加害者が相手である場合には、有害無益でしかありません。

【注2】　調停の管轄という問題もあります。これは相手が同意しない限り、「相手方」の住所地（住民登録地にかかわらず、その人が現実に生活の本拠としている場所）を管轄する裁判所です。「相手方」というのは、調停を申し立てられた側、つまりあなたが夫に離婚を求めて調停を申し立てる場合、夫が「相手方」です。たとえばあなたが遠方の実家に身を寄せている場合などには大きな負担になります。ただ、この点は、2013年に施行された新しい法律によって、テレビ会議システムが利用できるようになりました。できたばかりの制度ですので、これからどのように運用されるのか次第ではありますが、この問題が解消されることが期待されます。

【注3】　調停や裁判上の和解において、「協議離婚することを合意する」ことも可能です。調停離婚や和解離婚という形式をとると、調停や裁判をして離婚をしたということが戸籍にはっきり書かれてしまいますので、再婚への影響などを考え、戸籍上はあくまでも「協議離婚」というかたちにしたいという場合に、このようなやり方をすることがあります。その場合は、普通の協議離婚と同じように届出によって離婚が成立します。

【注4】　法廷で相手と同席することによるあなたの苦痛を少しでも軽くするために、あなたの尋問の間、相手とあなたとの間に衝立を置くという措置がとられることがありますが、離婚事件の場合はほぼ、DV防止法の保護命令（17章）が出ているようなケースに限られるようです。

23章 私が全ての権利を放棄すれば、離婚してくれると言います。

> 「慰謝料も、財産分与も、養育費も、何もかも放棄すると一筆書け。そうしたら離婚してもいい。親権もやる」と言われました。どうしたらいいでしょうか？

離婚の時点で決めなければならないこと、決めなくてよいこと

　一般に、離婚にあたり夫婦で合意すべきこととして、①未成年の子がいる場合、その親権者（13章）、②その子の養育費の金額や支払い方法（24章）、③親権者にならなかった親と子との面会交流の頻度や方法（29章）、④慰謝料（30, 31章）、⑤財産分与（32章）、が挙げられます。

　このうち、法律上、離婚の時、必ず決めなければならないこと、換言すれば、それを決めなければ離婚が成立しないものは、①の親権だけです。それ以外のことは、離婚の後でも、決めることができます。①〜⑤の全てのことが決まらないと離婚できないと思いこんでいる方が少なくありませんが、法律的にはそうではないことを、まずはしっかり理解してください。それぞれの箇所でも改めて説明しますが、離婚後であっても、②養育費と③面会交流は、概ね子どもが成人に達するまでの間は、常に問題になりうるものです。④慰謝料は離婚成立から3年以内、⑤財産分与は2年以内であれば、それぞれ請求することができます。

　もちろん、通常の離婚紛争の解決のあり方としては、それらのことをすべてきちんと決め、離婚後に紛争を積み残さないようにするのが一般的には望ましいといえます。そのために、弁護士も裁判所も、努力するのが普通です。

　ですが、場合によっては、②〜⑤の一部または全部をあえて積み残したまま、離婚だけを成立させることが妥当と考えられる事案も少なくありません。たとえば、相手が別居中の妻子の生活費（28章）を全くあるいはわずかしか払わない（払えない）ような場合、離婚が成立さえすれば、いわゆる母子手当（児童扶養手当）がもらえ、子どもの医療費や保育料などが減免され、公営住宅に優先的に安い家賃で入居できるなどの行政的なサポートが受けられて、生活がずっと楽になることがあります。その場合、他の問題を先送りにして、1日でも早く離婚を成立させたいものです[注1]。

そのような現実的に切実な問題がなくても、②〜⑤の問題について、離婚と親権問題がきちんと片づいた上でもめ続けるのと、それらの問題が解決するまで離婚できないままでいるのとでは、あなたの心の荷の重さや苦痛の度合いは桁違いであることと思います。とりわけ、③面会交流問題は本来、どういうふうにしていくのが子どもさんにとっていいことなのか、じっくり時間をかけて丁寧に慎重に協議する必要があり、モラル・ハラスメント（DV）においては特に、もともと相当に厄介な問題です。それを利用して加害者は、あなたに対する支配継続のために、あるいはあなたを打ち負かしたいという思いだけで、無理な要求を突きつけて頑として譲らないなどということを平然とやってきますので、加害者とは一刻も早く縁を切りたいあなたにとって、最も悩ましい問題です。
　モラル・ハラスメント加害者は、このような離婚に伴う決めごとを、離婚を阻止し、あるいは離婚紛争を引き延ばしてあなたに苦痛を与えるための道具として、大いに活用します。①〜⑤全てがきっちり決まらないことには離婚に同意しない、と粘ります。1日も早く離婚したいというあなたの事情や心情をわかっているからこそ、ことさらにそれを妨げようとするのが彼らの行動パターンであることは、ほかならぬあなた自身がよくご存じですね。

「一筆」の意味

　以上を前提に、加害者に、「お前が全ての権利を放棄すると一筆書け。そしたらすぐに離婚してやる」と迫られたときにどう対応すべきかを考えます。
　まずはこの「一筆」というものが、法律的にどういう意味を持つのか、正しく知っておきましょう。
　わかりやすい例を挙げると、「借りたお金○○円を、いついつまでにお返しします」という内容の約束ごとをしたとします。それを約束した人（お金を借りた人）が期限を過ぎてもお金を返さない、どんなに催促しても返してくれないというとき、貸した人がそのお金を現実に返してもらうためには、裁判を起こして、その裁判に勝って、その判決にもとづいて強制執行、という手順を踏む必要があります。強制執行とは、借りた人の預貯金や不動産、給料などの財産を、裁判所の手を通じて強制的に取り上げて、その返済に充てるということです【注2】。いくら約束があるから、権利があるからといっても、この裁判所による強制執行を経由することなく、相手から強制的に財産を取り上げることはできません（そんなこ

とをしたら、窃盗や恐喝、強盗といった犯罪になってしまいます)。

　ここで、もしもその約束ごとが単なる口約束だった場合、本当にそのような約束ごとが存在したのかどうかさえ、裁判官にはわかりませんから、貸した側は、裁判に勝つことすらおぼつかなくなります。もちろん、他の証拠でその約束ごとの存在を証明できればいいのですが、それは多くの場合、とても困難です。そのようなことにならないようにするために、その約束ごとを書類にするのです。それが、「契約書」だとか「合意書」「覚え書き」などというかたちで作成される書面であり、「一筆」ともいわれるものです。通常は、こうした書類が証拠として裁判に出され、それが本物（偽造文書の類でない）と認められさえすれば、この種の裁判には勝てるといっていいでしょう。

　借りた人の立場からすれば、このような「一筆」は、貸した人から裁判を起こされたときに自分の負けを決定づける証拠です。そういうものがある以上、そんな面倒なことになる前にきちんと返しておこう、という気にもなることでしょう。現実にはこのような格好で、「一筆」なりの書類が、無用のトラブルや裁判沙汰を未然に防ぐことに役立っているとはいえましょう。

　ただ、たとえその「一筆」なりの書類がどんなに立派なものであっても、それだけで強制執行をすることは、できないのです。裁判で勝って初めてできるのです。そうした「一筆」は、その裁判において、証拠になるに過ぎないのです。

離婚という場面における「一筆」

　さて、離婚問題の「専門家」を名乗る行政書士や「離婚カウンセラー」などがよく、養育費はいくら、慰謝料はいくら、財産分与はいくらと決めて、それを「離婚協議書」などという名前の文書にしておけば安心だ、などと助言しているのを目にします。そうしておけば確実に取れるものは取れる、といわんばかりの宣伝も少なくありません。たしかに離婚の場面においても、このような文書があることによって、現実に防がれるトラブルはあるでしょう。

　しかし、もしも相手がその合意を守らない、頑として請求に応じないというとき、現実の支払いを受けるためには、やはり「離婚協議書」そのものによって強制執行をすることはできません。そのためには、その文書を証拠のひとつとして、裁判をして勝つか、同じ内容の調停を成立させるかする必要があります。しかも、強制執行の対象になるような財産がなければ、それも絵に描いた餅。その意味で、

上記の「専門家」らの助言は、正しくありません。

　それ以前の問題として、そもそもそうした文書は、相手との間で、その内容について完全に合意ができて、なおかつそれを文書にすることについても合意できて、初めて作成できるものです。あたりまえですが一方当事者の一方的な要求だけで、そういう文書は作れません。そうすると、あなたがそのような文書を作りたいのならば、その大前提として、まずは相手と「話し合い」をし、あなたの要求を相手に承諾させる必要があります。少なくともモラル・ハラスメント加害者を相手とする限り、そんなことは全く望めないことは、本書でもくり返し述べているとおりです。

　仮に首尾よくそのような文書が作れたところで、何度も言いますがそれは単なる一証拠にすぎず、それ自体で現実の支払いを強制することはできません【注3】。相手がすんなり書いてくれれば、もちろん心強い材料のひとつにはなりますが、この程度の意味しかない文書を作るために一生懸命になる必要はない、ということを、ここではぜひご理解いただきたいと思います。私たちは、この種の文書の作成を全くお勧めはしていません。確実に支払わせたいなら、少々面倒でも急がば回れで、初めからきちんと裁判所の手続を利用すべきです。

加害者の意図をしっかり見据える

　さて、加害者からそのような「一筆」を書けと迫られたときにどのように対応すべきかを考える材料として、以下の点をしっかり押さえてください。

　まずそもそものところですが、そのような要求をする加害者がその言葉のとおり、あなたが全ての権利を放棄するなら離婚してもいいと本気で思っているとは、あまり考えるべきでないでしょう。その要求自体が、あなたが応じないことを見越した嫌がらせ、あるいは離婚に抵抗するための手段である可能性が高いと思っておく必要があります。その場合、あなたがその要求に応じると言えば、（おそらくこれまでにもさんざんやってきたように）何かしら難癖をつけるなどして、あなたがどうしても呑めないような更なる条件を持ち出してくるでしょう。たとえば、子どもを毎週末、自分の所に泊まらせろ、心配ならお前も一緒に泊まれ、などというように。

　ですから加害者が離婚の条件に関して、あなたに一方的な譲歩を強いるような要求を突きつけ、そういう「一筆」を書けなどと迫ってきたら、相手には協議離

婚をする意思などないのだと考えて、さっさと離婚調停を申し立てるべきでしょう。もともと、離婚の条件について折り合いがつかないなら、裁判所で解決するしかありません。

　この点、調停などを起こしたらまた相手がへそを曲げて、「だったら離婚しない」あるいは「親権は絶対に譲らない」などと言い出して抵抗しないかといった心配もあるでしょうが、そんなのは99％以上、ただの難癖、そういうことを言い出す口実を1個与えただけのことです。健全な常識をもって考えれば、もしも彼が本気で、あなたが全ての権利を放棄したら離婚してもいい、調停をせずに解決したいと思っているならば、申し立てられたからといってそんなことを言い出すはずがありません。調停が申し立てられた後でも、実際に調停が始まるまでには1カ月ほどあるのです。本当に協議離婚する気がある（調停をしたくない）のなら、その間に、再度そのように申し入れてくるはずです。

書いてしまった「一筆」は

　仮に、あなたが離婚を急ぐあまりに、相手の要求に応じて「全ての権利を放棄する」という内容の「一筆」を書いてしまったとします。

　もしもそのとおり彼が離婚してくれた場合には、まず慰謝料や財産分与についていうと、その文書は、あなたがそれらの請求権を放棄したというはっきりした証拠になりえます。そうすると、後であなたが裁判や調停を起こして慰謝料等を請求しても、裁判所に認めてもらえない可能性が高いとはいえます。そのような「一筆」を書く以上は、そのつもりでいる必要があります。

　もちろん、その文書はあくまでも証拠のひとつに過ぎない以上、他の証拠によって、その文書の内容と異なる合意の存在が明らかになったり、その文書の有効性が疑わしくなることもありますから、そのような場合には、交渉したり裁判等で争ったりする余地が出てくるでしょう。ただし、そうまでして慰謝料や財産分与を要求すべきかどうかということについては、30章、32章で述べます。自分にとっては何が譲れて、何が譲れないことなのかを、しっかり整理しましょう。

　養育費については、少し話が違うところがありますので、24章で改めてご説明します。

　他方、彼の言うとおりの「一筆」を書いたのに、更にあれこれ難癖をつけて抵抗を続けた場合には、その時点で調停を申し立てましょう。その場合、そのよう

な「一筆」があるからといって、あなたが全ての権利を放棄したことの証拠には必ずしもなりません。それはあくまでも、それを書くことによってその時点で協議離婚ができることを前提とするものです。その前提を崩された以上は、その内容に拘束力はないといえます。

「公正証書」について

　ところで、「離婚協議書」についてインターネットなどで調べた方は必ず、「公正証書」という言葉を目にすることでしょう。一部の行政書士が、こうした「離婚協議書」を公正証書にしておけば安心で確実だ、公正証書の効力は絶対だ、などと喧伝しているのを実際によく目にします[注4]ので、これについてここでご説明しておきます。

　先に、裁判で勝たないと強制執行はできないとご説明しました。この原則の唯一の例外が「公正証書」です。公正証書とは、公証役場というところで、公証人によって作成される特別な書類です。公証人とは、法曹資格を持つ法律実務家（あるいはそれに準ずる知識・経験のある人）だけがなれる特別な専門職です。この公証人に公正証書を作ってもらい、そこに、お金を支払う側の人が「もしも約束どおり払わなかったときには、強制執行されても文句ありません」という約束をしましたとはっきりと書いておけば、裁判をせずに強制執行をすることができます。お金の貸し借りなどに関しては、貸金をできる限り確実に、手間暇を省いて回収するための、ひとつの有効な方策とはいえます。

　離婚に関しても、少なくとも慰謝料や財産分与という単純な金銭支払い問題だけに限定していえば、それらについてうまく相手と合意ができたならば、公正証書は一応便利とはいえるでしょう。

　ただいうまでもなく、慰謝料や財産分与についてすんなり合意ができるなら苦労はありません。加えて、それについて公正証書を作成することについても、相手の同意と協力が必要です。少なくともモラル・ハラスメントの加害者に期待できるようなことではありません。

　養育費に至っては、公正証書など全くもってお勧めできるシロモノではありません。養育費の決められ方などについては24章で改めてお話ししますが、家庭裁判所の関与なく合意された養育費の金額は、高すぎるか低すぎるか、いずれにしても裁判所の目から見て不相当とみられる（すなわち、24章でお話しする算定

基準から大きく外れている）可能性が高いといえます。その場合には、それによっていわば損をする側が家庭裁判所に申し立てることによって、容易に変更されてしまいます。ですから、裁判所の外でどんなに有利な合意ができたところで、しかもそれを手間暇・費用をかけて公正証書にしたとしても、その内容（金額）によっては、裁判所に持ち込まれれば簡単にひっくり返されうるのです。

　他方、家庭裁判所で決まった金額ならば、その前提となる収入状況などに大きな変動がない限りは、なかなか変更できません。

　いいか悪いかは別として、以上が現実です。

　この現実を踏まえれば、少なくとも養育費については、公正証書は全く安心でも確実でもないことがおわかりいただけると思います。それどころか、はっきりいってムダです。なぜなら手数料が、家庭裁判所よりも、オーバーにいえばヒトケタ高いのですから。その分効果が高いならまだしも、家庭裁判所に簡単にひっくり返されるような程度の書面にしかならないのです。それを見越して裁判所の基準どおりの合意を公正証書にするくらいなら、初めから、家庭裁判所の手続を利用することが経済的であることはいうまでもありません。養育費だけの調停ならば、たとえ相手がモラル・ハラスメント加害者であっても、弁護士を利用せずとも充分に対応可能です。手数料は全部で数千円ほどで済みます。弁護士費用さえかからないのならば、家庭裁判所はとても安上がりに利用できるのです。

【注1】　行政が母子家庭（ひとり親家庭）に対するサポートとして行う施策の中には、法令上明確な根拠もないにもかかわらず、戸籍の上で離婚が成立していないと受けられないものがあります。他方で、戸籍の上で離婚が成立していれば、事実上、内縁関係にある人の扶養を受けていても、そのことが発覚しない限りは、いわゆる母子手当を受給できてしまうなどの矛盾も起きています。

【注2】　強制執行手続は、自分でやろうと思えばできますが、少々面倒ですので、弁護士に依頼するのが現実的です。それよりも問題なのは、取り上げられるような財産を相手が持っていなければ、空振りに終わってしまって、結果的に、貸したお金を回収することはできないということです。他人にお金を貸すときにはくれてやったものだと思えなどと昔からよくいわれるのは、こういうリスクを覚悟しなさいということでしょう。

【注3】　弁護士に、こうした「離婚協議書」を作って欲しい、という相談もよく受けます。弁護士が作ったものならば強制力があるといった誤解があるようです。
　　あたりまえのことですが、弁護士が作ろうとも、それによって強制執行をすることができない、単なる一証拠に過ぎないということは、普通の「一筆」などと全く同じです。たしかに、弁護士が関与して作った書類の方が、その信用性（証拠としての価値）は一般的に高いといえますが、しょせんその程度です。

【注4】　問題は、こうした喧伝をする行政書士はたいがい、文書作成料といった名目で相当高額の費用を取って、公正証書の文案を作成するという商売をしていて、そのような文案がなければ公正証書が作れないかのような宣伝や説明をしていることです。そんなものがなくても、公証役場へ行けば、正真正銘の法律家である公証人が、きちんとした文案を作ってくれます。当然ながらそれについて別途手数料がかかることはありません。もともと、その文案を作ること自体が公証人の仕事なのですから。

　もちろん、あらかじめ文案があれば、公正証書をスムーズに作成することはできますが、数万円〜十数万円（場合によってはそれ以上）という文書作成料に見合うメリットでは全くありえません。加えて、それは法曹資格を持たない行政書士が作成するものです。その質からして、なおペイしないというべきです。くれぐれも注意してください。

大阪家庭裁判所

24章 養育費は必ず取れる？

夫は、離婚してもいい、親権もおまえにやるが、養育費は一切払わないと言って譲りません。養育費を全くもらえないのは、やはり不安なのですが……。

問答無用の絶対的義務

　養育費。いわずもがなですが、子どもの生活や教育のために必要なお金のことです。それをも、加害者は平然と出し惜しみ、あなたへの嫌がらせに利用します。「おまえが一方的に離婚したいと言い出したんだ。おまえが勝手に子どもを連れて出て行ったんだ。だからおまえに養育費を請求する権利などない」などというデタラメな理屈を、例のもっともらしい態度で自信満々に言ってのけます。「俺が常に正しい」という確信を決して揺るがすことのない加害者との関係の中で、あなたはいつも、「私が間違っているのかも」「私がおかしいのかも」と思う癖をつけられてしまいました。そんなあなたの心には、加害者の言っていることこそが真実と感じられ、相当な打撃になることでしょう。
　加害者のこんなデタラメにはもう、決して振り回されないでください。
　親が子を養育（扶養）する義務とは、いうならば絶対的なもの、よほどやむをえない事情がない限りは、絶対に免れることができないものです。親権者でなくなると、子どもと一緒に暮らして日々世話をしたりしつけや教育をするというかたちでの養育はしないわけですが、それ以外の方法、つまり、子どもの生活や教育にかかるお金を負担することはできます。その義務は、親権者でなくなっても、親である以上当然に負い続けます。

必ず、調停または審判で

　養育費は、母子の生活を支える重要な基盤の一部ですから、支払わせる以上は、毎月確実に送金されるようにしておきたいものです[注1]。そのため、私たちは通常、当事者間ですでに合意があろうとなかろうと、話し合いができようとできまいと、最低限これだけは、調停または審判を申し立てることを強くお勧めしています。審判というのは裁判と同じようなもので、要は裁判官が養育費の金額を

決めてくれる手続です。離婚がまだならば離婚調停とセットで、離婚ができた後ならば、養育費の調停または審判だけを申し立てます。

　調停または審判で決まった養育費は、裁判で勝った場合と全く同じように、前章で説明した強制執行をすることができます。そして、一度でも支払いを怠ったら、相手に給料などの定期的な収入がある限りは、そこから毎月天引きのようなかたちで取り立てることができるようになっています。そのためには、くどいようですが口約束や「離婚協議書」の類で済ませてはいけないのです。離婚成立後の養育費だけの調停ならば、離婚のようにだらだらと半年も1年もかかることはありません。遠からず基準に従った金額が決まります（離婚成立までの間は婚姻費用を支払わせます。28章でお話しします）。

　その金額については、現在、裁判所において一定の基準が確立していて、当事者双方の収入を軸に、ほぼ機械的に算定されています。この算定基準は表にもなっており、インターネットなどでも広く紹介されていますので、ご存じの方も多いことでしょう。残念ながらそれは、とても充分といえるものではなく、私たち弁護士も強く批判し、見直しを求めているところではあります。

　しかし今の実務において、この算定基準は完全に確立しているといってよく、よほど特殊な事情のない限りは、この枠を出ることはありません。もちろん、支払う側が、基準を上回る金額で同意してくれれば問題ないのですが、そんなことはめったにありません。反面、この算定基準に従った金額の養育費は、必ずといっていいでしょう、調停で合意できるか、裁判官に決めてもらえます。相手に収入や財産がある限り、最低限これだけは必ず取れるラインと割り切りましょう。

いつからいつまで？

　離婚とともに養育費の合意ができたときや、離婚の判決で養育費も決められるときには、離婚が成立した月から支払い開始とされるのが普通です。

　離婚の時点で養育費について何も取り決めていなかったり、単なる口約束だけで済ませてしまった場合には、1日も早く調停を申し立ててください。そのような場合は、支払い義務の始まりも調停などの申立の時か、内容証明郵便などで請求した時とされる可能性が高いと思われます。これも理論的にも実際的にも正当な扱いとは思われませんが、裁判所の考えはそれでほぼ固まっています。

　他方、いつまで支払い義務があるかということですが、一般的には、子どもが

成人するまでと考えられています。しかし、大学に進学した子については大学卒業まで親が扶養する必要があることはいうまでもありませんし、他方で18歳や、早い人では15歳くらいで自立する人もいます。この点、調停ではある程度柔軟に、「22歳まで」とか「大学を卒業するまで」などと合意できることもしばしばありますが、審判などで裁判官が判断する場合には、20歳までとされることが多いと思われます。たとえば、親が2人とも大学を卒業していて、なおかつ現にその子が進学を目指してがんばっているとか、すでに大学に通っているといったときには、養育費も22歳までとしてもらえる例もあるようですが、だいたい小学生以下の子について判断する場合には、その子がこれからどのような進路を歩むかわかりませんので、一応その時点では「20歳まで」と決められるのも、やむをえないと考えられます。

　この点については、これから述べることがとても大切です。それは、離婚の時点で、調停で18歳までと合意しようとも、裁判官が20歳までと判断しようとも、それ以降はもう養育費を請求できなくなるという意味では全くないということです。それを過ぎた時点で子どもが現に進学しているとか、そのことが決まっていたり、そのためにがんばっているなど、引き続き養育費を払わせる必要のある状態であれば、改めて請求することができます。相手がこの請求を拒否したときには、少々面倒ですが再度調停または審判を申し立てれば、その時点の双方の収入などを基準に、適正と考えられる金額が決まります。

　逆に、22歳までと合意したにもかかわらず子どもが実際には進学せず、18歳で就職して自立したときには、相手から養育費の支払いの停止や減額を請求されてもやむをえませんし、これが調停に持ち込まれれば、相手の言い分どおりの結論になる可能性もあります。

　このように、養育費とは子どもの成長に伴って変わっていくものです。ですから、離婚の時点で「絶対22歳までと約束させたい」などと一生懸命になる必要性は大きくありません。

増減も当然

　また、親の収入状況が変わればそれに応じて子どもの生活も変わることは当然です。上記のとおり、養育費の金額は、基本的には子どもの年齢と、当事者双方の収入をもとに決まるのですから、子どもの成長とともに、当事者の収入に増減

があれば、養育費の金額もそれに応じて増減することが当然に予定されています。

　養育費を増額させたいときにも、少々面倒ではありますが、速やかに調停を申し立てることをお勧めしたいと思います。その場合にも、調停で話がつかなければ裁判官が判断します。

　逆に相手から減額を求めて調停を起こされることもあります。典型的には相手が失業して収入がなくなったり、それが激減した場合です。

　いずれにしても、離婚の時点で決められた養育費が、子どもが成人するまでずっと変わらないものだとは、決して考えないでください。

養育費を請求しないという「一筆」の効力
　23章でお話ししたように、養育費を決めなくても離婚をすることはできます。したがって、協議離婚ができるならばしてしまい、その後でゆっくり養育費調停をすればいいのです。

　このことを前提に、モラル・ハラスメント加害者による嫌がらせの常套手段のひとつ、「養育費を請求しないと一筆書けば、すぐに離婚してやる」と迫られたとき、どのように対応すべきかを考えます[注2]。

　この場合にも、相手の言葉をそのとおりに受け取り、「養育費さえ諦めれば、離婚できる」と考えるのは、やめておきましょう。相手には初めから協議離婚をする意思などないと判断し、さっさと離婚調停を申し立てるのが正道です。どちらにせよ、養育費は、原則として調停で決めるべき問題といえますし、離婚が先延ばしになる負担や苦痛は、その間きっちり婚姻費用を取る（これについては28章で詳しくお話しします）というかたちで、多少なりとも補われると思いましょう。

　もしも、あなたが一刻も早く離婚したい一心で、加害者に迫られるままに「養育費を放棄する」という「一筆」を書いてしまったのに、案の定というべきか、あれこれ難癖をつけたり新たな要求を突きつけてくるなど、離婚に抵抗する気配が見えたときにも、心配せずに離婚と養育費を求める調停を起こしてください。23章でお話したのと同様、その場合、その「一筆」は、それを書いた時点で協議離婚ができることを前提にしていたものですから、その前提が崩れた以上、話は違います。

　以下は、加害者に迫られるままにそのとおりの「一筆」を書いたころ、ちゃんと離婚できたという場面を想定したお話です。上記のとおり、本来、養育費は

離婚後にも調停や審判によって請求することができます。ところが、このような「一筆」があることによって、調停などをしても養育費はもう取れなくなってしまうものなのか、というのがここでの問題です。

この種の「一筆」の一般的な法的意味合いについても 23 章でお話ししました。ある権利を放棄するという「一筆」は、一般的にはその権利を放棄したことの有力な証拠になるので、後で裁判などでその権利を行使しようとしても認められる可能性は非常に低いということです。でも、養育費の問題はこの一般論から外れます。結論からいうと、この場合でも、改めて養育費を求める調停または審判を起こせば、少なくとも算定基準程度の養育費の支払いを受けられる可能性が高いといえます。

そもそも養育費は、子どもが親に対して当然に持つ扶養請求権の問題、つまり子どもの権利と位置づけるべきものです。したがって、たとえ親権者であっても、その一存でこれを放棄することには大きな問題があるといわざるをえません。

裁判例を見ても、この種の合意の効力をそのまま肯定するわけにはいかない、というのが裁判所の基本的な考え方であると理解されます。あくまでも子どもの権利なので、これについて調停や審判があったときには、裁判所はその合意が本当に子どものために妥当で適正なのか、きちんと検討します。多くの場合、一定の養育費を支払わせることが妥当で適正と判断されることと思います。

たとえば、離婚の際に、名目は何であれ相当に高額の一時金が支払われ、少なくとも当面の養育費も含むと考えられる場合や、親権者になった親に充分な収入があって、養育費などもらわなくても充分にやっていける一方、親権者にならなかった親はかなり苦しい経済状態である、といった場合には、少なくともその時点では養育費の支払い義務はない、と考えられることもあるでしょう。

しかしそのような場合でも、その後、上記一時金に含まれると考えた養育費は（適正に）使い切ったとか、当事者の収入状況に大きな変動があったときには、その時点で改めて調停や審判をすれば、また異なる結論が出る可能性は大いにあります。

いずれにしても、「養育費は一切不要」という当事者の合意が、裁判所でそのまま認められることはまずないと考えていいと思います。当事者間で養育費について特別な合意があったという事実は一応尊重されるものの、その合意に至る経緯も含めてそれは、養育費の支払義務の有無や金額を決める一事情と位置づけら

れます。

再婚の場合

　親権者になった親（養育費をもらう側の親）が再婚した場合、その再婚相手と子どもとが養子縁組をしていれば、いわば順位1番の扶養義務者は、その養親となった再婚相手と考えられています。したがって、結果的に、親権者にならなかった実親は養育費を払わなくていいことになります。他方、再婚相手と子どもが養子縁組をしていなければ、その再婚相手に充分な収入があり、現実的にその人が子どもを扶養していても、原則としてそのこととは関係なく、実親は養育費を払わなければならないとされています。

　また、親権者にならなかった親（養育費を払う側の親）が再婚したときには、その再婚相手に対する扶養義務が生じ、さらにその相手との間に子どもが生まれたり、その連れ子との養子縁組をすればその子らに対する扶養義務があることから、その分、離婚時点で決められた養育費が減らされる、ということにもなっています。

　以上については、相当に疑問を感じる面も多々ありますが、現在の裁判所の基本的な運用がこのとおりであり、ひとたびことが調停や審判に至れば、よほど特別な事情のない限り、以上と異なる結論はまず期待できません。

【注1】　この点に関連して、「相手はどうせ何年かしたら払ってこなくなるだろうから、離婚の時点で一括で、これから成人までにかかる養育費の総額を払わせたい」という相談もよく受けます。これについては、離婚の時点でそのような合意ができれば全く問題ないと考えられます。しかし、相手がモラル・ハラスメント加害者であっては、そのような合意など全く望むべくもありません。合意ができなければ、裁判所に決めてもらうしかありませんが、裁判所が一括払いせよと決めてくれる可能性もまた、ほぼないと思われます。裁判所においては、養育費については基準に従った金額を毎月送金するという扱いが、完全に確立しているといっていいでしょう。

【注2】　養育費を払わないなら夫と子どもを会わせなくてもいいのか、という質問もたいへんよく受けます。これについては、面会交流のところ（29章）で詳しくご説明します。

25章 モラル・ハラスメントで、離婚できますか？

夫の言動にさんざん傷つき、辛い思いをしましたが、誰に話してもわかってもらえませんでした。まして、裁判官に理解してもらえるとは思えません。それでも、裁判をすれば離婚できるのですか？

「離婚できる・できない」ということの意味

　テレビのバラエティ番組などが、再現ドラマなどを使って「この夫婦は離婚できる？　できない？」というネタを一時期よく取り上げましたが、そのことの法律的な意味がきちんと説明されたことはあまりないようです。

　現実に日本では、圧倒的多数の夫婦が協議離婚、つまり双方が離婚することに納得して、離婚届に署名して役所に提出するというかたちで離婚をしています。その場合の離婚は、理由を一切問いません。どんな理由であっても、当事者双方が離婚することに納得しているならば、離婚することができます。調停においても同様、当事者双方が合意するのなら、どんな理由でも離婚することができます。

　法的に「離婚できる・できない」ということが問題になるのは、離婚の裁判のときだけです。一方の当事者が離婚に同意しないときには、裁判で、離婚の判決をもらわなければなりません。それが可能なのはどういう場合か、ということが、法律で決められているのです。これが「裁判上の離婚原因」ですが、以下のように規定されています。

民法770条（裁判上の離婚原因）
一項　夫婦の一方は、次に掲げる場合に限り、離婚の訴えを提起することができる。
　一　配偶者に不貞な行為があったとき。
　二　配偶者から悪意で遺棄されたとき。
　三　配偶者の生死が三年以上明らかでないとき。
　四　配偶者が強度の精神病にかかり、回復の見込みがないとき。
　五　その他婚姻を継続し難い重大な事由があるとき。

問題は、この五号の「婚姻を継続しがたい重大な事由」です。もちろん、暴力（DV）が、ここに含まれること自体には異論はないといえます。モラル・ハラスメントは精神的暴力そのものですから、その事実が正しく認定されれば、当然、「婚姻を継続しがたい重大な事由」に該当します。実際の裁判例でも、「心理的虐待」「著しく自己中心的で思いやりのない言動」などといった表現で、五号に該当するとして離婚を認めるものは少なからずあります。その一方で、208ページのコラムのような裁判例も現実に存在します。

　このほか、ひどい浪費や借金などによって、家庭生活を壊すといったことが、「婚姻を継続しがたい重大な事由」としてイメージしやすいでしょう。

　そのようなわかりやすい原因がなくても、「夫婦関係がもはや修復の見込みのないほどに『破綻』している」ことも、その「事由」のひとつです。「破綻」とはたとえば、合理的な理由なく長期間にわたり性交渉がとだえているとか、性格の著しい不調和（いわゆる性格の不一致）、双方ともに離婚意思があること、一方当事者に強固な離婚意思があることなど[注1]、その「破綻」の中身はさまざま考えられます。つまり法律で離婚の判決ができる場合が決められているとはいっても、現実に最も多く問題になる「婚姻を継続しがたい重大な事由」は非常に抽象的で、その具体的な中身は全面的に解釈に委ねられているのです。解釈をするのは裁判官ですから、つまりは裁判官の考えに任されているということです。その上、どの程度「破綻」していればこれに該当するのかというはっきりした基準も、法律のどこにも書いてありません。普通の人の普通の日本語感覚よりも、ずっとひどく「破綻」していなければいけないということは一応いえますが、それがどれほど「ひどく」ないといけないのか、これも裁判官に任されているのです。

　つまり、裁判官が「破綻している」と思えばそう認定していいし、そう思わなければ離婚は認められない。恐ろしいことに、私たちの法律はそういうふうに作られているのです。

裁判官に、「暴力」を見抜く目はあるか

　なぜそれが「恐ろしいこと」なんだろうか、と思われますか？

　そんな疑問を感じる方は、まずは肩の力を抜いて、2007年に公開された、周防正行監督の映画『それでもボクはやってない』のDVDをご覧になってみてください。今の司法の現実が、たいへんによく取材され、勉強され、丁寧に正確に

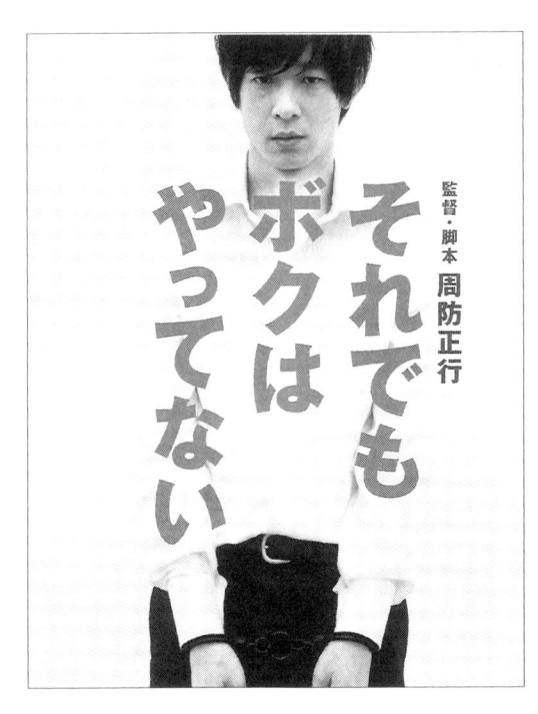

描かれています。

　この映画は、いわれなき痴漢の罪に問われた青年が逮捕され、刑事裁判にかけられて有罪判決を受けるまでの全過程を描いたもので、同じ裁判でも離婚裁判とはだいぶ違いますが、根本の問題は同じです。要は、裁判官が有罪だと思えば有罪にされてしまう。懸命の弁護活動によって、どうやったって彼は被害者に触れることはできなかったということが法廷で明らかになっても、裁判官が有罪にしたいと思えば有罪。その認定の邪魔になるものは、どんな事実も証拠も見て見ぬふり、歪曲、過小評価（誰かさんと同じですね）。これを、周防監督は、あるインタビューでこのように表現していました。

　「（刑事裁判の）判決をたくさん読みましたが、裁判官とは、有罪の心証を持てばどんな証拠でも有罪方向に書ける能力を持った人たちなのでは？　と思いました。」（日弁連新聞第396号2007年1月1日発行）

　離婚裁判でも、同じことが言えます。

　裁判官の中には、こんな程度のことでは離婚させてやらないと思えば、どんな事実や証拠があっても、邪魔なものはことごとく黙殺して、離婚させないという判決を書く能力を持っている人がいます。全部が全部とは言いません。それが多数とも思いたくありません。でも、そういう裁判官が現に少なからず存在し、なおかつ、私たちは自分の事件を担当する裁判官を選ぶことはできない。それでも、「破綻」の認定は全面的に、裁判官に委ねられています。つまり、裁判官によって判断は正反対に分かれうる。とりわけこの種の見えにくい暴力や虐待が問題になっているケースにおいては、裁判官の人間性や資質がそのまま、判決に現れて

しまいます。だから、恐ろしいのです。そのことが、現実の離婚裁判で鮮やかに突きつけられた実例は、208ページのコラムでご紹介しています。

現に、テレビのバラエティ番組を見ていても、「この場合に離婚できるか、できないか」という議論が複数の弁護士の間でされている場合、結論が一致することはまずありませんね。なんであれ、「破綻」しているかどうかの判断は、専門家といえども結局のところはその人それぞれの、問題を見抜く目や価値観に負うところが大きいのです。当然ながら裁判官も生身の人間であり、必ずしも的確に問題を見抜く目や健全な価値観をもっているとは限りません。

「別居期間を稼ぐ」ということ

このように、現実の裁判の実情を踏まえると、裁判所に、「モラル・ハラスメント」という精神的暴力を正しく理解させ、その事実を正しく認定させることは、よほど客観性の高い証拠がそろわない限りは、不可能と覚悟しなければなりません。なおかつ、モラル・ハラスメントのケースで、そのような証拠がそろうことはあまり期待できません【注2】。

そこで、裁判では、モラル・ハラスメントについて、きっちり主張するとしても、目指すところは「理由は何であれ、現時点においてこの夫婦の関係は完全に破綻している」という事実を裁判所に認めさせること、と割り切るのが現実的です（だからまた、慰謝料を取ることにこだわるのは得策ではありません。これについては30章で詳しくご説明します）。

この「破綻」の最もわかりやすい現れであって、裁判所に判断材料として重宝（重要視）される事実は、なんといっても別居です。

世間では、「〇年別居を続ければ自動的に離婚できる」というようなことが、まことしやかに語られることもあるようですが、今の日本にそのような法律はありません。この別居期間も、まさにケースバイケース。一律に決まった基準があるわけではありませんし、そもそも、同じ3年間の別居でも、30年も同居していた夫婦にとっては比較的短いというべきでしょうが、1年しか同居していなかった夫婦にとってはきわめて長いといえるでしょう。

私たちが実際に数々の離婚訴訟を扱う中での感覚をいいますと、同居期間が20年を超える夫婦であっても、どちらか一方でも離婚を前提とした別居期間がだいたい3年を超え、その時点でなお修復しそうにないと裁判官が思えば、そ

の心証が大きく「破綻」方向に傾くことを感じます。が、問題は期間だけではありません。

　極端なことを言えば、いわゆる単身赴任だって、別居は別居。別居婚というライフスタイルだってあります。つまり、ただ漫然と別居しているだけでは、一方がどんなに強固な離婚意思を持っていたとしても、それが表面にはっきり現れていないと、裁判官の目から見て、夫婦関係が完全に壊れその解消を前提とした別居なのか、修復の可能性を含んで冷却期間をおいているだけなのか、あるいはライフスタイルとして選択されたものなのか、きちんと区別できません。

　とりわけ、モラル・ハラスメントという「暴力」の存在する家庭においては、単に別居しただけでは、加害者がしょっちゅう訪ねてくることや、食事や旅行へ「家族揃って」連れ出されることを、被害者が恐怖から断れなかったり、「一緒に暮らしているよりはずっとマシ。子どものために、この一時をがまんすればいい」などと考えて、黙って耐え続けてしまいがちです。これは同居中と同じ支配・被支配関係が、別居後もほぼそのまま続いていることにほかなりませんが、第三者の目には、その関係は同居中に増して見えにくくなっています。何年別居しようとも、このような"疑似家族"状態が続いている限りは、「破綻」には至っていないと判断される可能性があるのです。

　このように別居状態が「破綻」の現れと裁判官が認めるようなものでなければ意味がありません。

　以上を踏まえずに、なおかつ精神的暴力ということを全く理解できない弁護士から、「この程度のことでは離婚できない。これから5年くらい別居期間を稼ぐしかない」「2年別居していたからといって、それでは全く足りない」などと助言された、という相談を受けることがあります。「別居期間を稼ぐ」ということは重要ですが、以上に述べたところにはくれぐれも、注意してください。

　私たちはいつも、離婚を決意したらすぐに別居してください、別居したらとにもかくにもすぐに弁護士を立てるか調停を申し立てるかして、少しでも早く「宣戦布告」してください、と助言しています。モラル・ハラスメント加害者相手の離婚紛争には何年もかかることもあります。その離婚紛争期間こそ、「別居期間を稼ぐ」最適の機会です。「先に離婚を言いだした方が不利」云々の俗説には、くれぐれも惑わされないでください。

　あなたさえ諦めないで、辛抱強く離婚を求め続けていれば、いつか必ず、離婚

は成立します。このことについては、次章でお話しします。

【注1】　この点に関連して、「日本の法律では、夫婦の一方が離婚したいというだけでは離婚できないのだ」というようなことを、裁判で声高に主張したりテレビなどで解説したりする弁護士がたまにいます。しかし、一方当事者がきわめて強固な、揺るぎない離婚意思を持っていて、絶対に戻らないと決意を固めていることは、「破綻」を基礎づける重要な事情のひとつです。通常、そのような場合には相当長期間の別居を伴っていることが多いでしょうが、別居期間がまだ短いと考えられる場合には、これも重要な要素として生きてきます。現実の裁判でも、これを理由のひとつとして離婚を認める例はいくらでもあります。202ページのコラムで取り上げる高嶋元夫婦の一審判決も、その一例とも位置づけられるでしょう。

【注2】　客観性の高い証拠とは、モラル・ハラスメントの事案でいうと、たとえば、加害者の暴言などを録音した音声データがその典型といえます。とはいっても、それだけを聞くと第三者には単なる口論にしか聞こえないものもありますし、仮に誰しも「これはひどい」と思うようなものでも、そのような録音が1回分しかなければ「たまたまその1回だけ、虫の居所が悪かったときのことだ」などの弁解を許してしまうこともありますから、録音があるからといってそれを絶対視できるものではありません。そのほかにも有用な証拠と考えられるものはいくつかありますが、いずれにしても、この種の問題において裁判所は、よほど「これはまちがいない、動かしがたい」と思うような証拠でないと、(加害者が認めない限りは)「暴力」の事実を認定してくれないと考えておきましょう。

　体に暴行を受けたときの診断書については、その証拠としての本来の位置づけを正しく理解しておきましょう。17章の注2を再度ご参照ください。

　うつなどで心療内科などにかかっていた場合の診断書にしても同様のことがいえますが、あなたが結婚生活の中で苦痛に感じた夫の言動などをこと細かに医師に訴えていれば、それがカルテに生々しく記録されていることがあります。場合によってはそれも有用な証拠になりえます。女性センターなどの相談記録についても同様です。

　いずれにしても、証拠については弁護士がしっかり検討し、取捨選択する必要があります。

コラム

美元さんの言い分

泥沼離婚裁判

　俳優の高嶋政伸さん元ご夫婦の離婚訴訟は「泥沼離婚裁判」などとマスコミで騒がれ、ずいぶんと注目されました。2012年6月の当事者尋問で高嶋さんの口から語られた美元さんの言動の数々は世間を驚かせ、またあ然とさせましたが、この本をお読みになっている方々にとっては、それほど驚くような内容でもなかったのではないでしょうか。

　報道を見る限りですが、高嶋さんの法廷での話によれば、家庭内での美元さんは、怒ると手がつけられなくなるが、いつどんなことでその「怒りのスイッチ」が入るかわからない、だから高嶋さんはいつも彼女を怒らせないようビクビクしていた、気分よく過ごせたのは約2年の同居期間中トータルで10日くらい、別居後はストーカーのような行動をくり返された、とのことです。そしてもはや彼女は高嶋さんにとって、恐怖の対象であり、ストレスの原因でしかない、25年の俳優生活の全てをなげうってでも離婚したい、ということでした。

　他方、美元さんは、夫から離婚を求められた裁判の法廷という場に臨んでなお、「久しぶりに夫に直接会えてうれしい」などと発言し、その際少女のようにほおを染めていたとも伝えられました。また、高嶋さんが述べたところについては、具体的な弁解や説明は全く抜きで「事実と異なることがたくさんある」「夫がどれだけ孤独で不安だったかを感じたので誤解を解きたい」などと述べたうえ、裁判官の「関係修復ができると思いますか」との趣旨の問いかけに、何の迷いもためらいも見せることなく「離婚する理由が見つからない」「戻ってくれると願ってます」などと答えたとのことでした。

　こうした両者の主張について、報道等では「噛み合わない」という表現もされていましたが、そういう普通の言葉で表現できるレベルを遙かに超えて、もはや彼女とは共通の言語をもたないとすら感じられたのではないでしょうか。高嶋さんの語る美元さんの言動は、それが事実であれば、明らかに精神的暴力といわざるをえません。彼女が頑として現実を否認し、あるいは自分に都合よく歪め、誰がどう見ても黒に見えるものを自信満々・正々堂々と「白」と言ってのけるごとくの態度は、空恐ろしいほどに不可解というほかないものでした。

　私たちが日々忙殺されている離婚事件の多くは、この美元さんのような人を相手にしています（男女逆のことがほとんどですが）。法廷で、妻が、どれほど結婚生活が苦痛であったか、どれほど夫と別れることを切望しているか、どれほど誠実にそして生々しく語ろうとも、平然と、そして自信満々、「妻は帰ってきてくれると信じています」「妻は売名を目的とする弁護士（私たちのことです）に洗脳され、コントロールされているだけです」などと述べる加害者は、全く珍しくありません。

　ともあれ、この裁判で問われたのも結局のところ、「この夫婦の関係は、裁判官から見て、今後全く修復が見込まれない程度に『破綻』しているかどうか」ということでした。

高嶋元夫婦は「破綻」していたか

　高嶋元夫婦の離婚問題に関する報道を普通の人が普通の感覚で見れば、こんな「泥沼離婚裁判」

をやっているというそれだけで、「この夫婦の関係は完全に壊れている。もうやり直せるはずがない」と誰しも思ったことでしょう。

一部の弁護士の解説では、概要、「結婚とは法的な契約なので、破綻しているかどうかの判断は、普通の感覚よりも厳しい。一方が離婚したくないと言っている場合には、そうそう離婚が認められるものではない」というものもみられました。たしかに理屈はそのとおりなのですが、裁判も人の社会の中の営みである以上、普通の人の感覚から大きく離れていいはずがありません。

25章でご説明したように、法律の枠組みでは「破綻」の判断は裁判官にほとんど白紙委任されているものの、裁判の実務では、特段の離婚原因が見あたらない（裁判官の目に見えない）場合、やはり別居期間の長さ（同居期間との対比）やその実情という、比較的客観性の高い判断材料が重要視されています。高嶋元夫婦の場合、別居の期間は上記の尋問の時点で2年程度でしたので、「それではまだまだ期間が足りない」などという弁護士の発言も聞かれました。が、その実情をきちんとみれば、結婚した2008年8月ころからわずか約2年で別居して、間を置かず高嶋さんから弁護士を立てて離婚の協議を開始しています。上記の尋問の時点ではすでに、別居から約2年が経過しており、約4年の婚姻期間の半分にもなるうえ、その別居期間のほとんどを離婚紛争に費やし、なおも解決する気配はありませんでした。それどころか、両者の対立はますます深く鋭くなるばかりとすらいえました。こうなれば、いくら片方が頑強に離婚したくないと主張しても、もはや修復は見込まれないほどに「破綻」していると認定することが、健全な判断というべきです。

高嶋さんは「有責配偶者」？

ところで、この裁判では、「DV音声」と呼ばれる音声データを、美元さんが証拠として提出し、それがインターネットの動画サイトにも流出して、大きな話題になりました。誰しも疑問に思ったのが、「離婚したい人がこういう音声を録音し、裁判に出すのはわかるが、離婚したくないとあれほど言っている美元さんがどうして？」ということでした。これに対する一部の解説には、「高嶋さんが暴力を振るったとなれば、『有責配偶者』になる。そうなると、高嶋さんからの離婚請求は認められない。それを美元さんは狙っているのだろう」という趣旨のものも見られました。

しかし、これは2つの意味で、全くの見当違いです。

まずひとつは、この「DV音声」の内容です。こんなのをDVだと認めてもらえるならば、私たちのところに相談に来る方々の離婚紛争は、どれほど楽になることでしょう。

第1部で詳しくお話したとおり、DVというのは一方が他方を力によって支配する手段であり、口論という、対等な、双方通行的なやりとりの成り立つ関係ではありません。そこにおいて加害者は、あらゆる暴力的手法を駆使したコミュニケーション（4章参照）によって、相手の口を封じ、心を折れさせ、そして対話を断念させます。しかし、この「DV音声」からは、そのような関係はうかがわれません。双方の言葉は激しく、互いに口汚く罵っていますが、これこそまさに、憎み合う2人の単なる口論です。

また、この音声にはどちらかがどちらかの体を叩くような音も記録されていますが、これも、男女を問わず口論の際に普通にされうる一回的な軽い暴行に過ぎず、相手を支配するためにくり返し振るう暴力（DV）とは明らかに異質というべきです。しかし、この裁判では、このような暴行が日常的にくり返されたということは全く主張されていません。

そして、「有責配偶者」論です。15章でご説明したとおり、これは単なる道徳論にとどまるものではなくて、その大きな狙いは、一家の大黒柱が身勝手で妻子を棄てることを許さず、その人にきっちり扶養義務を尽くさせるところにあります。扶養を要する子どももいなければ美元さん自身がきちんと職業を持ち、それなりの収入があるという高嶋元夫婦に、当然に当てはまる議論ではありません。

　したがって、仮に、高嶋さんの側に夫婦関係を決定的に破壊するような何らかの行動があったとしても、それだけでもって、高嶋さんの離婚請求が退けられることはありません。そして、「DV音声」に記録されている物音が仮に高嶋さんによる暴行であったとしても、このような明らかに一回的な、それも双方がかなりエキサイトした口論の際の暴行をもって、夫婦関係を決定的に破壊するような行動と位置づけることなど、とてもできません。

　結局のところ、この音声データを美元さんが提出したのは、単に、「夫婦関係がうまくいかなかったのは、高嶋さんが悪い。高嶋さんは私にこんなにひどいことをする夫だった」ということを美元さんが主張するという目的以外に考えられません。そうすると、「離婚したくない、夫を愛している」という彼女の基本的な主張とどう整合するのか、合理的な説明はつきません。

　本書をお読みになっている方の多くはきっと、この合理的な説明のつかない矛盾行動にさんざん悩まされ、振り回されてきたことでしょう。合理的な説明はつきませんが、こうは考えられませんか。離婚はしない、相手の思うとおりになんかしてやるもんか。自分に離婚を突きつけ屈辱を味わわせ、恥をかかせた相手に復讐し、苦しめてやる。そう考えると、つじつまがぴったり合うのです。

26章 裁判で離婚できなかったら、どうなるの？

もしも裁判で、「離婚を認めない」という判決が出たら、私は、夫の元に戻って結婚生活を続けなければいけないのですか？

裁判でも、デタラメだらけ

　離婚に抵抗するために、加害者は裁判で、あなたの主張する「破綻」を躍起になって否定し、夫婦関係は円満だった、あなたの主張するような精神的暴力なんてとんでもない、自分は妻を愛している、大事にしてきた、たしかに多少の口論などはあったが、そんなものはどんな夫婦にもある、ただの犬も食わない夫婦げんかだと、臆面もなく主張してきます。彼が平穏で円満だったと主張する（そしておそらく本気でそう思いこんでいる）同居生活は、あなたの一方的な忍耐や努力のうえに成り立っていたものですが、それが皮肉にも、裁判では加害者の主張に根拠を与えてしまうことは珍しくありません。犬も食わない夫婦げんかがなぜ裁判沙汰にまでなるのかと突っ込みたいところですが、そうすると即座に、例によって自信満々の態度で、あなたの親や弁護士があなたを「洗脳している」、「扇動している」等々という「解答」が返ってくるのですから大したものです。

　しかもその一方で加害者は、裁判に出す書面に、あなたの欠点や失敗などをこまごまと、あることないこと、いや「ないことないこと」書き散らし、これほど愚かで無能な妻なのだ等々とさんざんにこき下ろし、誹謗中傷の限りを尽くします。彼としては、餌食としてのあなたを絶対に手放すわけにはいかないけれど、その一方で、自分に噛みついたあなたを徹底的に叩かなければ気が済まないのでしょう。その両方の実践のためにはどんな矛盾も支離滅裂も平気な態度はもはや、あっぱれというほかありません。

　あなたが、こうしたデタラメな主張に対処するときに大切なことは、「自分の言い分（反論）が全面的に正当であることを裁判所に認めさせたい」という気持ちを強く持ちすぎないことです。それは人として抱くあたりまえの思いですが、それよりも、何が目的なのかをしっかり意識してください。何が目的なのか。いうまでもなくそれは、加害者との離別です。そのために裁判所に認めさせるべき

ことは、「あなたの主張の正当性」では必ずしもなく、「夫婦関係の破綻」ということです。それらは重なることもありますが、重ならないこともあります。加害者が訴訟の場であなたの非をこれでもかと言い立てるというその事実そのものが、「破綻」の重要な表れです。あなたはその事実を淡々と指摘して、自らの主張の裏付けのひとつとすればよいのです。

「離婚を認めない」判決書はチリ紙ほどの役にも立たない

　ともあれ、裁判所が加害者の矛盾や欺瞞を見抜けず、あるいは見て見ぬふりをして、「あなたの離婚請求を認めない」という判決を出せば、法的な婚姻関係が継続します。

　しかし、法的な婚姻の継続は法で強制できても、あなたを強制的に夫の元に戻らせることまではできませんから、まずは安心してください。裁判所の執行官が来てあなたを夫のもとに強制連行するといったブラックジョークのようなことはもちろん、罰金などの制裁を受けることもありません。

　つまり、たとえ離婚を認めない判決が出たとしても、あなたの離婚の意思は覆らない。夫婦の関係が、現実に元に戻ることはありません。夫婦は別居したまま、戸籍の上だけの婚姻関係が続くだけです。せっかく裁判をやっても、あなたにとってのみならず夫にとっても、何の問題解決にもなりませんね。

　いわずもがなですが、本来、裁判とは法的な紛争を解決するために存在します。判決によって、その問題が現実に解決できなければ裁判の意味がありません。たとえば貸金をめぐる紛争でいえば、判決で、お金をいくらいくら払え、と命じられ、それに基づいて、裁判所が強制的にその人の預貯金や不動産などを取り上げてでも（23章でお話しした「強制執行」です）、お金を返させる。それによって貸した人の手元に、現実にお金が返ってくる。これで、この貸金問題が現実に解決します。反対に、そんな貸金など存在しないことが裁判のうえで確定したならば、それによって、貸したと主張する人は金輪際、相手に請求することはできなくなります。それで、問題が現実に解決します。

　離婚の裁判でも、離婚を認める判決が確定すれば、一方が離婚したくないとどれほど頑強に言い続けても、強制的に離婚が成立します。これによって、問題が現実に解決します。ところが、「離婚を認めない」判決は違います。上記のとおり、何の問題解決にもなりません（15章でご説明した「有責配偶者」論が典型的に想定

する場面を除いては）。

　そのこともあって、実際には、少なからぬ離婚訴訟は、判決にまで至らずに、その途中のどこかで裁判所の仲介のもと、当事者が離婚することを合意して解決しています。裁判所としても、離婚を認めない判決では問題解決にならないから、できれば合意によって離婚が成立するよう、多かれ少なかれ努力はしてくれます。

　ただ、208ページでご紹介する裁判例もそうですが、何の悩みも問題意識もなく、あっさり「離婚を認めません、精神的暴力って、そんなもんあるはずないでしょ」といわんばかりの、ノーテンキともいえるほどにドライな判決を平然と書いてくる裁判官もいるので、油断はできません。

いつか必ず、離婚は成立する

　不幸にもそんな裁判官に当たって（大外れに外れて）しまって、高等裁判所までがんばったけれども「離婚を認めない」判決が確定してしまったとしても、一生離婚できないなんてことは絶対にありませんから安心してください。まして、上記のとおり、夫のもとに戻る必要なんか全くありません。いえ、どうしても離婚したいのならば、絶対に戻ってはいけません。

　あなたが戻るべき場所は、家庭裁判所の調停です。そう、第2ラウンドの離婚紛争を始めればいいのです。この第2ラウンドを始める時期などについては、判決の内容をも踏まえて弁護士と相談して決めるのがよいでしょう、いずれにしても、あきらめずに離婚を求め続ければ、そう遠くない将来必ず、「破綻」を裁判所が認めざるをえない状態になります。相手がどんなにがんばって抵抗しても、あなたがあきらめない限りはいずれ必ず、離婚は成立します。

　とはいえ、私たちの経験上、第2ラウンドにまでもつれ込んだ案件は扱ったことはないし、周囲の弁護士からそのような話を聞いたこともありません。208ページのコラムでご紹介する2件目の事案では、この第2ラウンドでやっと離婚が成立したと聞いていますが、やはりここまで行くのは相当レアなケースと思われ（しかもこのケースは婚姻期間が約40年と、非常に長いものでした）、現実には、ほぼ必ず、第1ラウンド中のどこかで、離婚は成立していると考えていいと思います。

コラム

それでも私は別れたい

　ここで、きわめて悪名の高い2件の裁判例をご紹介します。
　いずれもいわゆる熟年離婚のケースですが、1件目の裁判では、妻は概要、以下のように主張しました（1991年3月20日名古屋地方裁判所岡崎支部判決）。

　「夫は社会性、柔軟性、協調性のないこと著しく、何事に対しても自分本位で、かつ自分の都合に合わせて事実を曲げてとらえ、人に対する思いやりとか優しさを持ち合わせていない。自分の主張を通すかと思えば、一方ですぐに判断を変え、家族や周りの人間を振り回すことを平気で行う。妻が病気で寝ていたりすると、夫は心配するどころか楽をしていると罵る。また、暴力を振るうこともしばしばあり、自分の思い通りにならなければ、それらをすべて周りの人のせいにして口汚く罵る。その暴力はかなり執拗なもので、妻が気を失って倒れるまで殴りつけ、それに水をぶっかけるというようなものだった。長男に対しても、口答えというより意見を言っただけでその指に噛み付き血が出るまで振り回したこともある。そのため妻は、妊娠8カ月の身体で睡眠薬を多量にのんで自殺を図るほど追い詰められたこともあった。
　このように夫は、結婚以来30年近くにわたり、妻子の人格を無視し、執拗な暴力を振るい、いちいち些細なことに文句をつけ、くどくどと苦情を言い、しばしば「出て行け」と怒鳴るなど、「いじめ」のように妻を妻とも思わない言動を繰り返し、専制君主のように振る舞ってきた。そのために、家族は毎日びくびくして暮らしてきた。大きな暴力や女性問題だけが精神的苦痛を与えるのではなく、日常生活の些細なことに対してことごとく文句を言い、しつこく追及し続けることは一種の拷問である。」

　これに対し、夫はこうした事実関係のほとんどを否定した上、妻はろくに夫の世話や家業の手伝いをしない身勝手で怠惰な妻であるなどとあれこれ非難し、自分こそ被害者だと主張しました。そういう主張をくり返しながら、夫は頑強に離婚に反対し、「妻に帰ってきてほしい旨懇願し（判決文）」続けました。
　さて、判決は、妻の主張のほとんどを認めました。妻の主張するような、明らかな精神的虐待、のみならず、今どきどんな封建的な頭でも「暴力」であることを否定できないであろう体への「執拗な」暴行もくり返しあったとはっきり認定したのです。そのうえ、こうした態度や考え方を「反省し改めるべき」であるなどとまで指摘しています。
　ところが、その「反省し改めるべき」言動に甚だしい暴力性があって、それこそが問題なのだという本質は無視あるいは見落とし、夫の妻に対する上記非難には「耳を傾けるべきである」などと相当な理解と共感を示し、「訴訟継続中、ひとかどの身代を真面目に作り上げた夫が法廷の片隅で一人孤独に寂しそうにことの成行きを見守って傍聴している姿は憐れでならない」とまで述べたうえ、以下のように結論しました（以下、判決文の引用においては、「原告」「被告」などの言葉を「妻」「夫」と置き換えます）。

「夫が前記反省すべき点を充分反省すれば、いまなお妻との婚姻生活の継続は可能と考えられるから、妻と夫、殊に夫に対しての最後の機会を与え、二人して何処を探しても見つからなかった青い鳥を身近に探すべく、じっくり腰を据えて真剣に気長に話し合うよう、一切の事情を考慮して婚姻の継続を相当と認め（る）。」

これは、判決文そのままの引用です。妻が主張するような夫であり、結婚生活であったことを認めながらなおも、「2人で手に手を取って青い鳥を探しなさい」と、ノーテンキにもこの裁判官は言ってのけたのです。

しかしこれは決して古い時代の古い話ではなく、似たような事案で同じような判断をした高裁判決が 2001 年にも出されています。これは結婚してから約 40 年という事案ですが、このケースでは一審と控訴審とで、判断が正反対に分かれました。事実の見方そのものが、まるっきり違っています。まさに、裁判官の資質と人間性の違いによって、結論が 180 度変わってしまった不幸な典型例です。

まず、一審判決が認定した事実の一部を、少し長いですが以下に引用します（横浜地方裁判所相模原支部 1999 年 7 月 30 日付判決）。

「夫は、…（中略）…（結婚以来ずっと）早朝 6 時台に出勤し、夜 9 時半過ぎ、ときには 11 時以降に帰宅する日々で、平日帰宅してからも休日も仕事に関わる勉強をしていた。その家庭生活もこれに合わせたものとされ、朝は妻が被告のベッドまで朝食を運び、歯ブラシを用意し、立っている夫に背広を着せ、靴下をはかせるというものであり……妻は夫の帰宅時には必ず家にいてこれを迎えることとなっていた。夫…が疲れて帰宅したときに妻が風呂や夕食の準備をしていないことは許されなかった。また、夫は、自宅に客を招き、接待することを好んだが、その準備及びときには夜中となる客の帰った後の片づけをするのは当然妻であった。その他家庭の仕事はいわゆる大工仕事まで含め妻が全面的に行っていた。

また、妻は、結婚前趣味として琴、三弦(たしな)を嗜んでいたが、西洋クラシック音楽鑑賞を趣味とする夫は邦楽の音色を好まず、妻は結婚後まもないころから琴、三弦を奏でることはなくなった。

このような生活について、夫としては、自分は会社で激務をこなしており、それは家族のためでもあるのだから、妻はこれに協力し、家事はすべて妻がすることは夫婦のあり方として普通、当然のことと考えていたもので、ねぎらいの言葉をかけたことはなかった。また、夫は、妻の家事労働が夫の会社の仕事にさほど貢献したものと考えていない。なお、夫は妻が自分の思うとおりの行動をしないときに、口で文句を言うことはあったが、肉体的暴力を振るったことはない。

しかし、妻は、このような生活について、……不満、負担を感じるようになっていった」

「妻は、（胃ガンの）手術から自宅に戻り、しゃがむことに苦痛を伴うためトイレを和式から洋式に替えたかったが、夫はこれに賛成しなかった。また、妻は、この手術後重い物が持てなくなるなど体力が低下したが、夫は会社の仕事、妻は家事という生活状況には変化はなかった。右のとおり、妻はその後室内の片づけ等も従前ほど十分にできなくなったのであるが、夫は、妻が室内を片づけないのはそのだらしない性格によるものと捉えている。」

「夫は、…妻が離婚したいと言うのに対して、拒否し、妻が離婚などと言い出すのは理解不能で、妻が愚かであるからと考え、夫には問題はないと思い、それ以上妻の気持ちを推し量ることがなかった。他方夫は、このころ、自宅内の乱雑な部分をわざわざ写真撮影している。
　夫は、会社を定年退職した後も、夫は調理できないのであるから、食事の支度は妻がするべきだという考えを持ち続けている。」

「妻は（その後、また病を得て入院し、退院後も歩行に両側杖を必要とする身体になった）、…（中略）…障害を持った身体では家事をこなすことも困難と自覚し、離婚の決意で同日から妻は二階で、夫は一階でと別れて生活するようになった。ただし、妻は、その後も夫の食事の支度だけはしていた。」

「（妻が申し立てた離婚調停において）妻が離婚を求めたのに対し、夫は今後も助け合って生活していきたいと述べていたが、それからも自宅での生活において妻と夫との間に助け合いというものはなかった。（その後、妻は自宅を退去した）」

「妻は、妻にとって夫との結婚生活は、妻自身の感情や望みは押し殺して、趣味を楽しむことも許されず、ひたすら夫の意を迎えることのみに心をくだく生活であったと、…（中略）…主張（する一方）、夫は、妻主張の事実の殆（ほとん）どについて逐一否定し、離婚理由は存在しないと縷々主張（する）。」

　一審の裁判所は、以上のような事実を前提に、以下のような判断をしました。

「（妻が）手術を重ねていき体力が衰えていく中での妻の心境、これに対する夫の理解、対応が問題である。
　夫が妻に対し暴力を振るったり、不貞行為に及んだりしていないことは前記のとおりである。しかし、夫は、自分は会社の仕事に全力を注ぐから、妻…は家庭でそれを支えるべきである、これは普通の考えであるとして妻に接し、これに応じた妻の行動を求めてきたものであるところ、妻はその様な考えを当然と受け入れることができず、夫の右考えに基づく行動に同調できず、特に幾度となく入院手術を受けることで体力が衰え、障害を抱えた身体では家事を十分にこなすこともできないと思うようになり、また、そのような妻の状態に十分な配慮をしてくれない夫と共に暮らしていく意思を失っていってしまったものである。」

「（一審の裁判が終わった時点で）家庭内別居が始まってから７年、妻が自宅を出て別居してから１年近くが経過している。その間には家庭裁判所での調停もあった。しかしながら、離婚を求めている妻はもちろんのこと、これに反対している夫も夫婦関係を修復するための行動を取ろうとしてこなかった。
　以上によれば、現時点において、妻は夫との婚姻継続意思を完全に喪失しているといわざるを得ず、今後夫婦関係が修復する見込みはなく、もはや、妻と夫との婚姻を継続しがたい事情があるというほかない。」

だからこの夫婦は離婚すべきだ。
　当事者が主張した事実や、裁判所の目から見える事実をそのままに、ストレートに評価した、きわめて健全な判断というほかありません。
　ところが、高等裁判所の裁判官たちの判断は、同じ事実、同じ証拠を見ているはずなのに、全く違いました（東京高等裁判所2001年1月18日付判決）。高裁判決は、一審が認定した上記事実に対して、以下のような評価をしたのです。

「妻と夫の長年にわたる婚姻生活にかかる前記の事情を見ても、夫には、妻の立場を思いやるという心遣いに欠ける面があったことは否定できないものの、格別に婚姻関係を破綻させるような行為があったわけではない。妻と夫の関係が通常の夫婦と著しく異なっているわけでもない。」

「夫は相応の社会的経験を有し、社会の良識に従った対応が期待できるものと思われる。この訴訟の結果を受けて、今一度、長年にわたって形成されてきた婚姻関係につき再考し、改めるべき点は改め、長男らの協力を得ながら、和合のための努力が試みられるべきである。」

　たしかにこの夫の年代の男性の多くは、いわゆる「明治生まれ」から「昭和ヒトケタ生まれ」世代の親に育てられ、自身が働き盛りのころは高度経済成長期まっただ中で、夫は家庭のことを気にせず外で懸命に働き、妻はこれを献身的に支えるのが当たり前、という価値観を当然のものとしてきたのかもしれません。家庭では「亭主関白」があたりまえで、妻に優しい言葉をかけることは苦手、ということは、一定理解できます。
　しかし、この判決で認定された夫の態度や言動は明らかに、単なる「亭主関白」を超えて、あまりにも冷酷で自己中心的に過ぎ、底意地が悪く、妻を人と思わない、家政婦どころか奴隷のように扱うことを当然視するその思考・行動パターンは明らかに、モラル・ハラスメントの加害者のそれと思われます。
　とりわけ注目すべきは、夫が調停期日において「今後も助け合って生活していきたい」と述べながら、それまでもそれからも、「助け合い」など全くない家庭内別居を続けた上、妻が家を出て行くに任せ、判決に至るまでの間、全く「夫婦関係を修復するための行動を取ろうとしてこなかった」と、一審判決が明確に認定していることです。この、見事なまでの言行不一致を、高裁判決は見て見ぬふり。それどころかこの期に及んで、「和合のための努力」をしろと、当事者に命じているのです。
　しかも呆れたことに、弁護士や裁判官、研究者など司法関係者によるこの高裁判決の評価も分かれており、これを「（一審判決と比較して）思慮深い優れた判決であることは、大方の認めるところであろう」と賞賛する判例評釈すらあるのです（判例タイムズ1100号22ページ）。
　裁判官の人間性や資質がそのまま判決に現れてしまう、ということの恐ろしさを、まざまざと見せつける実例です。

27章 依頼している弁護士が、なんだか信頼できない。

> モラハラ離婚は得意という宣伝文句を信用して依頼したのですが、疑問になってきました。なかなか連絡も取れないし、あまり説明もしてくれないし、質問もしづらくて、私の離婚問題が今どうなってるのかも、よくわかりません。

弁護士の説明義務とは

　20章でお話ししたように、依頼者に対して、丁寧にわかりやすい言葉で、事件の進みぐあいはどうなっているか、裁判は今どういう状況にあるか、見通しはどうかといったことを、ことあるごとに報告をし、説明をする。これは、いうならば弁護士の仕事の中核のひとつです。肝心の依頼者が、自分の依頼している事件が今どのような状況にあるのかわからないなんて論外です。これは自明のことと思うのですが、残念ながら、そのような不満や不信の声を聞くことは少なくありません。できる限り、弁護士選びの段階で見極めたいものです。弁護士に相談する段階で具体的な疑問や不安をしっかり整理しておき、それらに対してどれだけわかりやすく説得的な説明がされたか、よくよく確認しながら、できる限り複数の弁護士と面談したうえで選ぶことが、こうした問題を回避するひとつの有効な方法であろうと思います。

　弁護士の説明の中には、あなたにとって心強いこともあれば、不安や不都合を感じることも多々あることでしょう。弁護士の説明義務とは、依頼者に有利なことも不利なことも全てひっくるめて、依頼者が知る必要のあることを、依頼者がきちんと理解し納得できるように、説明するということです。

ただし、カウンセラーではありません！

　とはいえ、有利なことは何度もくり返し同じことを弁護士に言ってもらって安心したい。不利なことは少しでも否定できる要素を弁護士の口から引き出したい。あるいは、自分の要求は全て正当なんだ、ちゃんと通るんだと断言してもらいたい。このような気持ちから、すでに説明を尽くし、何度聞かれても同じ説明しかできないようなことについて、それでもくり返し、同じことの説明を求められることがあります。あるいは、具体的な質問や相談もないのに、ただ弁護士と会っ

て話したら安心できそうだから時間を作ってほしい、というような要望に接することもしばしばあります。

このような、いわばカウンセリング的な関わりを弁護士に求めたい気持ちは、十二分に理解することができます。とりわけ離婚問題というのは、いわばその人の全生活、全人生がかかっているわけで、漠然とした不安や不安定感を抱えるのがあたりまえです。弁護士としても、できる限りそのような気持ちに寄り添っていたいものです。

しかしそうはいっても、あくまでも弁護士にできるのは、法的な問題の解決です。弁護士が、依頼者の疑問や不安に対して丁寧に回答し説明を尽くすことは、実質的にはカウンセリングに近い機能を持つことはありますが、それはあくまでも副次的な効果に過ぎません。それをくり返し、合理的に必要な範囲を超えて求められても、通常、弁護士に対応しきれるものではありません。心の整理は、必要に応じてカウンセリングなど適切なサポートのもとで、自分自身でしなければならないものです。

この点と、弁護士の説明義務とを混同しないように、どうか注意していただきたいと思います。

まずは、頭の整理と意思疎通

以上を前提に、自分の弁護士の仕事に不満を感じたり、信頼できないと感じたとき、まずは、自分がそう感じる理由を書き出すなどして冷静に検証しましょう。

20章でお話ししたように、現状、弁護士の間でモラル・ハラスメントへの理解が浸透しているとはいい難いのが実情ですので、依頼した弁護士が、相談の時点ではモラル・ハラスメントという言葉すら知らない、ということはある程度やむをえません。が、ひとたび受任したのに、理解しようともしないとか、理解していないのにそのふりをするというのであれば、かなり問題です。モラル・ハラスメントは得意だというから依頼したのに、打ち合わせなどでは「そのくらいのことは、どんな夫婦でもあることじゃないですか」「その程度のことで、『夫が恐い』といわれてもねえ……」「あなたが言うほど、夫が悪いとは思えませんよ」といった発言を連発されている、ぜんぜんわかってもらえない。残念なことに、こんな相談は珍しくもありません。

依頼者の気持ちや意思、置かれていた状況を理解することは、弁護士の仕事の

27章　依頼している弁護士が、なんだか信頼できない。　213

スタート地点ともいえます。それにしっかり努めていれば、それは自ずとモラル・ハラスメントへの理解につながる筋合いです。それを怠る弁護士に、自分の人生の一大事を委ねられるわけがありませんね。

　そのほか、連絡がなかなかつかない、あまり会ってもらえない、説明がわかりにくい、質問にきちんと答えてもらえない、質問したくてもしにくい、仕事が遅いといったことが、弁護士に対する代表的な不満としてよく聞かれます。

　まず電話での連絡がなかなかつかない、というのは、弁護士はいつもたくさんの案件を抱え、打ち合わせや外出で電話に出られないことは非常に多いので、ある程度は仕方ありません。しかし、事務員に折り返し連絡するようことづけているのに、何の連絡も来ない、電話が無理でもメールやＦＡＸすら全く来ない、あなたがメールなどを送って質問などをしているのに返信がない、ということであれば、たいへんに問題です。電話連絡は時間が取れなかったり合わないことがあっても、メールやＦＡＸによる連絡はいつでもできるのですから。

　また面談については、依頼者がそれを希望する場面と、弁護士がそれを必要と考える場面とが一致しないことも多くあります。弁護士が依頼者に説明すべきことの中には、会って話した方がよいものと、メールや手紙によることが適切なものとあります。ですからここでのポイントは、面談をしたいとあなたが弁護士に伝えたときに、それをしない、あるいはできないというならば、その理由をきちんと説明するかどうか、また、あなたが会って話したいと思っていた事柄について、メールやＦＡＸなど他の方法で適切な回答をするかどうかです。

　いずれにしても、弁護士の説明や回答の内容がわかりにくいときには、遠慮なく質問してください。弁護士は必ずしも説明が上手とは限りません。わかりやすく説明しているつもりでも、依頼者には理解しにくいことが多々あります。でも弁護士が説明を尽くそうと努力しているならば、その説明がわかりにくいことに起因する質問に対して、誠実に、丁寧に、根気よく答えようとするものです。

　それをしないならば、冒頭で述べた説明義務を尽くしていないということですから、大いに問題です。いわんや、あなたが質問したいことがあるのに、弁護士の態度が威圧的だったり拒絶的だったりして言いにくい、言えない、などということがあるならば、そんなのは論外というべきです。どうぞいくらでも質問してください、きちんと答えますよという意識が弁護士にあれば、そんな態度にはなりえません（先に触れたようなカウンセリング的なやりとりが続いたときには、しか

たない場合もあるかもしれませんが)。

　他方で、弁護士の仕事が遅い、対応が遅いと感じたときには、少々大目に見ていただきたいと思います。弁護士は常に何十件もの事件を抱えていて、たとえていうならば、いつも締め切りに終われる作家のような状態です。当然ながら、基本的にはその締め切りに近い仕事から順に処理せざるをえません。決して、あなたの仕事をおろそかにしているわけではなく、弁護士なりにきちんと段取りをして仕事をしていますから、これについてはあまり心配しないでください。

　いずれにしても、何か問題を感じたら、できるだけ早く、それを率直に弁護士に伝え、説明や話し合いを求めてください。以上に記したような問題はしばしば、専門家であり第三者である弁護士の感覚と、紛争の渦中にあるあなたの感覚との違いから生じるものです。その場合は、何らかのかたちできちんと意思疎通ができれば、問題は解消するはずです。

　もしも、この意思疎通のための努力（上記のとおり、その方法は面談とは限りませんが、依頼者が「この弁護士で本当にいいのか」と悩むようなレベルの不満や不信を感じている場面においては、面談によるべきことが多いでしょう）すらしないとか、この話し合いの結果、やはりこの弁護士は信頼できない、この人に自分の人生の一大事を委ねたくないと思ったときには、真剣に解任を検討しましょう。

　弁護士との契約は委任契約ですが、これはあなたの一方的な意思によって解消（解任）することができます。ただその場合、すでに支払った着手金は、その契約の内容や解任の理由によっては、一切返還されないこともあります。ですから、たとえば「相手からお金さえ取れるだけ取ってくれればいい」などと割り切れるなら、弁護士のことも割り切って委任を続けるという判断も大切です。

委任契約中のセカンドオピニオン

　弁護士を解任すべきかどうか、悩んだときには、あなたの感じている不満や不信感を、別の弁護士の目で冷静に検証してもらうことも有用です。このようなセカンドオピニオンは、私たちは大いにお勧めしたいと思います。

　この点、弁護士には、「現に他の弁護士が扱っている事件に介入してはならない」という規律があります。要するに、他の弁護士の仕事を不当に横取りするようなことをしてはならないということで、それ自体は当然のことなのですが、この規律に忠実であるあまりに、弁護士の中には、セカンドオピニオンを求められ

ても、「きちんと今の弁護士を解任してから、ご相談に来てください」という対応をする人もまだまだ少なくないようです。

　たしかに、その案件を最もよく理解し、検討し、責任をもって対応しているのは、現にあなたが依頼している弁護士であるはずです。そのような立場にない弁護士に言えることも、踏み込める範囲にも、限界があります。

　しかし、弁護士の目から見て、その弁護士の事務処理や依頼者の対応がおかしいかおかしくないかということについて、依頼者が少しでも手がかりを得る機会はあってしかるべきだと思います。弁護士を解任すべきかどうかの判断はいうまでもなく、あなたにとっては大きな賭けのようなものです。それは上記のとおり大きな経済的負担を伴うばかりか、モラル・ハラスメント加害者を相手にしている場合には、弁護士はいわば防波堤として、加害者による有形無形の攻撃からあなたを守るという役割も担っています。解任してしまったら、一時的にであれ、この防波堤がなくなってしまうかもしれません。それよりなにより、新たにいい弁護士が見つかるとは限りません。信頼できない弁護士であっても、全くいないよりはマシ、払った着手金の分は働いてもらおうと割り切って手続を進めるという選択肢も残しておかなければなりません。こうした判断をするための材料を得る手段として、他の弁護士の意見を聞く機会は、ぜひとも確保されるべきだと思います。

　現状、この点に関する弁護士の考え方は一様ではなく、各人各様の対応がされています。もしも、セカンドオピニオンは一切受け付けません、今の弁護士と縁を切ってから来てくださいと言われたら、その時点でその弁護士とは縁がないものと考えて、他をあたってください。

28章 調停は引き延ばされ、でも生活費はもらえない。

> 夫は調停をひっかき回し、話を混乱させ、時にはドタキャンしたりで、全く話を先に進ませません。それなのに、「勝手に家を出て行ったんだから、おまえには生活費をもらう権利などない。戻ってきたらこれまでどおり食わしてやる」と言い張ります。

とにもかくにも調停を申し立てる

　まず、1日も早く、「離婚成立まで、私と子どもたちの生活費（これを裁判所では「婚姻費用」と呼んでいます）を払え」という調停を申し立ててください。簡単な申立書を書いて、いくらかの印紙と郵便切手などを添えて裁判所に出すだけです。離婚の調停を起こしたときと同じようにすればよいのです。もしも、あなたがこれから離婚の調停を申し立てるならば、必ず、婚姻費用の支払いを求める調停もワンセットで、一緒に申し立ててください【注1】。

　同居中、相手が生計の担い手であったのなら、別居していても、離婚成立までの間は、彼にはそれまでどおり、あなたを扶養する義務があります。あなたには、それを請求する権利があります。権利があるからといって、相手が「払わない」とがんばっている以上は、何もしないでいては、何ももらえません。

　もちろん、調停を申し立てたからといって、すぐに現実に支払いを受けられるわけではありません。しかし申立さえすれば、遅くとも数カ月内には、必ずしも充分とはいい難いものの、一応今の裁判所の運用上「標準」とされる金額で調停が成立するか、審判（裁判所の判断）が確定します。それでも相手が支払わないならば、その給料などからいわば横取り（何度かご説明している「強制執行」です）してでも、支払わせることができます。そんなことをされたら、普通の勤め人にとって、会社に対して体裁が悪いことこの上ありません。それを嫌って、渋々ながらも相手は、裁判所で決まったものは（意図的に数日入金を遅らせるなどばかばかしい嫌がらせをしつつも）支払ってくるのが通常です。

　そして、今の裁判所では、原則的に、裁判所に調停（または審判）を申し立てた時点から、婚姻費用を取る権利が発生するという取り扱いがほぼ定着しています。それはどういうことかというと、婚姻費用を払っていない期間がある場合にも、たまった未払い分のうち、申立の時以降の分しか取れないということです。

これが理論的にも実際的にも妥当かどうかは別として、現実の裁判所の取り扱いがそうである以上、少しでも早い段階から取れるよう、1日も早く調停を申し立ててください。
　なお、申立よりももっと早い時点から弁護士がついていて、その時点で弁護士が内容証明郵便などはっきり証拠に残るかたちで相手に婚姻費用の支払いを請求していた場合、審判では、この時点にまで遡って支払いが命じられることもあります。

払わせることに意味がある

　現在、婚姻費用についても養育費（24章）と同じように、裁判所においてほぼ確立している算定基準があり、あなたと相手の収入[注2]などをもとにほとんど機械的に金額が決まります。それは必ずしも公平とも充分ともいい難い場合が多々あり、早急に全面的に見直されるべきです。その一方で、相手がどんなにごねても、もっともらしい理屈を述べても、裁判所がまともに取り合うことはまずなく、基準のとおりにさっさと決めてくれます。その意味で、この算定基準というのは便利ではあります。たとえ納得のいく金額でなくても、最低限この基準によって算定される金額だけは、できるだけ早い段階から、確実に取りたいものです。
　私たちは、特にモラル・ハラスメント（DV）加害者に対しては、婚姻費用という名目の金銭を毎月確実に支払わせることに、重要な意味があると考えています。加害者は、あなたを逃がしたくない、でも"主人"を裏切って出て行った奴隷に金なんか絶対に払いたくない、と考えています。妻を愛している、戻ってきてほしい、でも妻のための生活費は払いたくない。彼らは、こんな矛盾を矛盾とも思わず、臆面もなく主張します。離婚しない限り、夫は妻を扶養する義務があります。妻を扶養したくないなら、さっさと離婚に応じればよいのです。
　いわんや、夫婦の間にどんな事情があれ、子どもたちには父親に対して扶養せよと求める権利があります。なのに加害者は、子どもに対しても、愛しているとか会いたいと言いながら、妻の元にいるその子のための生活費は頑として払わない、ということを平気でやってのけます。妻の要求に応じて、妻に対してお金を払うのが、彼らは何としてでも嫌なのです。その妻の元に、「愛している」という子どもがいようとも。
　だからこそ問答無用で現実に支払わせるのです。支払わなければ給料から取

る。このこと自体が、彼らに小さからぬ心理的圧迫を与え、多少なりとも離婚を推し進めることにつながると考えています。

姑息で巧妙な引き延ばしの間にも、問答無用で支払わせる

　あなたを何としてでも支配し続けたい加害者は、あらゆる方法で離婚紛争を引き延ばすことがあります。そんなことをしても妻が戻ってくるはずがないのに、ただただ、いつまでも離婚できないという苦痛を引き延ばすことで、あなたに嫌がらせや復讐をしているかのようです。

　調停はそのための格好の舞台です。妻を愛している、子どもを愛している、離婚は待って欲しい、反省すべき点は改めるからやり直してくれと泣き、「うつ」等の心身の不調を訴え、「今の私は、心も体もぼろぼろで、離婚という重大な意思決定のできる状況にはない。これ以上追い詰めないでくれ。すこし時間をくれ」などと言い出す加害者、「夫婦関係を円満に調整してほしい」とか、「妻に同居を命じて欲しい」という内容の調停を起こし返してくる加害者もいます。そんな調停を起こされたところで、現実的な効力は何もありませんから放っておけばいいのですが、解決がぐっと遠のく感は否めません。

　また、言うことをころころ変えたり、欠席やドタキャンをくり返すなどして巧妙に調停を引き延ばされると、私たちも手を焼くことがあります。彼が離婚しないと言い張り続けるとか、欠席やドタキャンを続けるのならば、早々に調停に見切りをつけて裁判に進みますし、裁判所もそれでやむを得ないと考えてくれます。しかしその寸前になって「子どもとの面会交流についてきっちり約束してもらえるなら、離婚を考えてもいい」などと言い出されると、裁判所も、ならばもう少し話し合いを続けましょう、と考えますし、こちらとしても、相手が引き延ばしを狙っている可能性が高いと思いつつも、調停で解決できるのならやはりそれに越したことはないので、ならばあともうひとふんばり、がんばってみましょうかということにもなります。ところが次の期日になると相手は「やっぱり離婚はしない」と言い出す、調停委員の懸命な説得によって「じゃあもう１回、離婚についてよく考えてきます」という格好で話が元に戻る、そして次の期日にはドタキャンされる、裁判所としても話が中途半端なまま終わるのは据わりが悪いから１回くらいは大目に見ることにしてもう１期日……、というようにして、加害者の引き延ばしに振り回されてしまうことは珍しくありません。

その間、婚姻費用だけでも有無を言わさず支払わせ続けることは、あなたの側のせめてもの対抗措置と位置づけることができます【注3】。

加害者の言い分は聞き流して、取るものだけきっちり取る

婚姻費用の話となると、もう100％といっていい加害者が、「妻が勝手に家を出て行ったんだから、生活費をもらう権利などない」云々という主張をします。しかしこの主張が通ることは、100％といっていいほどないといえます。扶養義務というものは、そうそう免れられるものではありません。

婚姻費用を請求する調停も、養育費（24章）と同じように、話し合いができそうになければ、さっさと審判に進み、裁判官が、相手に対して、あなたに毎月○○万円支払いなさい、未払い分の合計○○万円はすぐに一括で支払いなさい、という内容の決定をします。よほどのこと【注4】がない限り、上記の算定基準の枠を出ることはない一方、相手に収入や財産がある限りはゼロ回答ということもありません【注5】。

ここでしっかりご理解いただきたいのは、23章でご説明したように、およそ強制的に金銭を支払わせるためには、必ず、裁判手続（婚姻費用については、調停または審判）が必要だということです。調停や審判という手続で決まったことは、裁判所がきちんとした書類を作ります。この書類によって初めて、強制執行ができるのです。公正証書という例外はありますが、作成には相手の同意と協力が必要ですので、少なくともモラル・ハラスメントの事案においては全く現実的ではありません。公正証書などのために一生懸命になる時間と労力があれば、調停のほうが急がば回れ、ずっと安くて簡単、確実です。婚姻費用の問題だけであれば、上記のとおり定着した基準がありますので、普通はどんなに長くかかっても数カ月で決まります。

単なる口約束はもちろんのこと、どんなに立派な「○○協議書」などの文書があったとしても、それだけでは、強制的に、現実の支払いを受けることはできません。このことはくれぐれも、しっかり押さえておいてください。

【注1】　22章でご説明した離婚の裁判と異なり、婚姻費用などについては、調停をせずにいきなり審判を申し立てることは、制度上は可能です。しかし、このような家庭内の問題は調停で解決した方が望ましいという一般論は離婚と変わりありませんから、審判の前に調停をしましょう（あるいは、しなさい）と、裁判所にはほぼ間違いな

く言われますので、通常は調停から始めます。

【注2】　加害者の給料がいくらなのか全くわからない、給与明細を見せられたこともないという方も珍しくありません。あなたがまだ加害者と住民登録上、同一世帯にいるならば、住民票のある役所へ行って、相手の「所得証明」または「課税証明」（あるいはこれらに類する名称）の書類を取ることができます。これで、少なくとも、相手の申告された年収は判明します。ごく普通の給与所得者であればこれで充分です。自営業の場合、申告された数字が必ずしも実態を反映していない可能性もありますが、最低限これだけの収入はあるという資料にはなります。ただその場合、そこに書いてある数字ではとても生活が成り立つはずがないというほどに、あまりにも実態とかけ離れていると考えられる場合がしばしばあります。そのときには、別途対応を検討しますが、現実的にはなかなか難しいところではあります。

【注3】　めったにないことですが、中には、金に糸目はつけないとばかりに、こちらから請求や調停などをせずとも高額の婚姻費用を支払い続け、それによって支配継続を図ろうとする加害者もいるので厄介です。そのようなときには、慰謝料や財産分与の事前の分割払いだと思って、もらえるだけもらっておこう、というくらいに腹をくくりましょう。

【注4】　よほどのことというのは、たとえば、妻が恋愛に夢中になり、夫（もちろん、夫のほうにも暴力その他の問題がないことが前提）も子どもも捨てて恋人と駆け落ちしたというような例を考えていただければよいと思います。このような場合であれば、妻が夫に婚姻費用を請求することは道徳的に許されないから、認めないと判断される可能性はあります。逆に言えば、これくらいひどい場合でない限りは、婚姻費用を請求する権利はなくならないということとお考えください。

【注5】　たとえば妻子が現に住んでいる住宅の賃料や住宅ローン、光熱費などの生活必需経費を、別居後も夫が負担し続けている場合には、それをそのまま婚姻費用とみる（ただし住宅ローンについては全額とは限りませんが）扱いが一般的です。したがって、その分が、裁判所で決める婚姻費用の金額から差し引かれることはあります。ただそうすると、夫がそれらの支払いを嫌がらせなどから一方的に止めてしまったときに、強制手段のないまま妻がそれらの負担を強いられ、また調停をしなければならないということもありますので、やはりできるだけ、お金のかたちで取ることを目指したいところです。

コラム

ちょっとだけ立ち止まってみよう、熟年離婚

　弁護士に相談に行ったら「離婚してしまっては生活がたいへんだから、とりあえず別居して、ずっと別居したまま夫から生活費（婚姻費用）を取り続けたらどうですか。そうしている間にあなたも働くなりして、少しでもお金をためて、何年後かにまだどうしても離婚したければ、そのときに裁判（調停）をすればいい」というような助言をされた、という相談もしばしば受けます。25章でご説明したように、その別居期間が誰の目にも「破綻」の現れと見えるようにすることこそが肝心なわけですが、それはさておき、このような意味での「別居婚」は、いわゆる熟年離婚をお考えの方にとっては、大いに検討に値する提案ではあります。

　加害者である夫にそれなりの収入や資産があれば、28章でお話しするように生活費（婚姻費用）を取り続けることができます。別居して、加害者から現実に解放され、平穏に生活できているのならば、法的な婚姻関係を続けていても実害は少ないといえましょう。なにがなんでも離婚しようと思わなければ、「破綻」が誰の目にもわかるようにする必要もありません。経済的な心配をすることなく、現実に心穏やかに、自由に暮らせるならばそれでいい、と割り切ることも、ひとつの選択肢です。

　「妻の座」という言葉に象徴されるように、法律上の妻の立場というのは非常に強いものです。男女の平均寿命の差を前提に考えれば、そう遠くないうちに開始するであろう相続や、受給できるであろう遺族年金によって、法律上の妻が受ける利益の大きさは、離婚慰謝料や財産分与・年金分割の比ではありません。

　ただ、この方法は若い方には全く不向きです。30代、40代の方がこれから相続まで別居を続けようと思えば、その期間は通常、30年にも40年にもなります。そうなると、夫婦関係は「破綻」を超えて、完全に「形骸化」しているといわざるをえないでしょう。すると、婚姻費用については、それを支払う側が裁判所に申し立てることによって大きく減額される可能性があります。また遺族年金についても、相手が長いこと別の女性と夫婦同然に生活していた場合には、その女性と権利を取り合わなければならないことにもなります。それだけでもたいへんな苦労でしょうが、その結果、あちらに軍配があがることもあるのです。相続については法律上は全く影響ありませんが、相手にそういう女性がいるときには、相手が遺言をすることによって、その女性に遺産の相当部分を持って行かれてしまう可能性も高まるといえるでしょう（全部を持って行かれることはありませんが）。

　なにより、そういう女性を手に入れたことによって、加害者のほうから、不用になった妻に離婚を求めて調停や裁判をしてくることもあります。たとえ相手が全面的に「有責配偶者」だと認定されたとしても、現在の裁判所の一般的な考え方からすれば、あなたがどんなに抵抗してもいつか必ず離婚は成立しますから、相続以前に「妻の座」を失う可能性はかなり高いといえます。

　それより、これから何十年も続く人生、形ばかりの結婚にしばられる（あるいは、しがみつく）ことなく、新たな幸せに向けて歩みたいものですね。

29章 夫が子どもに会わせろとしつこい。でも絶対に会わせたくない。

> 夫は子どもをかわいがったことなんかないのに、私たちが出て行くや、子どもに会えなくて辛い、会わせてくれと繰り返します。せっかく逃げてきたのに、会わせたら元の木阿弥ではないですか。養育費はなくてもいいから、会わせないようにすることはできないのでしょうか？

この問題、最も手強い相手は裁判所

　離れていても親子は親子。夫婦の別れが親子の別れであってはならない。子どもは親が離婚したって、両方の親から愛情を注がれなければならない。子どもだって、離れて暮らす親に会いたいはず。しかしその願いは、一緒に暮らす親への遠慮などから、なかなか口にすることができないもの。だから、家庭裁判所が、子どもと離れて暮らす親との絆をしっかり維持してやらなければならない。そのためには、定期的に会わせることが絶対にいい。

　今、家庭裁判所はこんな美しい理念と使命感とに、完全に凝り固まっているといっていいでしょう。これが「面会交流」です。DVあるいはモラル・ハラスメントという「暴力」のある離婚において、最も厄介な問題です。

　裁判所の目から見てはっきりした「暴力」がない（証拠がないか、そもそもモラル・ハラスメントの暴力性を全く認識できない）のなら、当事者がそれをどれほど主張しようとも、とにもかくにも「会わせる」という結論は決まりきっています。後でも少し触れるように、よほど子ども自身の抵抗が強いなどの場合は別ですが、あとは、「会わせる」頻度や方法をどういうふうにしたら母子に大きな（もちろん、裁判所の目から見て、大きな）無理や負担になることなく続けられるか、というような話にしかなりません。

　「相手方の真の意図は妻に対する支配あるいは嫌がらせの継続だ。彼は子どものことなんか、全く愛していない。これまでも、おむつひとつ替えたことはない。子どもの前でもおかまいなく私を罵倒したり無視したりして、子どもにも辛い思いをさんざんさせてきた。今だって現に、子どもを愛しているとか心配だとか言いながら、子どもの生活費すら払おうとはしないではないか。せめて子どもの写真を送ってくれとすら、一度たりとも言ったことはないではないか」なんて、いくら訴えたって、裁判所は聞こえないふりをするか、加害者に対して、養育費は

ちゃんと払いましょうね、せめて面会交流問題が解決して実際に会えるようになるまでは子どもさんの写真や動画を送ってもらったらどうですかなどと"助言"するだけ。彼が子どもを本当に愛していれば絶対にしないであろう行動をやってのけ、絶対にするであろう行動をなにひとつしたことがない、それでも、そうならば彼の愛情を育み、責任感を持たせ、父親としてあるべき態度や行動に導くことこそ肝要だ。そんな理想論でもって、今の家庭裁判所は完全に思考停止しているといっていいでしょう。ことこの問題については、裁判所との間でも、まともな、嚙み合った対話は成立しないと覚悟してかからなければなりません。それはまさに、加害者との、あの絶望的なまでに不毛なやりとりを思い起こさせるほどともいえるかもしれません。

子どもも辛い

　もちろん、子どもに対して直接の暴行や暴言などの虐待があったことが、裁判所の目にも明らかな場合や、あなたに対する殴る蹴るという目に見えるはっきりとした「暴力」が子どもの目の前でもくり返されて、保護命令（17章）が出ているような場合、子どもの目の前ですさまじい言葉の暴力がくり返されたことが録音などの証拠によって動かしがたい場合、ある程度の年齢（だいたい小学校高学年以上でしょうか）になっている子が、加害者との同居中の辛い記憶や、今の自分の気持ちなどをきちんと説明できて、そのうえで頑として会いたくないと言い張っているような場合などには、最終的に、会わせずに済む可能性が高いといえます。

　しかしその結論に至るまでの間、裁判所は何とかして会わせられないか懸命に（というよりも、あなたや子ども、時には一緒に暮らすあなたの両親などに対してまで相当な無理と負担を強いて）模索したり、子どもの恐怖心や拒絶感を取り除こうとしつこく働きかけ、説得しようとしたりします。調査官の個性などにもよりますが、そうした働きかけ自体が、子どもにとってどれほど辛いことか。それでも、調査官が最終的には諦めて「当分、直接会わせるのは無理だ」と思ってくれればいいのですが、「子どもは父親に会いたくないと口では言っているが、それは絶対に本心ではありえない」などと頭から決めてかかることもあります。子どもが「会いたくない」と言うとき、たしかにその言葉がどんなに真剣で、どんなに一貫していても、「会いたい」という本心を隠していることがある、そういう一般

論は否定しません。しかし、子どもがどんな働きかけや説得にもかかわらず頑として「会いたくない」と言い通すのは、たとえ心のどこかに「会いたい」という気持ちがあったとしても、それに勝る、何らかの思いがあってこそです。それこそが、子どものそのときの「本心」です。子どもにしてみたら、自分のその「本心」を、子どもなりに一所懸命に言葉を尽くして、真剣に伝えたのに、まるっきりわかってもらえなかったという不信感や絶望感すら感じ、それだけで深く傷つくことでしょう。子どもは成長とともに、父親に対する思いも、それを表現する言葉も態度も、変わっていきます。なぜそれを待ってあげられないのか。

いや、まともな父親であれば、待ってあげよう、しばらくそっとしておこうという気持ちをもって、手続をいったん取りやめるでしょう。そういう気持ちをもてない父親の「会いたい」という思いはいったいなんなのか。そもそもなぜ、子どもはこれほどまでに「会いたくない」と言い続けるのか。そんな疑問符は見て見ぬふりをして、裁判所は否応なく子どもを巻き込んで、手続を進めていく。なんと残酷なことかと思わないではいられません。

ともあれ、裁判所がそんなふうに一所懸命にがんばってがんばってがんばった末、「当分の間、会わせるのは難しいだろう」と諦めてくれることもあります[注1]。しかし、裁判所というところは、子どもの「会いたくない」が本心であろうと認めた上、子どもがそういう思いを抱く理由にも一応の理解を示しながらも、あれやこれや理屈やお題目めいた面会交流の理想論を述べて「年に2回か3回でいいから会わせろ」と命じることもあるのです。それが長い目で見れば子どものためだと。

裁判所とは国家の権力機構のひとつです。つまり、最終的には国家権力をもって、あなたに対して面会交流をさせろと強制する力をもっています[注2]。そういう機関が、こんな美しい理想論に凝り固まって一生懸命になってしまっているのですから、ことはたいへんに厄介です。

嫌がらせの格好の道具

相手がまともな人間ならば、裁判所がそんな状況でも問題はないでしょう。でもあなたの相手は、モラル・ハラスメント加害者です。そんな理想論のあてはまる場面ではありません。あなたは、夫婦の感情的対立だけで、子どもを相手に会わせたくないと言っているのではありませんね。

面会交流をするとなれば、子どもの年齢などにもよりますが、あなたは最低限、定期的に相手と連絡を取り、待ち合わせの日時や場所などを相談し、送迎するなどしなければなりません。そのやりとりからしてまた難儀するだろう、相手の一方的な要求に振り回されるだろう、子どもを相手に渡すときにはまたどんなことを言われるだろう、どんな冷たい目線を突き刺してくるだろう、私のいないところで子どもにまた私の悪口をさんざん吹き込むかもしれない、なによりちゃんと時間を守って子どもを返してくれるのだろうか、などなど、同居中と大して変わらない事態が容易に予想されることでしょう。最悪の場合、あなたも面会交流の場にずっと一緒にいないわけにはいかないかもしれません。

　加害者からすれば、これはいうまでもなく、自分の支配下から逃げてしまったあなたに対して、なおも支配を及ぼし、いじめ続けるための唯一といっていい機会です。すぐに思いつくのは、予定をころころ変えたり、直前になってキャンセルや日程変更をくり返して、あなたを振り回し、ことごとく予定を狂わせ、あるいは予定を立てにくくさせて、生活をかき乱す。あなたの都合などお構いなしに、自分の都合や要求だけを押し通す。あなたがそれに少しでも異を唱えれば、例によって脅し。それはそれはデタラメなものですが、完全に彼の支配から抜けきっていないあなたには、有無を言わせない力を持つことでしょう。いわく、ならば養育費を払わないぞ、とか、面会交流権は法律で保障された父親の権利だ、それを侵害したのだから訴えるぞ、慰謝料を払え、とか、父親に会わせないのは子どもへの虐待だ、裁判に訴えて親権者をこっちに変更してもらうぞ、とか。

　なんとか面会の日を迎え無事に送り出したと思っても、約束の時間になっても帰ってこない。何かしら口実を設けて２時間も３時間も遅らせる。その間あなたからの連絡にもきちんと応えず、あなたをさんざんやきもきさせたあげく、やっと連絡が取れたと思ったら「子どもがまだ帰りたくないと言ってるから今日は泊まらせる」などと一方的に要求する、などなど、子どもを手中に収めた加害者はもう、やりたい放題です。あなたはまさに、子どもを人質に取られたようなもの。

　私たちがこれまでに扱った事案の中でもっともひどかったのは、比較的すんなり調停離婚ができたものの、それと引き替えに、毎月１回の面会交流を合意せざるをえませんでした。案の定というべきか、加害者は、調停では振り込みと決めた養育費を、面会交流のときに手渡しする、それ以外の方法では絶対に渡さないと言って、元妻に子どもたちと必ず一緒に来いと要求したばかりか、その前後

に性交渉を強要し、応じなければこの金は渡さないと脅して従わせ続けたという例がありました。誰の助言も支えもなかった彼女は、同居中とほとんど変わらず加害者に心を支配され続け、彼に逆らえば養育費をもらえない、そうなったら母子の生活が成り立たないとしか考えることができず、彼のどんな理不尽な要求も理不尽と感じることすらできないまま、ただ服従する以外に選択肢はありませんでした。もちろん加害者は、私たちが彼女の代理人に就いて、この性暴力を裁判所に強く訴えたときにも、「彼女はイヤとは言わなかった。合意の上の性交渉だ」と正々堂々と主張し、「離婚しても、自分たちは子どもたちの親としてよきパートナー関係にあった」などとさえ、臆面もなく言ってのけたのでした。彼女がイヤとはいえない状況を自ら作り、逆らうことのできない心理状態に追い込み、きちんと自分の逃げ道は用意して、そうしてくり返す「暴力」。加害者の得意中の得意とするやり口です。

　モラル・ハラスメント（DV）加害者が面会交流を求めてきたときには、まずは心構えとして、加害者の真の意図はあなたに対して嫌がらせ・支配を継続することだという認識をしっかりと持っていなければなりません。調停委員や裁判官が何と言おうとも、その前提を揺るがしてはいけません。そして、裁判所の思考が上記のとおり凝り固まってしまっている現実を踏まえ、最終的には会わせざるをえないということを覚悟した上で、加害者が嫌がらせに利用できないように（あるいは、それを最大限しにくいように）いろいろ工夫をしながら、会わせる方法や条件などを考えていかなければなりません。

　そのためには、家庭裁判所の調停という手続をしないわけにはいきません。加害者はあなたと、まともな話し合いをする気なんか端からありません。家庭裁判所がどんなにノーテンキでも思考停止していても、最低限、仲介者としての機能と、裁判所がいわば間に入っていることで相手の嫌がらせや攻撃が多少なりとも抑えられるという現実的な効果はありますから、それを利用するしかないのです。

調停を起こされたら、逃げてはいけない

　調停はただでさえ面倒なものですが、そんなわけですから、とりわけこの面会交流調停の辛さは、しっかり覚悟しておきましょう。

　でも、なにもわざわざあなたの方から調停を起こす必要はありません。別居や離婚の時点では面会交流について何も取り決めがない、という状態においては、

加害者には面会交流を強制する法律的な手段はありません。上記のとおり、加害者はあらゆるデタラメと脅しでもってこれを強要してきますが、あなたがこれに応じる必要は全くありません。家族や弁護士に守ってもらいましょう。徹底して、裁判所以外の場では、話し合いは一切しません、あなたと関わりません、という態度を貫いてください。

　加害者が（どんな意図であれ）あくまでも面会交流をしようとするならば、家庭裁判所に調停を申し立てる必要があります。あなたはそれを待って、受けて立てばいいのです。

　もちろん、子どもが父親に会いたいと希望しているときには、理屈や法律はさておき、あなたの方からその希望をかなえるように努力することが、親として望ましいとは当然いえるでしょう。ですが通常、加害者相手ではあなた単独でそれを実現することは困難ですし、また苦痛でもありますから、家族の協力や弁護士の援助が必要不可欠です。それが得られないならば、決して無理をすることはありません。

　加害者が調停を起こしてきたときには、必ず受けて立たなければなりません。そしてあなたの言い分を根気よく、しっかり裁判所に伝えなければなりません。そうしないと、加害者が諦めて調停を取り下げない限り、婚姻費用（28章）の問題と同じように、遠からず審判という手続に進み、裁判所が、あなたの言い分を聞かないまま一刀両断的に「これこれの条件で会わせなさい」という決定を出してしまいます。それは通常、月に1回必ず会わせろ、詳細は当事者間で連絡し合って決めなさいという、なんとも無責任で適当で、そして何よりあなたや子どもにとっていろいろな面で非常に負担の大きなものです。くり返しですが、よほどわかりやすい「暴力」が存在し、かつその明確な証拠があるか、加害者がそれを認めているような場合でない限り、裁判官は、そのような「暴力」など存在しないものと扱うと思っておく必要があります。

　だからこそきちんと調停の場において、相手の問題性や、面会交流を実施するにあたってあなたが感じている不安などを丁寧に根気よく説明し、あなたや子どもにとって最大限負担の軽い方法を模索して、何とか話し合いベースで柔軟な解決を目指すことが大切です。

　よほど人間性に問題のある人がそろいもそろって調停委員会（そのメンバーについては22章でご説明しました）を構成しているのでない限り、あなたや子ども

が同居中どんな状況に置かれ、それがどれほど辛かったのかということを、丁寧に説明しさえすれば、「暴力というのはオーバーだと思うけど、たしかにこういう夫ではあなたもしんどかったでしょう」という程度には理解してくれるものです。あなたさえ誠実に調停に臨んでいれば、できる限り母子に負担の少ない条件作りのために努力してくれるのが通常ではあります。しかし当然ながら「必ず一定の頻度で会わせる」という前提が崩れることはまずありませんし、負担が少ないといっても上記のとおり、あくまでも裁判所の目から見て「この程度なら大きな負担にはならないでしょう」というレベルですから、あなたの本当の苦痛や辛さを適切に踏まえたものになることは、ほとんど期待できません。

　他方、加害者はこの調停の席で、涙さえ見せて子煩悩な父親を演じ、調停委員の同情を買おうともするでしょう。彼の同居中の言動や、この離婚紛争中の主張や態度が、その涙とどれほど矛盾していようとも、裁判所はそんなものは一顧だにしないと思っておきましょう。

　現実には多くの場合、あなたが申し立てた離婚調停に、相手が申し立てた面会交流調停が後からくっつくような格好で、離婚問題と面会交流問題がひとつのテーブルで話し合われます。そこでは、理由は何であれ離婚はやむをえないから、その後の面会交流についてはちゃんとしましょうという方向で、裁判所が話し合いを進めようとすることが多いといえます。離婚したくない夫も、継続的で安定的な面会交流の機会さえきちんと保証されるならば、渋々ながらも離婚に同意するだろう、ということは一般論としては大いにいえることです[注3]。ですが、いうまでもなくモラル・ハラスメント（DV）加害者に通用する話ではありません。

　中には、離婚後の面会交流が加害者にとって嫌がらせに利用できるようなものであれば、離婚だけは比較的すんなり成立する例もありますが、そうはさせまいとこちらもがんばるわけですから、なかなかうまくいくものではありません。本来、面会交流について何も決めないまま離婚だけを先に成立させて、その上で改めて面会交流について調停をする、という手順でも全く問題ないはずなのですが、加害者の本意としては離婚そのものに抵抗したいわけですから、「離婚してしまったら、もう子どもに会わせてもらえない、そのための話し合いにも応じてもらえないのではないかと不安だ。信用できない」などともっともらしいことを述べて、きっちり面会交流について決まらないことには離婚には応じないということが多いといえます。面会交流問題はこのように、加害者が離婚に抵抗するための

強力なテコにもなりうるものです。

調停成立、イコール解決ではない

　最近は、面会交流を支援する団体が都市部を中心に活躍していて、日程調整から子どもの受け渡しの代行、面会場所の提供や立ち会いなど、ケースに応じて必要な援助をしています。そのような機関を利用すれば、たとえば時間を守ってもらえるだろうか、とか、面会交流中によからぬことを子どもに言ったりしたりしないか、子どもをきちんと帰してくれるかといった心配は、ほぼしなくてよいといっていいでしょう。

　ただ、ここでも、面会交流礼賛の思想が支配しているのは当然で、担当者らのノーテンキな言葉や"助言"などによって傷ついたり辛い思いをしたという二次被害も、少なからず報告されています。それでも、「相手と直接連絡したり相対したりするよりはマシ」とじっとこらえて、仕方なく利用しているというのが多くの実情です。

　このような団体を利用しない場合には、調停が終わったとたん、裁判所や弁護士という手枷足枷が外れたとばかりに、調停条項をねじ曲げて理不尽な要求をごり押ししたり、子どもにあなたの悪口を執拗に吹き込むなどの攻撃を再開してくる加害者も少なくありません。

　そのようなときには、あなたとしては、約束や最低限のルールをきちんと守れないなら面会交流はもうできませんと突っぱねればいいのです。もちろん加害者は即座に、あなたが一方的に不当に、彼の「面会交流権」を侵害したなどと訴えて、履行勧告[注4]や再調停、場合によっては間接強制という手続（注2を参照）や慰謝料請求の裁判を起こしてくるでしょう。加害者とはここまでしつこいものです。それに備え、加害者のこうした攻撃の証拠は、録音などの動かしようのないかたちでしっかり残しておきましょう。あなたが正当な理由によって面会交流を停止したことが、きちんと裁判所に理解できるようにしておく必要があります。いわば、第2ラウンドの面会交流紛争です。

　また調停か、"裁判沙汰"か、とうんざりするでしょうが、その煩わしさよりも、裁判所（や、あなたの側の弁護士）が関与していることによって、加害者の攻撃が抑えられるという面が大きいと考えてください。

　本当に厄介な問題であり、相手です。辛抱強く、対応していくしかありません。

「学習」はあなた次第

　以上を踏まえてなおも、面会交流をするにあたって、あなたが最も心配することは、モラル・ハラスメント（DV）加害者の言動や思考を子どもが学習する機会になってしまうのではないか、ということではないでしょうか。そのためにこそ、相手と子どもとの接触を断ちたい。多くはその思いが最も強い原動力になって、相手との離別を決意するものでしょう。

　そんな不安はよくわかります。でも、面会交流をしたところで、子どもの全生活の中で、相手と一緒にいる時間はごくわずかです。仮に月に1回という高頻度（といっていいでしょう）で会うことになったとしても、わずか数時間、どんなに長くてもせいぜい1日2日のことです。そんな短時間で学べることなど、知れています。その残りの全ての時間は、子どもはあなたのもとにいるのです。その圧倒的長時間を一緒に過ごす中で、子どもはあなたから多くを学んでいます。たとえ相手から何かを学んでしまったとしても、そんなものは、あなたがすぐに学び落とさせることができます。学んだものは、「学び落とす」ことができるのです。それは、子どもと一緒に暮らす親としてすべき当然の教育といえましょう。世の中には、子どもにとって害になることでも、どうしても避けて通れないものはたくさんあります。相手との接触もそのひとつと位置づけ、割り切って対処していくしかありません。

　もうひとつ、こうしてあなたが毅然としていることで、加害者が、面会交流がもはや、あなたをいじめ続ける道具として利用できないことを理解し、これを投げ捨てるようして、新たにまた別の餌食（いじめる相手）を獲得してしまうことがあります。これはあなたにとっては何より望ましいことですが、子どものほうは父親に会いたいと思っているのに、そんなことは全く意に介さず相手から音信を絶ってしまう、ということも起きます。相手は子どもへの真の愛情ゆえに面会交流を求めていたわけではないのですから、当然といえば当然に生じる事態なのですが、子どもが相手を慕っていた場合には、子どもの心に深い傷を刻んでしまうことでしょう。

　そのケアも、子どもを加害者の毒から守る、あなたの大切な役割です。たいへんな負担です。でもあなたは、そのような父親であるのに、子どもがその父親を慕い続けることができるように、これまで子どもと関わってこられました。それ

はそれは、並々ならぬ努力と忍耐を要したことでしょう。それができたあなたなら、父親の身勝手な行動によって傷ついてしまった子どもの心を適切に手当することも、必ずできるはずです。

　以上の点に関連し、99ページでご紹介したB子さんが、たいへん示唆に富む手紙をくださったことがありました。面会交流問題さえなんとか譲歩すれば、すぐにも離婚が成立するという局面で書かれたものです。以下に一部をご紹介します（原文まま）。

　　「もう、相手方（引用者注・加害者である夫）のことで私が腹を立てたり、振り回されたりするのはやめようと思いました。相手方はどうしようもない人です。普通には相手になりません。そういう人だと思って、私は自分の道を行き、子供達をしっかり育てていこうと思います。
　　今後も面接交渉（引用者注・面会交流と同義）を通じて子供達に不適切なことを言ったり、モラルハラスメント的なことの継続はあり得ると思いますが、その都度、臨機応変に対応して、様子をみていかなくてはいけないんだと思いました。子供達のことは心配ですが、今後はなんとか年3, 4回の面接でとりあえず和解できれば、と思っています。」

　B子さんも、相談に来た当初は、傷つけられ、弱められ、自信を失っていました。しかし、1年ほどの離婚紛争を通じて、加害者の本質をイヤというほど見せつけられる一方で、家族などの支えのもとで自分自身を取り戻し、前向きに一歩一歩自立に向けて歩みながら、このような心境に至ったのでした。

加害者が諦めるまで、終わらない
　このように、たとえ離婚が成立しても、その相手との間に子どもをもうけた以上、その子どもを通じて相手と関わり続けざるをえないことは、覚悟しておく必要があります。
　何より注意していただきたいのは、こと子どもに関する問題においては、ひとたびあなたにとって納得のいく合意や審判に至ったから、それでずっと安心、というものではないということです。養育費（24章）と同じように、面会交流も、本来的には子どもの権利、主役はあくまでも子どもです。そして子どもの成長に

伴い、別居親との好ましい交流のあり方というものは当然に変わっていくものです。その都度、協議や調停が必要です。

仮に、同居中のDVの状況や子どもの年齢その他の事情から、離婚の時点では「当面は、直接会わせなくてもよい」という結論に至ったとしても、子どもが一定の年齢になった段階で、相手が、「そろそろ会わせろ」と協議を申し入れてきたり、調停を起こしてきたりしたときには、あなたはこれにきちんと対応しなければなりません。何度もくり返すとおり、モラル・ハラスメント（DV）の加害者とは直接の話し合いなど無理・ムダなので、現実的な対応としては相手が調停を起こしてくるのを待って受けて立てばよいのですが、そのときには、その時点でどのような交流のあり方が望ましいのか、あるいはこれまでどおり全く会わないことが望ましいのか、きちんと考える必要があります。

要は、どこまで、いつまで、相手が面会交流を利用してあなたを支配し続けようとするか、ということに尽きるわけですが、子どもがだいたい中～高校生くらいになるまでは、あなたがきちんと対応していかなければならないことと、腹をくくる必要があります。それくらいにもなれば、子どもが相手に会いたければ自分で連絡を取って会いに行くでしょうし、どうしても会いたくなければそれを強制することはさすがに不穏当と、裁判所も考えてくれるでしょう。あなたとしては、子どもが相手に会いたいと思ったときに、それを不当に制限したり妨害したりしないということだけを、しっかり意識していればよいのです。

面会交流問題とはこのように、加害者があなたへの嫌がらせに執着し続ける限りは、子どもが相応の年齢になって、面会交流ということが現実的に問題になりにくくなるまでの間、子どもと一緒に暮らす親としてずっと抱え続け、向き合い続けなければならない、大きな負担であり、課題です【注5】。

養育費との関係

さて、養育費さえもらわなければ、面会交流問題は起きないのでしょう、会わせなくてもいいのでしょう、という相談もよく受けます。その背景には、加害者がしばしば、「養育費を払ってやっているんだから、会わせろ」という要求をすることがあるのでしょう。金の力であなたを従わせようとする、同居中と同じやり口です。

しかし、「養育費をもらっているから会わせなければならない」のではありま

せん。会わせることが子どもの幸せのためになるから（絶対にそうだと裁判所が確信しているから）会わせなければならないのです。

　養育費は、面会交流とは全く性質が違います。これは親として子どもに対して当然に負う養育義務（扶養義務）です。会わせる会わせないという話とは関係ありません。会っていようがなかろうが、24章でもお話ししたように、親である以上、問答無用で絶対的に履行しなければならない義務です。

　とりわけ、もしもあなたが相手との同居中、仕事を持たず（させてもらえず）、「誰に食わせてもらってるんだ」というような言葉を日常的に浴びせられていたのであれば、養育費をもらうことにすら申し訳なさを感じ、それだけで、なんでも相手のいうことを聞かなければならないという気持ちにもなってしまうことでしょう。実際にそういう加害者は、わずかな養育費を、まるで恵んでやっているとでもいわんばかりに「ありがたく受け取れ」という態度で払うものですね。恩恵として払ってやってるんだから、俺の要求をきちんと聞け、子どもに会わせろ、というわけです。とんでもない見当違いです。こんなデタラメにはもう、絶対に振り回されないでください。2つの問題は、全く別個の問題です。それどころか、養育費は相手の絶対的な義務であり、子どもに会えようと会えまいと、果たさねばならないものなのです。

　もちろん、ごく普通の健全な人間であれば、「きちんと子どもに会わせてもらっているんだから、養育費もきちんと払おう」「養育費をきちんと払ってくれているんだから、子どもにもきちんと会わせてあげよう」というように、心の中では絡み合い、促進し合う関係にあるとはいえます。しかしこんなキレイなことは、モラル・ハラスメント（DV）とはまさに別世界の話。

　養育費は養育費、面会交流は面会交流、きっちり分けて考えてください。相手の経済力その他の事情から、あえて養育費をもらわずに面会交流だけを根気よく続けているケースもあれば、ひどい「暴力」が裁判所にも理解され、面会交流しないで済んでいるが養育費はしっかり取り続けているケースもあります。それは全く、おかしなことではありません。

【注1】　その場合でも、直接会う代わりに子どもに手紙のやりとりを定期的にしましょうとか、あなたから子どもの写真や動画を定期的に相手に送りましょうとか、そういう話になることもあります。
　　　ただ、手紙という方法であれば、現実的には、子どもに手紙を書くことを強制す

ることはできないので、相手が子ども宛に手紙を書いてきたときにはきちんと受け取って、子どもに対して、それを読むことと、できれば返事を書くことを、母親として適切に促してください、というようなかたちになります。あくまでも「適切に」です。子どもの相手に対する恐怖心や拒絶感があまりにも強いときには（だからこそ、手紙という方法でも仕方ないと裁判所も諦めるわけですが）、そのような手紙が来たことを知っただけで、子どもが動揺することもあるでしょう。またそのような相手は、たいがい、子ども宛の手紙の中であなたを罵ったり、子どもを傷つけたり、混乱させるようなことを平気で書いてくるものです。そのような（ことが想定される）場合に、事前に開封して読んだり、当分の間その手紙を子どもの目に触れないようにするなど、子を監護する親として適切な対応をすべきことは当然です。あなた自身で読むことが苦痛であれば、弁護士や、信頼できる家族などに頼んでもいいのです。

　このように、手紙で仕方ないと裁判所に思ってもらえれば、あなたや子どもの負担は非常に軽く済むことが多いといえます。

　ただこれも、この先ずっとこの方法でよいとされることはまずなく、通常は1年とか3年とか、子どもの年齢などに応じて期間をはっきりさせないと加害者も裁判所も納得しないのが通常です。そしてその後は改めて、面会交流のあり方について協議しなさい、ということになります。そのときにはまた調停を覚悟しなければなりません。

【注2】　強制というのは、あなたに対して、子どもを相手に会わせなさい、そのために必要、あるいは適切な行動をしなさい、ということであって、子どもに対して、父親に会いなさいと強制するものではありません。その強制も、ことがらの性格上、いわば物理的にはできませんから、「裁判所が命じたとおりに面会交流をさせなければ、それまでの間、いくらいくらの金銭を支払え」というように、罰金のようなお金を支払わせるという方法での強制です。これを「間接強制」といいます。

【注3】　正確には、離婚調停中に相手が申し立ててきた面会交流調停は、あくまでも、離婚成立までの間の面会交流のあり方を決める場ですので、離婚成立後のルール作りの場とは、形式的には異なります。「離婚成立までは面会交流をさせたくない」という声もよく聞かれ、その気持ちも充分に理解できるところではありますが、現実に離れて暮らす親子の面会交流は、形式的な離婚の前後を問わず、同じように問題になることです。通常は、離婚調停とセットで面会交流調停が行われている場合には、離婚後を見据えた合意形成を目指したいところですが、当然ながら、DV（モラル・ハラスメント）加害者が相手である以上、そうそう理想どおりにいくものではありません。

【注4】　履行勧告とは、相手が家庭裁判所に申し出て、裁判所からあなたに対して、決められた調停条項のとおりに面会交流を実施するよう促す手続です。それ自体に強制力はありません。相手がこの手続を取ると、通常は、調査官からあなたに、一度会って事情を確認したいというような連絡が来ます。この場で、相手のほうこそ調停で決められた約束を守らなかったのだ、こんな嫌がらせめいた行為もあったのだというようなことを、相応の根拠資料を添えてきちんと説明しましょう。もともと依頼していた弁護士に任せられるなら、それがいいでしょう。弁護士の対応次第では、あなたが裁判所に行かずに済むこともあります。そうしてきちんと対応すれば、裁判所としては、事情は分かりました、相手にも注意しておきますから、ちゃんと面会交流やってください、というような格好で終わらせるほかありません。

【注5】　あなたの再婚によって、子どもに「新しいお父さん」ができるとき、かつては、「新たな家庭の平穏と安定」が何より大事だから、面会交流を停止することもやむをえないという考えも根強くあったようです。しかし面会交流礼賛の嵐が裁判所に吹き

29章　夫が子どもに会わせろとしつこい。でも絶対に会わせたくない。　235

荒れているともいえる現在、「新たな家庭」への配慮という観点から面会交流のあり方を見直すべき場合があることは当然としても、そのことだけで、実の父親に全く会わせなくていい、ということにはまずなりえません。子どもには、実の父親と新たな父親と、どちらもかけがえのないものだから、子どもが日々生活する「新たな家庭」が優先されるとしても、それによって実の父親との絆を断ち切っていいはずがない、というわけです。

30章 どうしても、慰謝料を取りたい。

> 夫には同居中、ほんとうに苦しめられました。離婚にあたり、このことの償いだけは、きちんとさせなければ気が済みません。そうでないと、また理不尽に泣き寝入りするようで、同居中と同じことです。そしたらますます立ち直れなくなりそうです。

離婚慰謝料の現実

「慰謝料」というのは、たとえば交通事故でけがをさせた相手に支払うのと同じ、簡単に言えば他人に何か悪いことをしたことに対する償いのお金です。離婚についていえば、典型的には、浮気などによって他方の配偶者の心を傷つけ、婚姻関係を破綻させる原因を作り、離婚せざるをえなくなった、そのことへの償いとして支払われるものです。この金額について、法律ではなにも決められていません。当事者が話し合いで双方納得する金額が合意できればそれでよいのです。

合意できなければ、裁判をして、判決で決めてもらわざるをえません。その金額は、離婚に至った原因や婚姻期間の長さなどによって、裁判官が裁量で（つまり、適当に）決めるのですが、圧倒的大多数のケースにおいて、おおよそ200万円～500万円の範囲内に収まっているのが現実です。裁判でがんばってもこの程度。現実の裁判では、慰謝料は非常に低く見積もられています。

この数字が、インターネットなどで、離婚慰謝料の「相場」と説明されているのを目にすることがありますが、これには説明が必要です。

というのは、日本では、全ての離婚の約90％が協議離婚、つまり裁判所の外で、話し合いによって、離婚が成立しています。その次に多いのが調停離婚で8～9％前後、更に和解離婚（22章で触れた、離婚の裁判を話し合いで終わらせること）が若干というように、裁判所の中での話し合いによる離婚を合わせると、実に99％ほどが、何らかのかたちで話し合いによって成立しているのです。上記のとおり、話し合いで離婚をする際に慰謝料についても合意ができるならば、その金額はいくらでもかまわないのですし、またその数字はほとんど統計には現れません。99％という圧倒的大多数の離婚における慰謝料の数字がきちんとわからないのに、正確な意味で「相場」など形成されようがないのです。

上記の200～500万円という数字は、残りの1％ほどの話です。その金額が「相

場」などとは、ちょっといい難いですよね。

　もちろん、この数字は、裁判に行く前の協議や調停においても、特に弁護士が関与する場合には、当事者にとって「裁判になったら、これくらいしか取れない」あるいは「これくらいは取られてしまう」というような目安になります。その結果として、判決で認められるであろう金額に近い金額で話し合いがつくことは、裁判所の内外を問わず、たしかに少なくないと思われます。このような意味では、慰謝料には「相場」があるということが、一応いえるかもしれません。

　しかし実際には、話し合いで決める「慰謝料」の金額は多くの場合、当該夫婦の収入状況や生活状況などに大きく左右されるので、数十万円から数千万円まで、まさにケースバイケースです。しかも仮にそれが「慰謝料」という名目であったとしても、必ずしもその全額が、文字どおり「償い」という趣旨とは限りません。共有財産の精算としての財産分与や、当面の扶養（生活援助）、養育費の一括払いなどの趣旨を含むこともありますし、「どうしても離婚したくない」と言い張る相手に離婚を納得させるための、いわゆる「手切金」である場合もあるでしょう。つまり、15章でお話ししたように、裁判所や弁護士が関与するときには「解決金」や「和解金」などと呼ばれる金銭が、裁判所の外では「慰謝料」と呼ばれることも、現実には少なくないと思われます。135ページのコラムでもお話ししたように、有名人の離婚では億単位の「慰謝料」が払われたなどと報道されることもありますね。このような場合など特に、財産分与や「手切金」の趣旨がたぶんに含まれていることと思われます。

　このように、「慰謝料」と一口に言っても、実際にはかなり柔軟に（つまり、曖昧に）処理されていること、そのような柔軟な（曖昧な）解決ができず判決になった場合に認められる金額が非常に低額であることは、しっかり押さえておいてください【注1】。

それでも、どうしても取りたい？

　さて、加害者から逃れ、多少なりとも元気を取り戻したあなたは、加害者に対する怒りや報復感情を強く抱く瞬間があるかもしれません。このまま泣き寝入りでは同居中と同じ、相手の理不尽に屈服させられるだけではないか。たとえ現実にお金を取れなくても、公に事実を明らかにしたい、認めさせたい、そうすることで初めて立ち直れるのだ。そんなふうに思うでしょうか。

無理からぬ思いではありますが、残念ながら、そうした思いは、調停や裁判という司法の枠組みの中で完全に満たせるものではありません。

　加えて、現実に判決で認められる慰謝料は上記のとおり非常に低いうえに、それを勝ち取るまでに要する時間と労力（精神的に傷つき、すり減ることも含みます、22章を改めてご一読ください）を考えると、少なくともモラル・ハラスメントという立証の困難な事案においては、全く見合うとは思われません。

　もちろん、取れる場合にはきちんと取るべき【注2】ですが、しかし、取れないものを無理に取ろうとして、それがために紛争がずるずる長引いてもいいのでしょうか。お金の点さえ諦めれば、あるいはこれだけ譲れば、離婚ができる。親権も争わないという。そうなれば、モラル・ハラスメントからの解放、そしてそういう相手との離婚紛争からの解放は、もう目前です。それは少々のお金にはかえがたい、最も重要な獲得目標ではありませんか。

　慰謝料なんてどうせ大した金額ではない、本来もらえるはずの慰謝料は、「手切金」として相手にくれてやる、それくらいの気持ちで、これからの人生を前向きに生きることこそ、あの理不尽な「暴力」から勇気をもって逃げてきた、あなたにふさわしい選択だと思います。もしもあなたが、金額の問題ではない、相手に責任を認めさせることに意味があるのだ、そうしてこそ本当の被害からの解放なのだ、と思っているとしたら、少し視点を変えてみてください。

　歪んだ自己愛のかたまりのようなモラル・ハラスメント加害者です。彼にとってあなたは人格のないサンドバッグであり、奴隷でした。そのあなたから、ある日突然出て行かれ、離婚せよと要求され、なのに生活費は毎月きっちり持って行かれ、あげく「とにもかくにも早く別れたい」「手切金を払ってでも別れたい」と突きつけられたのです。十二分な意趣返しではありませんか。ちっとも泣き寝入りではないのです。

【注1】　「慰謝料を算定します」などという謳い文句のウェブサイトをたまに見かけますが、それがいかにデタラメか、これでご理解になれることと思います。慰謝料の明確な算定基準や、正確な意味で「相場」と呼びうるものは存在しません。

【注2】　たとえば、体に対する暴行について保護命令（17章）が出ている、録音や録画など客観性の高い証拠がそろっている、加害者が相当程度「暴力」の事実を認めている（そのことの客観性の高い証拠がある）、「暴力」について証拠はないが浮気については動かしがたい証拠がある、などといった場合です。

31章　私のほうが、慰謝料を請求されてしまいました。

> 私が夫に離婚と慰謝料を求めて調停を申し立てたら、夫は自分こそが被害者だと主張して、私に慰謝料を請求してきました。夫の言うことは嘘だらけですが、それを嘘だと証明できるものは何もありません。部分的には事実もあります。でも、私にもちゃんと言い分があるんです。

加害者の反撃

　あなたが加害者に離婚と慰謝料を請求したことに対抗して、加害者が、自分こそ被害者である、離婚の原因はもっぱらあなたにあると主張して、あなたに慰謝料を請求してくることがあります。モラル・ハラスメント（DV）のケースにおいては特に、加害者が引き延ばしや嫌がらせ目的で、調停で慰謝料を求めて頑として譲らなかったり、裁判では離婚と慰謝料を求めて逆に裁判を起こしてきたり（これを「反訴」といいます）、といったことは珍しくありません。

　もちろんその言い分は、全くの嘘や言いがかりの類であったり、事実をベースに巧妙な脚色や歪曲を加えるという得意技を駆使していたり、といったシロモノですが、いずれにしても立証が困難であるために厄介なことが多いのです。

　典型的には、「妻が自分のための食事を用意してくれないから、自分はカップラーメンやコンビニ弁当で済ませていた」という主張。いうまでもなくその実態は、あなたの作った食事を目の前にして、何かしら言いがかりをつけて、あるいはそれすらすることなくただ押し黙り、全身で怒りを顕わにし、これ見よがしにカップラーメンやコンビニ弁当をがっつくという嫌がらせです。これを訴訟の場では、「あなたが夫に対して、夫の食事だけを作らないという嫌がらせをした」との主張にすりかえる。もっと単純なのでは、たとえば「無視」という手口を常用する加害者が、「妻から日常的に無視されていた」と主張する、というような具合です。加害者の常套手段のひとつに、自分自身の問題ある言動などをそっくりそのまま、あなたの問題行動として、自信満々正々堂々と述べ立てるというものがあります。それはまるで、白い物を指して「黒だ」と強弁するかのごとく、しかしその主語さえ変えれば見事なまでに加害者自身について正鵠を射た指摘になるわけですが、これを調停や裁判でも堂々と主張してくるのです。

　まして、たとえばあなたが加害者の執拗な言葉による責め苦をただ黙って耐え

てやり過ごしたことが実際にあるのならば、加害者の「妻に無視された」という主張は部分的には事実を含んでいます。このように加害者は、事実を巧妙に織り交ぜ、それによってそれなりに説得力を持ってしまう嘘を、訴訟でも言いたい放題です。

　また、たとえば、加害者との対話のたびに、心をめちゃくちゃにかき乱され、どうにもこうにも冷静を保てなくなり、しまいにはパニックに陥って泣き叫んでしまう、相手の身体を叩いてしまう、物を投げたり壊したりしてしまう。これは、あの気がおかしくなるほどに絶望的な、「コミュニケーションの暴力」に無防備にさらされたときに、人の心が起こす自然な反応といえるでしょう。加害者の巧妙な挑発や誘導に乗せられた結果ともいえるものですが、こうしたことは第三者には必ずしも理解されるものではなく、加害者が訴訟の場で、あなたこそ「異常なヒステリーだ」「暴力的だ」などと声高に主張すれば、それは相当な説得力を持ってしまいます。なにしろ、その表面的な事象だけは、事実なのですから。実際にご近所などの目には、あなたこそ口うるさいヒステリーな妻と映っていることもあるでしょう。

　このように、加害者の巧みな誘導や演出によってあなたがとんでもない悪妻に仕立て上げられてしまうこともあります。

　あなたの精神的打撃は絶望感にも近いでしょう。反論はできても、多くの場合、立証が困難です。それは裁判所から見れば、「あなたこそ」「おまえこそ」と法廷でもやり合っている、単なる夫婦げんかの延長、単なる性格不調和のちょっとひどいケースという程度にしか見えないかもしれません。

　でも、加害者がどんなに巧みに嘘を言っても事実を歪めても、最も重たいのは事実です。どんなに巧みな嘘にも歪曲にも、必ずその痕跡があります。必ずどこかに、つじつまの合わないところがあるものです。そこを丁寧に拾い出して、加害者の主張が嘘であると説いていくほかありません。

　加害者がここまでの反撃をしてくれば、裁判所の目にも「破綻」は明らかです。また、30章でお話ししたとおり、慰謝料のハードルは高いのです。決して動じることなく、離婚にだけは確実に近づいていると思ってください。

被害者が起こす問題行動
　加害者の嘘や言いがかりの類ではなく、現実に被害者自身が、破綻の原因と

みられるような、慰謝料を請求されても仕方ないと考えられるような行動をしてしまっていることがあります。あまりにも辛い結婚生活に疲れきって、他の男性に心の安らぎを求め、関係を持ってしまった（これについては33章で改めて詳しくお話します）、ストレスのあまり心のバランスを崩し、家計を破綻させるような高額の買い物をくり返したり、ギャンブルに夢中になってしまった、など。あなたが長期間にわたりモラル・ハラスメント（DV）被害を受け続け、精神的に追い詰められていたのであれば、こうした行動に至ってしまうのも無理からぬところがあります。ですが、いくら苦しくても、そのときにどういう行動に出るかは、やはりその人がその意思で選ぶことです。あなたがそのような行動を選んだという事実は事実として認め、その結果としての相応の不利益は甘んじて受けなければなりません。

　問題は、どのような不利益が起きうるかです。

　いうまでもなく加害者にとってはこれ以上ない、絶好の攻撃材料です。なにしろ、事実なのですから。

　まず、加害者が「あなたは離婚の原因を作った『有責配偶者』だ。だから、あなたの側からの離婚請求は認められない。婚姻関係は継続すべきだ」と主張したとしても、15章で詳しく説明したとおり、まともにつきあう必要はありません。加害者としては、最終的には、こっちこそ離婚を請求する、しかし、おまえの浮気や浪費が原因だから慰謝料を請求する、というかたちに収まるほかありません。

　ここで何よりも大切なことは、あなただけでなく加害者も、こうして裁判で離婚を求めているということです。つまり、その原因が何であれ、あなた方夫婦が完全に「破綻」していることは、どんな裁判官の目にも明らかです。それでもなお「やりなおせ」と言う裁判官は、いまどき、まずいません。離婚成立だけは固い、と思いましょう。

　あなたとしては、どんな原因であっても、加害者と別れることができればそれでいいという気持ちをしっかり持ち続けることが大切です【注1】。

　慰謝料については、あなたの言い分を誠実に丁寧に裁判所に伝え、理解を得る努力は尽くすべきことは当然ですが、残念ながらその努力が実るとは限りません。相手の主張が完全な嘘や言いがかりの類ならばともかく、あなたが現実に上記のような不貞その他の有責的な行動をしてしまったときには、あなたが多少なりとも慰謝料を払うことは覚悟しておかなければなりません。場合によっては、「手

切金」を支払うことで離婚紛争を早く終わらせることを考えるべきこともあるでしょう。そのことで、あなたの心がまた大きく傷つくかもしれません。経済的な負担も重くのしかかるかもしれません。

　それでも、加害者と別れられれば、それでいいではありませんか。

【注1】　親権を加害者が争う場合に、こうした行動を「あなたは親権者としてふさわしくない」という根拠として主張してくることもあります。モラル・ハラスメント加害者のこの種の主張が合理的であることはまずないといっていいので、冷静に淡々と対応しましょう。親権者を決めるときの考え方については、13章で解説しています。

32章　預貯金、財形、へそくり、家、車……、私の取り分は？

> 夫の名義の財産は、全て夫のものになってしまうのでしょうか？　これからの生活があるので、正当な取り分があるなら、きちんと取りたいです。

夫婦の財産は２人のもの

「誰に食わせてもらってると思ってるんだ」「俺と同じだけ稼いでからものを言え」等々、あなたを支配するため夫はさんざんこんな言葉を浴びせ続けたことでしょう。そんな夫は、離婚の場面においても、自分が稼いだ金で作った蓄えは全部自分のものだと言い張ります。こんなのはもちろん、例によって完全に見当違いです。

夫婦が一緒に暮らし生計をともにするということは、当然ながら２人が役割分担しながら助け合って生活するということです。典型的には、夫が外で働いて生活費を稼ぎ、家事や育児を妻が担うという夫婦において、夫は、人が生活する以上絶対に避けては通れない家事や、育児という重労働から解放（あるいはその負担を大きく軽減）されるからこそ、外で働くことに専念できます。妻が自分で直接給料をもらうことはなくても、妻のこうした家事育児という貢献あってこそ夫は給料を持って帰ることができるのですから、その給料がまるまる全部夫のもの、というのは、法律とか理屈とかはさておいたとしても、なんとなくおかしいと感じられませんか。

「内助の功」という言葉とともに、このような考え方が世の中に浸透しつつあるとは思いますが、まだまだ、「金を稼いでいる方が偉い」「自分で稼いだお金は全部自分のもの」「妻子は食わせてやっている」といった意識を強く持つ男性はたくさんいることでしょう。また主婦のほうでも、そのような意識から解放されず、「自分に稼ぎがない」ことに強い負い目や引け目を感じる人が少なくないようです。特に、冒頭のような言葉を日々浴びせられ続けたあなたならばなおのこと。ある種の力（この場合は経済力。より正確には、現実に「稼いでいる」という事実）を背景にして、大きな声で自信満々、正々堂々と発せられる言葉は、それがどんなに荒唐無稽なデタラメであっても、あなたを屈服させる強い力と真実みを持つ

ものです。

　でも、法律の上でも、婚姻中に作られた財産は原則として、その名義にかかわらず2人のもの、という考えが基本と言っていいでしょう。

　夫婦が生活と生計をともにする以上は、直接稼ぐのがどちらであっても、あるいはどちらが多く稼いだのであっても、基本的には「財布はひとつ」です。どちらの名義で作った預貯金でも、夫が会社で積み立てている財形貯蓄の類も、妻のへそくりも、もちろんマイホームや自動車などを買っても、それはみんな2人が協力し合ってこそ形成できた財産といえます。そのため、離婚時の精算という場面においては、それらはすべて共有財産と扱われます[注1]。

　財産分与とは、基本的にはこの共有財産を、できる限り夫婦間に実質的な不公平がないように精算（分配）するものです[注2]。

調停や裁判では

　実際の離婚の調停や裁判では、まずは双方がそれぞれ管理する預貯金その他の財産を一切合切オープンにするところから出発します。それを、財産分与の対象になる共有財産とそうでないものとに、原則として別居時点を基準に、より分けます。そのうえで、その共有財産をどのような割合で分け合うかを決める、という三段階の手順で処理されるのが一般的です。当事者で話し合いができれば話し合いで決め、それができなければ裁判官が決めます。

　裁判官はどうやって決めるかというと、法律には「当事者双方がその協力によって得た財産の額その他一切の事情を考慮して」決めると書いてあります。つまりこれも、裁判官に白紙委任しているようなものですが、基本的には夫婦共有とみられる財産さえきちんと画定できれば、よほど特別な事情（たとえば、夫1人の才覚で株で大もうけしたとか、夫の特別な資格や能力によって特別に高い収入があったというようなこと）がない限り、それを2分の1ずつ分配するのが普通です。

　ただ現実には、双方がそれぞれ自分の管理する財産に関する資料を裁判所に提出しなければ、話は始まりません。加害者が全面的に家計を管理していた場合には、その収支が全面的に明らかにされるとは限りませんし、特に彼が預貯金や投資資産などを隠し持っている（と思われる）場合にも、それが隠し通されてしまい、諦めざるをえないこともしばしばあります。離婚裁判の中で、裁判所の手続を使って調査することは一応可能ではありますが、それにも限界があり、なかなか理

想どおりにはいかないのが現実です。

　また、加害者はここでも、言いたい放題の嘘を言い、必要な資料も出し渋るなどすることが多く、それに振り回されて調停や裁判がなかなか進まないということもあります。

　ともあれ、この財産分与問題をどう処理するか、どこまでがんばって取ろうか、ということはまさにケースバイケースです。相手が持っている（いそうな）共有財産の総額や、自分が守りたいへそくりなどの金額、離婚後の生活設計等々の事情を踏まえ、よくよく弁護士と相談しましょう。

　くり返し指摘しているとおり、お金の問題を諦めさえすれば加害者と別れることができるなら、諦める思い切りも必要なことがあります。取れる見込みの金額にもよりますが、諦めるか、さっさと裁判を起こす（あるいは、和解を諦めて判決をもらう）か、しっかり検討してください。

「扶養的要素」？　「慰謝料的要素」？

　ところで、財産分与については、精算だけでなく、慰謝料を補う意味（慰謝料的要素）や、離婚によって生計維持が困難になる一方配偶者（多くは専業主婦であった妻）に対する当面の扶養的意味（扶養的要素）もあると説明されることがあります。特に、「離婚カウンセラー」や「離婚専門行政書士」などがこれについて解説すると、ほぼ必ず、「精算的要素」に単純に並列的に並べて、「慰謝料的要素」と「扶養的要素」を掲げ、あたかもこれら３つの要素が同じウエイトで考慮されるかのように説明されているのが目につきます。

　しかし、現実の裁判などにおける基本は、上記のとおり「精算」です。たしかに裁判例をみれば、「慰謝料的要素」だとか「扶養的要素」を考慮したとみられる例もありますが、本来、「慰謝料的要素」をいうくらいなら慰謝料は慰謝料としてきちんと認めるのが筋です。あるいは、話し合いベースで名目を曖昧にするならば、「財産分与」よりは「解決金」「和解金」などとするのが一般的です。

　また、「扶養的要素」というのは、長らく専業主婦であった妻は、その間働いてお金を稼ぐことができなかったばかりか、社会人としての経験やキャリアを積む機会を奪われていたともいえるわけですから、離婚後の生活を自力で支えるのは困難です。そのため、せめてこの妻が安定収入を得られるようになるまでは、夫であった者は応分の負担（いわば補償）をすべきという考えです。非常に重要

な問題意識であり、ぜひとも実現すべきではありますが、これについては明確な法的根拠がありません。一応、財産分与において考慮すべき「一切の事情」に含まれると考えられてはいますが、解釈論としては少々行き過ぎのような気がします。きちんと法律で決めることによって、対処すべき問題と思われます。

この点、話し合いベースで解決する限りは、「夫は妻に対し、離婚後○年間、月額○円の生活費を負担する」といった合意がされる例もないではありませんが、これもやはり、モラル・ハラスメント加害者が相手では全くありえない話と考えるべきでしょう。

また、この「扶養的要素」をたぶんに含んだ財産分与が合意される例も少数ながらありますが、その場合にもやはり、「和解金」「解決金」という名目にされるのが一般的です。いずれにしてもこうしたことは、あくまでも調停など話し合いの段階で、支払う側が同意する場合にだけ可能なことです。

話し合いができず、裁判官が決める段階において、裁判官が「扶養的」財産分与を認める例はそれほど多くはありません。それも、かなりケースバイケースの判断がされているのが現実で、あまり一般化してお話しできることでもないように思います。

年金分割

2007年4月から始まった厚生年金等の年金分割制度も、財産分与の一環と位置づけることができます。たとえ妻が専業主婦で、いわゆる「夫の扶養」に入っていたとしても、婚姻中に夫が支払った年金保険料は、妻と共同で支払ったものと考えられますから、その部分に相当する年金の権利は、離婚に際して夫と妻で分け合うのが当然といえば当然です。これも、実際の調停や裁判において、よほど特殊な事情がない限りは均等に分けるという扱いが定着しています。双方がそれぞれ厚生年金等に加入している場合にも、そこに格差があれば、原則として2分の1に均されます。

この制度が始まった当初、これで熟年離婚をしてもその後の生活の心配はないというような喧伝も一部でされていました。しかし、年金制度そのものが危機的状況にあり、実際にもらえる金額もどんどん少なくなっている現状、権利は権利としてきっちり行使すべきは当然としても、この制度に多くを期待することはできないでしょう。

【注1】　これに対して、夫婦がそれぞれ結婚前からもっている預貯金や、相続などによって得た財産など、一方の固有の財産とみられるものは「特有財産」と呼ばれ、基本的には財産分与の対象にはなりません。
　　ただ、その財産を維持できたことについて他方の配偶者が大きく貢献したとみられる場合には、実質的な共有財産として分与の対象になる可能性はあります。典型的には、夫が相続によって取得した賃貸用不動産について、妻が長いこと、賃料の集金や建物の維持管理などを全面的に行っていたことによって、その不動産を適切に維持し、賃料収入を確保してきたというような場合を考えるとわかりやすいでしょう。このようなときには、その不動産や、賃料を蓄えたことによってできた預貯金は、財産分与の対象になる可能性があります。

【注2】　精算である以上、住宅ローンなどのマイナスの財産についても、その名義にかかわらず、離婚後に負担をどう分け合うかということが問題になる場合もあります。しかし、このマイナス財産を財産分与として、厳密に法的に処理するとなると、理論的にとても難しい問題がありますので、裁判官がこれについて平等に負担しなさいという判断をする可能性は非常に低いといえます。あくまでも話し合いベースで決着する場合に限り、問題になるのが普通です。

33章 好きな人がいます。

> 辛い中、心の支えになってくれた男性と、今、お互いまじめな気持ちで交際しています。夫は頑として離婚に応じてくれないので、裁判はこれからですが、やはり私は不利でしょうか？

理屈を言えば……

　たとえ夫との関係が完全に壊れ、長らく別居していても、まだ正式に離婚できていないうちに他の男性と恋愛関係になったり、性交渉を持つことについて、倫理的にどう考えるかは人それぞれであろうと思います。

　たとえ"紙きれ一枚"だけの夫婦であっても、泥沼の離婚紛争中であっても、曲がりなりにも法律上の夫がいる以上、それは人としてやってはならないという考えもありうるところです。

　しかし、倫理と法律とは、必ずしも完全には重なりません。法律で、婚姻外の性交渉が「悪い」と評価されるのは、あくまでもそのために夫婦の関係が壊れたときです。夫婦の一方が他の異性と関係を持ったことによって、他方の心が深く傷つき、夫婦の間で信頼関係が壊れ、円満な夫婦関係を維持することができなくなり、離婚せざるを得なくなった、それが法律的に「悪い」ということです。つまり、相手から慰謝料や離婚を請求されたら、それに応じなければならないということです。

　以上が、法律の一般的な考え方です。

　この理屈を前提にすれば、既に夫婦関係が完全に壊れていて（25章でお話しした「破綻」です）、信頼も愛情も全くなくなっていた状態であれば、他の異性と関係を持っても法律上は何も問題ないということになります。もともと壊れているものは壊すことができないという単純な話です。

　モラル・ハラスメントの場合、加害者の異常な執着心ゆえに離婚がいつまでも成立せず、調停や裁判が長引くことはよくありますし、場合によっては身を隠したまま調停すらできない状態が長く続いていることもあります。このように、夫婦が完全に実態をなくし、戸籍の上だけの関係になって長い時間が経過したようなときには、夫婦関係が完全に「破綻」していることが明らかですから、異性と

関係を持っても、理屈の上では全く問題ありません。

現実には

　しかし、現実にはこのような、夫と完全に別居して離婚紛争が相当深刻化して、夫婦関係が誰の目にも「破綻」した後で、異性との関係が生じ、なおかつそのことの証拠がはっきりしている、というケースはまれです。結婚生活の辛さからひとときの安らぎを求めて関係が生じてしまったとか、別居や離婚で悩んでいるところに支えになる人が現れた、というように、裁判所の目から見れば「破綻」との前後関係が非常に微妙な場合がほとんどです。このような事態そのものは自然なことと思いますが、それが「破綻」の後であることの立証は、通常は非常に困難です。なにしろ「破綻」の認定そのものが、25章で述べたとおり、裁判官の自由心証という名目でその胸先三寸に委ねられてしまっているのですから。裁判官はその時期を、関係が生じた後にずらすことも容易にできてしまいます [注1]。

　ともあれ、関係が生じた時期を問わず、離婚紛争の時点で恋人がいるということが「有利」か「不利」かといったら、「不利」というほかありません。

　加害者からみれば、これは格好の攻撃材料です。離婚に至った責任をあなたに転嫁するばかりでなく、あなたに慰謝料を要求して経済面でもダメージを与えようともするでしょう。さらには「こんなふうに異性関係にだらしない女は親権者としてふさわしくない」などと、言いがかりともいうべき非難もするでしょうし、現実に恋人と会うために子どもを一時保育にでも預けたことがあるならば、「育児をおろそかにして恋愛にうつつを抜かしていた」等と攻撃する格好のネタにもなります。

　現実の裁判においては、まずは、冷静に丁寧に「彼との関係が生じた時点では、夫婦関係はすでに完全に破綻していた」ことの主張立証を尽くします。そしてそれが充分に裁判所の理解を得られないことを覚悟した上で、「その関係が生じるに至ったのは、夫から日常的に有形無形の『暴力』を受け、心身ともに疲弊した末に、逃げ場を求めたのだ」というように、最終的には「不貞」ということで慰謝料を払わざるをえないことを前提に、それを少しでも軽くするため、いわば"情状酌量"を目指すことになるでしょう。

　もしも相手が、「有責配偶者」論を主張したとしても、まともに取り合う必要はないことは、くり返しお話しているとおりです。

いずれにしても、あなたが依頼している弁護士には、この点はきちんと説明して、しっかり理解を得ておきましょう【注2】。

【注1】　世の中の一般的な意識として、女性が夫以外の男性と関係を持つことに対する嫌悪感や倫理的な非難の度合いが、男性の場合よりも強いということがいえると思います。裁判所においても、それは同じと感じます。
　　　　ただこれは、単なるジェンダーバイアスだけでは説明しがたい面もあるように思います。たしかに、女性に対して、より高い性的モラルを要求する風潮はまだまだ強く残っており、それは基本的にはジェンダーバイアスといっていいでしょうが、男女の本来的な肉体的・精神的構造の違いに起因するところも否定できないのではないかと感じます。女性は一般的に、性交渉に精神的な充足を求める度合いが男性よりも遙かに大きいといえるでしょうから、その分、いわば精神的な裏切りの度合いが大きいという意識が、多くの人の心のどこかにあるのではないでしょうか。もちろん、裁判などでこのことが明確に語られることはありませんが、注意したいところではあります。

【注2】　この点の説明を怠っていると、弁護士との信頼関係を大きく揺るがすことにもなり、場合によっては、弁護士に辞任されても文句は言えません。その場合、着手金等が全く返金されないこともありえます。

コラム

「300日問題」って、いったいなんなの？

　夫の「暴力」に耐えかねて家を出たけれど、夫が頑として離婚に応じないためになかなか離婚ができなかった。そんな中で新たなパートナーと巡り会い、子どもを授かった。相前後して、ようやく離婚が成立し、子どもも無事に生まれた。ところがその子の出生届を出しに行くと、父親は前の夫と書かないと受け付けてもらえない。新たなパートナーの子であることは間違いないのに、その人の子どもとして届け出ることができない。その人は認知したくてもできない。窓口の人には、前の夫に連絡を取って、裁判を起こしてもらい、「前の夫の子ではない」という判決をもらってきなさいと言われた。やっと縁が切れた前夫と、また裁判沙汰をしなければならないなんて、嘘でしょう?! やっと心穏やかに暮らせるようになったのに、もう関わりたくないのに。さりとて、そのまま出生届を出さずにいれば、その子を戸籍に載せることができない……。

　こんな問題が、折に触れマスメディアでクローズアップされます。2012年の夏には、まさにこのような事情で「無戸籍」であった若い女性の苦悩を描いたテレビドラマも放送されました。

　なぜこんな問題が起きるかというと、法律で、要するに「離婚成立の日から300日以内に生まれた子は、前の夫の子と推定する」とされているからです。法律でいう「推定」というのは少々難しい理屈ですが、ごくごく簡単に言うと、ちょっとやそっとのことでは「前の夫の子である」という事実をひっくり返すことができない仕組み、と理解してください。

　最近では、生殖医療の進歩に伴い、子どもが親の一方または両方と血縁関係のないことが明らかという状況も生じるようになり、そのことの関係でも問題視されることのある制度です。

　これに対しては、冒頭に述べたような問題が生じることを踏まえ、「専門家」や「識者」と呼ばれる人たち（その中には当然ながら、恥ずかしいことに弁護士もたくさんいます）からも、いろいろな非難がされています。たとえば、これは100年も前にできた法律で、封建的な思想が背景にあって全くの時代錯誤だ、女性が自由にパートナーを選択し子どもをもうけることについて否定的でけしからん、こういう法律が残っているからジェンダーバイアスを助長する、などなど。

　しかし、こうした非難のほとんどは見当外れも甚だしい感情論といわざるをえません。

　なぜこんな法律があるのかというと、それは、法律によって何らかの方法で、生まれた子どもの法律上の父親を、早期にかつ強固に、確定させる必要があるからです。

　法律上の父親とは、いわば子どもを養育（扶養）する絶対的な義務者です。その義務者が誰なのかということは、子どもが生まれてできるだけ早い段階で、なおかつできるだけ揺るぎないように、確定させることが子どもの利益になることは、誰にも理解できることでしょう。これは、子どもを守るための制度なのです。「時代錯誤」になどなりようがありません。ジェンダーバイアスなど、全く関係ありません。

　生まれた子どもの法律上の父親を早期にかつ強固に確定させるために、日本の法律で採られている方法は、要するに以下のようなものです。婚姻中に妻が出産すれば、普通は、その子の父は、その女性の夫である可能性がきわめて高いといえます（それはあくまでも一般的な事実としてそうだということであって、女性の性的自由云々という話とは全く無関係です）。

そこで、法律上も、まず正式に結婚（つまり婚姻届を提出）してから一定期間を経過した後で生まれた子については、真実の父が誰であるかをいちいち詮索することなく、いわばいったん自動的に、夫を法律上の父という立場に置いてしまいます。そしていったん置かれたその法的立場は、容易に覆すことができないようになっています。覆すためには、その法律上の父とされた人自身が、その子が生まれたことを知ってから1年以内に、「自分の子ではない」という裁判をする以外にありません。その裁判ができるのは、その父とされた人（その人がその期間内に亡くなった場合には一定範囲の親族）だけです。その子本人も、真実を誰よりもよく知っているはずの母も、法律的な父子関係を否定する手段はありません。また、その期間を過ぎたらもう誰も、何も言えません。

ただ、結婚してからあまり日をおかずに生まれた子については、一般的にいって、ここまでがっちりと「夫の子」だと法律で決めてかかれるほど、その蓋然性が高いとはいえないので、「婚姻成立後200日以後」という限定が加えられています。つまり、正式に結婚してから200日たたずに生まれた子については、（利害関係がある限りは）誰でもいつでも、調停や裁判によって父子関係を否定することができます。

このあたりの制度の枠組みについては、弁護士であっても正確に理解していない人が少なくないようですから、法律相談の際には注意してください。

他方、離婚後まもなく生まれた子どもについても、その子を妊娠したとみられる時期付近にはまだ夫がいたのならば、あくまでも一般的・抽象的にみてですが、その夫がその子の父である蓋然性が高いといえます。だからこの人についても同じようにがっちりと、法律上の父と扱うのです。その期間は、通常の妊娠期間などに鑑み、離婚後300日以内とされました。この期間は、民法制定当時（今から100年も前）の医療水準などを踏まえて設定されたものですから、この期間の点に限っていえば、たしかに今の社会の実情からみて長すぎるとはいえるでしょう。

ですから、たとえば、「今の医学の力では、概ね妊娠22週を過ぎていれば、早産しても子どもは無事に育つようになった、だから離婚後300日もたって生まれた子を前夫の子と扱うのは不合理だ。それは150日とか、長くても200日とかでもいいはずだ」という批判であれば、充分に可能であり、合理的でしょう。あるいは、「子どもを守るための制度といいながら、その父とされる人以外に誰も裁判を起こせないのはおかしい。最低限、当の子どもは裁判を起こせるようにすべきだ」というような議論も大いにありうるところです。

しかし、このような制度枠組みそれ自体について、時代錯誤であるとか封建的であるなどという非難が、完全に的外れであることはおわかりいただけると思います。たしかに、法律では「嫡出」という、非常に封建的な響きを持つ言葉が使われています。その言葉が、今の時代に合わないから改めるべきという議論ももちろん、ありうるでしょう。それは、単なる用語の問題にすぎません。

また、これは女性は離婚後半年を経過しなければ再婚できないという、「女性に対する不当な差別だ」との悪評高い待婚期間とワンセットの制度です。このことも、上記のような感情的な批判の一因となっているのかもしれません。しかしこの待婚期間にしたって、なにも女性を差別することが目的なわけではありません。もしも女性が離婚後すぐに再婚してしまうと、前の夫との離婚後300日以内で、かつ、新たな夫との婚姻成立後200日以後に子どもが生まれるということが起きえます。そうすると先に説明した法律の枠組みに形式的にあてはめたら、両方の夫の子

253

と「推定」されるという、それはそれで困った事態が生じてしまいます。そういうことを避けるための制度なのです（だから、同じ人と再婚する場合には待婚期間はありません）。これについても、現在の医療水準を踏まえれば100日程度で足りるだろう、といった議論はもちろんされてしかるべきでしょう。

　さて、以上のとおりこの制度そのものが悪者というわけではないのですが、それでも、現実には冒頭に述べたように、前夫との離婚紛争が長引き、その間ずっと離婚同然の状態にあるというときに、新たなパートナーとの間で生まれた子の戸籍に関して困った事態が生じています。たしかに、長らく事実上の離婚状態が続いていたから前夫の子では絶対にありえないということを、出生届を受け付ける窓口の人が間違いなく確認するのは、困難なこともあるかもしれません（前夫がたまたまその間ずっと刑務所に入っていたというような事情でもない限り）。だから、一律に、離婚成立日・子どもの出生日という、公的な書類から明らかな事実のみに基づき取り扱う、というやり方を、一概に不合理であると非難するのはやや酷かもしれません。

　しかし、この問題が大きく取り上げられた2007年以降、法務省はこの一律的な取扱いを若干緩め、離婚後300日以内に生まれた子でも、妊娠したのが離婚成立後であることを医師が証明した場合には、前夫を父としない出生届を受理することにしました。このような場合には、前夫がその子の父である可能性はむしろ非常に低いわけで、この法律を適用する前提を欠くと考えられるからです。なおかつ、離婚後の妊娠であることは今の医学では証明が比較的容易で、出生届の窓口ではその証明書類1枚で確認できることだからです。

　これをもっと押し進め、妊娠と離婚の先後関係を問わず、事実上の離婚状態が長らく続いているという場合も、そのことを窓口で証明する手段は別途慎重に検討する必要はありましょうが、前夫を父としない出生届を受理すべきことは明らかと思われます。

34章 （あとがきにかえて）離婚はできたけれど……

> やはり母子家庭の生活は楽ではなく、低賃金で働き通しの日々に心身ともに疲れています。いっそ死んでしまいたいと思うほど落ち込んだり、不意に元夫へ怒りがこみあげてきて、感情がコントロールできなくなったりすることもあって、精神的にもまだまだ辛いです。

　弁護士として駆け出しのころ、何件目かに経験した離婚事件で、軽く驚いたことがありました。離婚調停が成立したときに、「今この瞬間に離婚が成立しましたよ。おめでとうございます」と伝えたときのご本人の笑顔の、なんてきれいに輝いていること！　まるで花嫁さんの笑顔だな、と甚だ場違いなことを考えてしまったものです。以来私たちは、こんな笑顔をたくさんの方から見せていただいています。

　その笑顔のまま、心穏やかに暮らしている母子もおられれば、新たなパートナーと巡り会い、幸せな家庭を築いた方もおられる一方、生活に追われ、結婚中に傷つけられた心を抱えたまま、以前とはまた別の苦労を余儀なくされているという方もおられることでしょう。そうなると、つい、他人の「普通の家庭」がまぶしく映りもしますよね。いいときもあったなあ、楽しいことが全くなかったわけじゃない、などと結婚生活を振り返り、離婚したことを後悔する瞬間もあるかもしれません。他人の幸せを妬む気持ちや、元夫に対するやり場のない、しかし途方もない怒り。あらゆる負の感情に押しつぶされそうになることもあるでしょう。

　あの辛い結婚生活であなたは、どんなに痛くても苦しくても、そう感じないように自分の感覚や感情を押し殺して暮らしていました。98ページでご紹介したＡ子さんがかつて抱いた、「心を持たないロボットになりたい」という願いは、きっとあなたも同じように抱いたものでしょう。

　今あなたが、日々のあれこれを辛いとか苦しいと感じるのは、心が正常な働きを取り戻したからです。辛いことをそのまま辛いと感じ、痛いと感じることができている、それはあなたの心が順調に健康を取り戻そうとしている印です。そのことを認め、そうして立ち直ろうとしている自分をいたわってあげてください。無理に前向きになろうとは思わず、後悔したり人をうらやんだり、自分の心の求めるまま、気が済むまで、後ろ向きになってもいいのだと思います。思いっきり

泣いた後にはすっきりするように、その後で、また笑顔を取り戻せる日がきっと来るはずです。

　日々の暮らしが楽でないことを辛いと思ったときには、98ページでご紹介した方々が、あなたを応援していると思いましょう。そのためにこそ、その貴重な体験を本書に寄せてくださったのです。

　また、どうしてあの人はあんな人格になってしまったんだろう、私はどうしてあげたらよかったんだろう、そんなことも考えないではいられないでしょう。でも、とことん考えた後は、そんなことはもうどうでもいいと思える自分を目指しましょう。今のこの、自由で穏やかな暮らしを大事にしようとだけ、考えられるように。

　そうして心を手当てするのにも、1人でがんばろうとはせず、家族や友人に愚痴を聞いてもらうなど、周囲の人に助けてもらってください。あなたがこれまでまじめに誠実に生きてきたのなら、あなたが本当に苦しいとき、助けてくれる人は、あなたの周りに必ずいるはずです。

　また、カウンセリングなど、専門家の適切なサポートを受けてください。

　被害にあった心が、適切に手当てされないままでいると、かつて被害者であった人が、加害者から学んだモラル・ハラスメントの手法を受け継いで、今度は他の人に加害行為をするということも起きます。そうして、自分の満たされない思い、癒されない心をなんとか手当てしようとしているかのように。そんなことで、本当にはなにも満たされないし、癒されるはずもないのですが、そんなことにすら気づけなくなってしまいます。

　この本をお読みくださったあなたが、そんな不幸な「連鎖」を引き起こすことなく、いつかきっと、穏やかな幸せを手に入れることができますように。私たちはそのことを、心から願っています。

参考文献一覧

本文に引用したものも含め、本書を執筆するにあたり、参考にさせていただいた文献で、本書をお読みになった方にもぜひお薦めしたいものを以下に掲げます（出版年月日順）。

モラル・ハラスメント―人を傷つけずにはいられない	マリー＝フランス イルゴイエンス（著）高野 優（訳）	紀伊國屋書店	（1999/12）
なぜ男は暴力を選ぶのか―ドメスティック・バイオレンス理解の初歩	沼崎 一郎（著）	かもがわ出版	（2002/11/1）
夫の言葉にグサリときたら読む本	パトリシア エバンス（著）、水沢 都加佐（訳）	PHP研究所	（2004/4）
ドメスティック・バイオレンス 新版―男性加害者の暴力克服の試み	草柳 和之（著）	岩波書店 新版	（2004/7/6）
DVにさらされる子どもたち―加害者としての親が家族機能に及ぼす影響	ランディ バンクロフト, ジェイ・G. シルバーマン（著），幾島 幸子（訳）	金剛出版	（2004/7/15）
Q&A モラル・ハラスメント	橋本 智子, 谷本 惠美 ほか（著）	明石書店	（2007/11/30）
愛は傷つけない―DV・モラハラ・熟年離婚 自立に向けてのガイドブック	ノーラ コーリ（著）	梨の木舎	（2008/06）
それ、恋愛じゃなくてDVです	瀧田 信之（著）	WAVE出版	（2009/3/23）
カウンセラーが語る モラルハラスメント：人生を自分の手に取りもどすためにできること	谷本 惠美（著）	晶文社	（2012/8/3）
モラル・ハラスメントの心理構造～見せかけの愛で他人を苦しめる人～	加藤 諦三（著）	大和書房	（2013/6/6）
夫からのモラル・ハラスメント 愛する人からの精神的イジメ 苦しいのはあなた一人じゃない	まっち～（著）	河出書房新社	（2014/4/14）

各弁護士会が運営する法律相談センター

　弁護士会は、各都道府県庁所在地（北海道には4か所）にあります。原則的に予約制ですので、まずは電話にて、相談に対応している日時や場所、相談料（だいたいは30分につき5,000円（税別）です）などをお問い合わせになり、予約を入れたうえでご相談ください。相談時間が30分以内というように短く限定されていることが多いので、事前に、ご相談の概要や質問事項をメモなどにしてご用意になると、効率よく法律相談を進めることができます。

　このほか、各市区町村役所でも週に1～2回程度、弁護士による法律相談を行っているところが多くありますので、こちらもご利用ください。日時等については各自治体にお問い合わせください。

　以下の情報は全て、2013年10月時点の各弁護士会のホームページによります。

■札幌弁護士会　http://www.satsuben.or.jp/
札幌市中央区北1条西10丁目札幌弁護士会館2F
予約受付　011-281-7730（平日9:00～12:00/13:00～16:00）
相談日時　月～金 13:00～16:00（夜間相談は水曜17:00～19:00）

❖札幌弁護士会管内の法律相談センター
・新さっぽろ法律相談センター（厚別区）011-896-8373
・中空知法律相談センター（滝川市）0125-22-8473
・南空知法律相談センター（岩見沢市）0126-33-8373
・おたる法律相談センター（小樽市）0134-23-8473
・むろらん法律相談センター（室蘭市）0143-47-8373
・苫小牧法律相談センター（苫小牧市）0144-35-8373
・しりべし弁護士相談センター（岩内郡）0135-62-8373
・ひだか弁護士相談センター（日高郡、浦河）0146-42-8373

■函館弁護士会　http://www2.plala.or.jp/hakoben/
函館市上新川町1番3号　函館弁護士会館
予約受付　0138-41-0232
相談日時　月・木 13:00～

❖函館弁護士会管内の法律相談センター
※予約受付 0138-41-0232
・ひやま法律相談センター（檜山郡）
・八雲法律相談センター（二海郡）

■旭川弁護士会　http://potato2.hokkai.net/%7Ekyokuben/
旭川市花咲町4丁目　旭川弁護士会館
予約受付　0166-51-9527
相談日時　火 16:00～19:00

❖旭川弁護士会管内の法律相談センター
・稚内法律相談センター（稚内市）0166-51-9527

■釧路弁護士会　http://www.946jp.com/ben54/
釧路市柏木町4番3号釧路弁護士会館
予約受付　0154-41-3444（平日 09:00～17:00）
相談日時　木 16:00～19:00

❖釧路弁護士会管内の法律相談センター
※予約受付 0154-41-3444
・帯広法律相談センター（帯広市）
・根室法律相談センター（根室市）
・網走法律相談センター（網走市南）
・北見法律相談センター（北見市）

■青森県弁護士会　http://www.ao-ben.jp/
青森市長島1-3-1日本赤十字社青森県支部ビル5階
　青森県弁護士会
予約受付　017-777-7285（平日 09:00～16:30）

❖青森弁護士会管内の法律相談センター
・八戸法律相談センター（八戸市）0178-22-8823
・十和田法律相談センター（十和田市）017-777-7285
・西北五法律相談センター（五所川原市）017-777-7285
・むつ下北法律相談センター（むつ市）017-777-7285

■岩手弁護士会　http://www32.ocn.ne.jp/%7Eiwate_ba/
盛岡市大通1-2-1 岩手県産業会館本館（サンビル）2階　岩手弁護士会
予約受付　019-623-5005
相談日時　月～金 10:00～15:00

❖岩手弁護士会管内の法律相談センター
※予約受付 019-623-5005
・盛岡市役所無料法律相談（盛岡市）
・北上・花巻法律相談センター（北上市）

■仙台弁護士会　http://www.senben.org/
仙台市青葉区一番町2-9-18　仙台弁護士会館
予約受付　022-223-7811
相談日時　月～金 10:00～15:00

❖仙台弁護士会管内の法律相談センター
・古川法律相談センター（大崎市）022-223-7811/0229-22-4611
・三陸岸法律相談センター（気仙沼市）022-223-7811/0226-22-8222
・登米法律相談センター（登米市）022-223-7811/0220-52-2348
・県南法律相談センター（大河原町）022-223-7811/0224-52-5898
・石巻法律相談センター（石巻市）022-223-7811/0225-23-5451

■秋田弁護士会　http://akiben.jp/
秋田市山王6-2-7　秋田弁護士会館
予約受付　018-896-5599(平日 9:00 〜 17:00)
相談日時　月〜金 13:00 〜 16:00（要問い合わせ）

❖秋田弁護士会管内の法律相談センター
※予約受付 018-896-5599
・能代法律相談センター (能代市)
・大仙法律相談センター（大仙市）
・湯沢法律相談センター（湯沢市）

■山形県弁護士会　http://www.yamaben.or.jp/
山形市七日町 2-7-10　NANA BEANS 8 階　山形県弁護士会
予約受付　023-635-3648（平日（水曜以外）9:00 〜 17:00、水 9:00 〜 18:30）
相談日時　月・木 15:00 〜 17:00、火・金 14:00 〜 17:00、水 17:00 〜 19:00

❖山形県弁護士会管内の法律相談センター
※予約受付 023-635-3648
・鶴岡法律相談センター（鶴岡市）
・酒田法律相談センター（酒田市）
・新庄法律相談センター（新庄市）
・米沢法律相談センター（米沢市）

■福島県弁護士会　http://business3.plala.or.jp/fba/index.html
福島県福島市山下町 4-24 福島県弁護士会館
予約受付　024-536-2710
相談日時　月〜金

❖福島県弁護士会管内の法律相談センター
・郡山法律相談センター 024-936-4515
・いわき法律相談センター 0246-22-1320
・会津若松法律相談センター 0242-27-0264
・白河法律相談センター 0248-22-3381
・相馬法律相談センター 0244-36-4789

■茨城県弁護士会　http://www.ibaben.or.jp
水戸市大町 2-2-75 茨城県弁護士会館 2 階
予約受付　029-227-1133（平日 13:00 〜 16:00）
相談日時　月〜金 13:00 〜 16:00

❖茨城県弁護士会管内の法律相談センター
・土浦相談センター（土浦市）029-875-3349
・下妻相談センター　（下妻市）0296-44-2661
・鹿嶋相談センター（鹿嶋市）029-227-1133
・日立相談センター（日立市）029-227-1133
・龍ヶ崎相談センター（竜ヶ崎市）029-875-3349
・守谷相談センター（守谷市）029-875-3349

■栃木県弁護士会　http://www.tochiben.com/
宇都宮市小幡 2-7-13　栃木県弁護士会館
予約受付　028-643-2272（10：30 〜 12：00・13：00 〜 16：30）
相談日時　月〜金（休日除く）13：30 〜 17：00

❖栃木県弁護士会管内の法律相談センター
・大田原商工会議所内（大田原市）028-643-2272
・小山市立生涯学習センター内（小山市）028-643-2272
・栃木商工会議所内（栃木市）028-643-2272
・足利市民会館内（足利市）0284-21-5674

■群馬弁護士会　http://www.gunben.or.jp/
前橋市大手町三丁目 6 番 6 号　群馬弁護士会館　県民法律センター
予約受付　027-234-9321（月〜金 9:00 〜 12：00・13:00 〜 17:00）
相談日時　月〜土 13:00 〜 16:00

❖群馬弁護士会管内の法律相談センター
※予約受付 027-234-9321
・高崎支部（高崎市）
・太田支部（太田市）
・桐生支部（桐生市）
・吾妻支部（吾妻町・長野原町）
・利根・沼田支部（沼田市）
・伊勢崎支部（伊勢崎市）
・館林支部（館林市）

■埼玉弁護士会　http://www.saiben.or.jp/
さいたま市浦和区高砂 4-2-1 浦和高砂パークハウス 1 階　埼玉弁護士会
予約受付　048-710-5666（月〜金 9:00 〜 17:00，土 9:30 〜 11:30）
相談日時　月〜金 10:00 〜・13:00 〜、土 09:30 〜

❖埼玉弁護士会管内の法律相談センター
・大宮そごう地下 3 階西側法律相談コーナー（大宮区）048-710-5666
東京弁護士会・第一東京弁護士会・第二東京弁護士会（東京 3 会）
http://www.horitsu-sodan.jp/

■東京都新宿区四谷 1-4　四谷駅前ビル 2 階　弁護士会四谷法律相談センター
予約受付　03-5367-5280（月〜土　9：30 〜 16：30）
相談日時　月〜土 9：30 〜 16：30

259

❖東京3会管内の法律相談センター
・弁護士会法律相談センター(LC四谷)(新宿区四谷)
　03-5367-5280
・霞が関法律相談センター(千代田区)03-3581-1511
・錦糸町法律相談センター(墨田区)　03-5625-7336
・八王子法律相談センター(八王子市)042-645-4540/042-645-9251
・立川法律相談センター(立川市)　042-548-7790
・家庭法律相談センター(新宿区)　03-5312-5850
・四谷法律相談センター(クレジット・サラ金)03-5214-5152
・神田法律相談センター(クレジット・サラ金)03-5289-8850

❖東京弁護士会
・池袋法律相談センター(豊島区)03-5979-2855
・北千住法律相談センター(足立区)03-5284-5055
・渋谷パブリック法律相談センター(渋谷区)03-5766-8101
・弁護士会蒲田法律相談センター　03-5714-0081

❖第一東京弁護士会
・渋谷法律相談センター(渋谷区)03-5428-5587
・町田法律相談センター　042-727-8700

❖第二東京弁護士会
・新宿法律相談センター(新宿区)03-5312-2818
・東武デパート池袋支店法律コーナー(豊島区)
　03-5951-5426
・西武デパート池袋支店法律コーナー(豊島区)
　03-5949-3187/3188

■千葉県弁護士会　http://www.chiba-ben.or.jp/
千葉市中央区中央4-13-9　千葉県弁護士会館
予約受付　043-227-8954(10:00～11:30・13:00～16:00)
相談日時　月～金午前・午後　夜間、土曜相談は要問合せ

❖千葉県弁護士会管内の法律相談センター
・茂原法律相談センター(茂原市)0475-23-0640
・松戸法律相談センター(松戸市)047-366-6611
・船橋法律相談センター(船橋市)047-437-3634
・銚子法律相談センター(銚子市)043-227-8971
・鴨川法律相談センター(鴨川市)043-227-8972
・成田法律相談センター(成田市)043-227-8984
・佐原法律相談センター(佐原市)043-227-8983
・木更津・袖ヶ浦法律相談センター(木更津市および袖ヶ浦市)043-227-8970
・東金法律相談センター(東金市)0475-23-0640
・館山法律相談センター(館山市)043-227-8972
・八日市場法律相談センター(匝瑳市)0479-72-0271
・市川浦安法律相談センター(市川市)047-396-6884

■横浜弁護士会　http://www.yokoben.or.jp/
横浜市中区日本大通9番地　横浜弁護士会館1階
　関内法律相談センター
予約受付　045-211-7700　月～金9:30～17:00
相談日時　月～金

❖横浜弁護士会管内の法律相談センター
・横浜駅西口法律相談センター(横浜市)045-620-8300
・横浜駅東口法律相談センター(横浜市)045-451-9648
・川崎法律相談センター(川崎市)044-223-1149
・横須賀法律相談センター(横須賀市)046-822-9688
・海老名法律相談センター(海老名市)046-236-5110
・相模原法律相談センター(相模原市)042-776-5200
・小田原法律相談センター(小田原市)0465-24-0017
・みなとみらい法律相談所(横浜市)045-682-5500

■新潟県弁護士会　http://www.niigata-bengo.or.jp/
新潟市中央区学校町1-1　新潟県弁護士会館　新潟相談所
予約受付　025-222-5533（9:00～12:00・13:00～17:00）
相談日時　月～金12:30～17:00

❖新潟県弁護士会管内の法律相談センター
・村上相談所(村上市)025-222-5533
・佐渡相談所(佐渡市)025-222-5533
・三条相談所(三条市)025-222-5533
・長岡相談所(長岡市)0258-86-5533
・上越相談所(上越市)025-222-5533

■山梨県弁護士会　http://www.yama-ben.jp/
甲府市中央1-8-7　山梨県弁護士会弁護士会館
予約受付　055-235-7202
相談日時　午前　火・木10:00～12:00　午後
　月～金13:00～16:00（夜間相談は木曜18:00～20:00）

❖山梨県弁護士会管内の法律相談センター
※予約受付　055-235-7202
・東部法律相談センター(大月市)
・富士五湖法律相談センター(富士吉田市)

■長野県弁護士会　http://nagaben.jp/
長野市妻科432　長野県弁護士会館　長野法律相談センター
予約受付　026-232-2104（月～金　09:30～16:30）
相談日時　月～金曜15:00～18:00

❖長野県弁護士会管内の法律相談センター

・松本法律相談センター（松本市）0263-35-8501
・大町法律相談センター（大町市）0263-35-8501
・諏訪法律相談センター（諏訪市）0266-58-5628
・上田法律相談センター（上田市）0268-27-6049
・佐久法律相談センター（佐久市）0267-78-3901
・飯田法律相談センター（飯田市）0265-48-0664
・伊那法律相談センター（伊那市）0265-98-0088
・女性のための法律相談（長野市）026-232-2104

■静岡県弁護士会　http://s-bengoshikai.com/
静岡市葵区追手町 10-80　静岡県法律会館
予約受付　　問い合わせ：054-252-0008
相談日時　　月〜金 10:00 〜 12:00・13:00 〜 16:00

❖静岡県弁護士会が設置する管内の法律相談センター
・浜松法律相談センター（浜松市）053-455-3009
・沼津法律相談センター（沼津市）055-931-1848
・掛川法律相談センター（掛川市）053-455-3009
・下田法律相談センター（下田市）055-931-1848

■富山県弁護士会　http://www.tomiben.jp/
富山市長柄町 3-4-1　富山県弁護士会館
予約受付　　076-421-4811
相談日時　　火，水，金 13:30 〜 16:00

❖富山県弁護士会管内の法律相談センター
・高岡総合法律センター（高岡市）0766-22-0765
・魚津法律相談センター（魚津市）076-421-4811

■金沢弁護士会　http://www.kanazawa-bengo.com/
金沢市大手町 15-15-3 階　金沢弁護士会
予約受付　　076-221-0242
相談日時　　月〜金曜 13:00 〜 15:30（祝・祭日除く）

❖金沢弁護士会管内の法律相談センター
※相談受付 076-221-0242
・能登法律相談センター（穴水町）
・南加賀法律相談センター（小松市）
・七尾法律相談センター（七尾市）

■福井弁護士会　http://www.fukuben.or.jp/
福井市宝永 4-3-1 三井生命ビル 7 階　福井弁護士会
予約受付　　0776-23-5255　（8:45 〜 17:15）
相談日時　　水 14:00 〜 17:00、無料相談は木・土
　　　　　　10:00 〜 12:00

❖福井弁護士会管内の法律相談センター
※予約受付 0776-23-5255
・丹南法律相談センター（武生市）
・嶺南法律相談センター（敦賀市）

■岐阜県弁護士会　http://www.gifuben.org
岐阜市端詰町 22 番地　岐阜県弁護士会
予約受付　　058-265-0020

相談日時　　月〜金 13:00 〜 16:00、第 1 第 3 土曜
　　　　　　10:00 〜（午前中のみ）

❖岐阜県弁護士会管内の法律相談センター
※予約受付 058-265-0020
・岐阜駅前（岐阜市）
・大垣法律相談センター（大垣市）
・高山法律相談センター（高山市）
・八幡法律相談センター（八幡町）
・みのかも法律相談センター（美濃加茂市）
・多治見法律相談センター（多治見市）
・中津川法律相談センター（中津川市）

■愛知県弁護士会　http://www.aiben.jp/
名古屋市中区名駅 3-22-8　大東海ビル 9 階　名古屋法律相談センター
予約受付　052-565-6110（平日 9:30 〜 20:00/ 土・祝 9:30 〜 17:30）
相談日時　月〜金 19:45 まで　土・日・祝日 17:00 まで

❖愛知県弁護士会管内の法律相談センター
・三の丸法律相談センター（名古屋市）052-203-1651
・岡崎法律相談センター（岡崎市）0564-54-9449
・豊橋法律相談センター（豊橋市）0532-56-4623
・一宮法律相談センター（一宮市）0586-72-8199
・半田法律相談センター（半田市）0569-23-8655
・豊田法律相談センター（豊田市）0564-54-9449
・尾北法律相談センター（犬山市）0586-72-8199
・津島・海部法律相談センター（津島市）0567-23-6811
・新城法律相談センター（新城市）0532-56-4623
・西尾・幡豆法律相談センター (西尾市)　0564-54-9449

■三重弁護士会　http://homepage3.nifty.com/miebar/
津市中央 3-23　三重弁護士会館　津法律相談センター
予約受付　059-222-5957/059-228-2232（平日 09:00 〜 12:00、13:00 〜 17:00）
相談日時　月〜金 13:00 〜 16:00　水曜日 18:00 〜 20:00、第 2, 第 4 土曜日 10:00 〜 12:00

❖三重弁護士会管内の法律相談センター
・四日市法律相談（四日市）059-352-1756
・伊勢法律相談（伊勢市）059-222-5957
・松阪法律相談（松阪市）059-222-5957
・熊野法律相談（熊野市）059-222-5957
・名張法律相談（名張市）059-222-5957

■滋賀弁護士会　http://www.shigaben.or.jp/
大津市梅林 1-3-3　滋賀弁護士会館
予約受付　077-522-3238（月・木・金 09:00 〜 12:00、13:00 〜 17:00　火・水 13:00 〜 17:00）
相談日時　月・木・金 09:30 〜 12:00、13:30 〜 16:00　火・水 13:30 〜 16:00

261

❖滋賀弁護士会管内の法律相談センター
※予約受付 077-522-3238
・彦根・長浜地区の担当弁護士の事務所
・高島相談所（高島市）
・長浜相談所（長浜市）

■京都弁護士会　http://www.kyotoben.or.jp/
京都市中京区富小路通丸太町下ル　京都弁護士会
予約受付　075-231-2378（09:00 〜 12:00、13:00 〜 17:00）
相談日時　月〜金 09:30 〜 12:00、13:00 〜 16:00

❖京都弁護士会管内の法律相談センター
・丹後法律相談センター大宮相談所（京丹後市）0772-68-3080
・丹後法律相談センター宮津相談所（宮津市）0772-68-3080
・舞鶴法律相談センター（舞鶴市）0772-68-3080
・綾部法律相談センター（綾部市）0772-68-3080
・福知山法律相談センター（福知山市）0772-68-3080
・京都駅前法律相談センター（京都市）075-231-2378
・南部法律相談センター京田辺相談所（京田辺市）075-231-2378
・南部法律相談木津相談所（木津川市）075-231-2378
・園部法律相談センター（南丹市）075-231-2378

■大阪弁護士会　http://www.osakaben.or.jp/
大阪市北区西天満 1-12-5　大阪弁護士会館 1 階　市民法律センター
予約受付　06-6364-1248 月〜金（09:00 〜 20:00）、土曜日（10:00 〜 15:30）
相談日時　月〜金 10:15 〜 20:00、土曜日 10:15 〜 15:30、日曜日 13:00 〜 16:00

❖大阪弁護士会管内の法律相談センター
・谷町法律相談センター（大阪市）06-6944-7550
・なんば法律相談センター（大阪市）06-6645-1273
・堺法律相談センター（堺市）072-223-2903
・岸和田法律相談センター（岸和田市）072-433-9391
・南河内法律相談センター（富田林市）06-6364-1248

■兵庫県弁護士会　http://www.hyogoben.or.jp/
神戸市中央区東川崎町１丁目１番３号神戸クリスタルタワー 13 階　兵庫県弁護士会分館内　神戸相談所
予約受付　078-341-1717（平日 9:30 〜 12:00、13:00 〜 16:00）
相談日時　月〜金 10:00 〜 12:00、13:00 〜 16:00

❖兵庫県弁護士会管内の法律相談センター
・尼崎相談所（尼崎市）06-4869-7613
・西播磨相談所（姫路市）079-286-8222
・加古川相談所（加古川市）078-351-1233
・明石相談所（明石市）078-351-1233
・淡路相談所（淡路市）078-351-1233
・北播磨相談所（加東市）078-351-1233
・南たじま相談所（朝来市）078-351-1233
・山崎相談所（宍粟市）078-351-1233
・伊丹相談所（伊丹市）06-4869-7613
・丹波相談所（丹波市，篠山市の弁護士事務所）078-351-1233
・ひまわり基金淡路法律事務所（淡路市）0799-62-0260

■奈良弁護士会　http://www.naben.or.jp/
中南和法律相談センター
予約受付　0742-22-2035（平日 09:30 〜 12:00、13:00 〜 17:00、各相談日の１週間前から）

❖主な相談場所
・五条福祉センター　・桜井市役所　・香芝市役所　・橿原市観光交流センター　・総合福祉会館（大和高田市）　・王寺町地域交流センター　・田原本町役場　上牧町保険福祉センター　・高取町老人福祉センター　・宇陀市役所

■和歌山弁護士会　http://www.wakaben.or.jp/
和歌山市四番丁 5 番地　和歌山弁護士会館 2 階
予約受付 073-422-5005
相談日時　火・水・木 13:00 〜 15：30、第 2・4 土曜 09:30 〜 12:30

❖和歌山弁護士会管内の法律相談センター 073-422-5005
※予約受付 073-422-5005
・御坊・日高常設法律相談所（御坊市）
・紀北法律相談センター（橋本市）
・紀南法律相談センター（那智勝浦町）

■鳥取県弁護士会　http://www.toriben.jp/
鳥取市東町 2-221　鳥取県弁護士会仮会館
予約受付　0857-22-3912(平日 09:00 〜 17:00)
相談日時　土曜　09:30 〜 12:00

❖鳥取県弁護士会管内の法律相談センター
・法律相談センター倉吉（倉吉市）0858-24-0515
・法律相談センター米子（米子市）0859-23-5710

■島根県弁護士会　http://www.shimaben.com/
松江市母衣町 55-4　島根県弁護士会内　松江法律相談センター
予約受付　0852-21-3450
相談日時　火 16:00 〜 18:45

❖島根県弁護士会管内の法律相談センター
・出雲法律相談センター（出雲市）0852-21-3450

・隠岐法律相談センター（隠岐郡）0852-21-3450
・石見法律相談センター（浜田市）0855-22-4514
・石見法律相談センター石西定例相談会（益田市）0855-22-4514
・石見法律相談センター大田定例相談会（大田市）0855-22-4514

■岡山弁護士会　http://www.okaben.or.jp/
岡山市南方1-8-29　岡山弁護士会館
予約受付　086-234-5888（平日9:00～17:00）
相談日時：月～金 9:30～15:20

❖岡山弁護士会管内の法律相談センター
※予約受付 086-234-5888
・夜間法律相談センター（岡山市）
・井笠法律相談センター（笠岡市）
・東備法律相談センター（和気町）
・新見法律相談センター（新見市）
・高梁法律相談センター（高梁市）
・勝英法律相談センター（英田郡）
・津山法律相談センター（津山市）
・倉敷法律相談センター（倉敷市）
・真庭法律相談センター（勝山町）

■広島弁護士会 http://www.hiroben.or.jp/
広島市中区基町6-27　そごうデパート新館6階　紙屋町法律相談センター
予約受付　082-225-1600（火曜を除く 09:30～16:00）
　相談日時　平日（火曜を除く）10:10～16:25、日祝 10:10～17:05

❖広島弁護士会管内の法律相談センター
・ひがし広島法律相談センター（東広島市）082-421-0021
・備北法律相談センター（三次市）0824-64-1008
・呉法律相談センター（呉市）
・法律相談センター福山（福山市）084-973-5900

■山口県弁護士会　http://www.yamaguchikenben.or.jp/
山口市黄金町2-15　山口県弁護士会館　山口法律相談センター
予約受付　0570-064-490

❖山口県弁護士会管内の法律相談センター
※予約受付　0570-064-490
・宇部法律相談センター（宇部市）
・下関法律相談センター（下関市）
・周南地区法律相談センター（周南市）
・岩国法律相談センター（岩国市）
・萩法律相談センター（萩市）
・長門法律相談センター（長門市）

■徳島弁護士会　http://www.tk2.nmt.ne.jp/~tokuben/

徳島市新蔵町1丁目31番地　弁護士会館
予約受付　088-652-5768（9:00～17:00）
相談日時　月～金 13:00～14:30、土 10:00～12:00

■香川県弁護士会　http://www.kaben.jp/guidance/
高松市丸の内2-22　香川県弁護士会館
予約受付　087-822-3693
相談日時　月・水・金 13:00～16:20

■愛媛弁護士会　http://www.ehime-ben.or.jp/
松山市三番町4-8-8　愛媛弁護士会館
　予約受付　089-941-6279
　相談日時　月・金 13:00～16:00　水 18:00～20:00

■高知弁護士会　http://www.kochiben.or.jp/
高知市越前町1-5-7　高知弁護士会館
予約受付　088-822-4867　　10:00～12:00、13:00～16:00
相談日時　月・火・木 13:00～16:00

❖高知弁護士会管内の法律相談センター
※予約受付 088-822-4867
・幡多法律相談センター（四万十市）
・佐川法律相談センター（高岡郡）
・室戸法律相談センター（室戸市）

■福岡県弁護士会　http://www.fben.jp/
予約受付　0570-783-552（ナビダイヤル）

❖福岡県弁護士会管内の法律相談センター
・天神弁護士センター（福岡市）092-741-3208
・博多駅前法律相談センター（福岡市）092-433-8301
・二日市法律相談センター（筑紫野市）092-918-8120
・むなかた弁護士センター（宗像市）0940-34-8266
・いとしま弁護士センター（前原市）092-321-4400
・古賀弁護士センター（古賀市）092-940-4100
・北九州法律相談センター（北九州市）093-561-0360
・折尾法律相談センター（北九州市）093-691-2166
・行橋法律相談センター（行橋市）093-561-0360
・豊前法律相談センター（豊前市）0979-82-5272
・魚町法律相談センター（北九州市）093-551-0026
・久留米法律相談センター（久留米市）0942-30-0144
・うきは法律相談センター（うきは市）0942-30-0144
・八女法律相談センター（八女市）0942-30-0144
・柳川法律相談センター（柳川本町）0942-30-0144
・大牟田法律相談センター（大牟田市）0942-30-0144
・飯塚法律相談センター（飯塚市）0948-28-7555
・直方弁護士センター（直方市）0949-25-0636
・田川弁護士センター（田川市）0947-42-2330

■佐賀県弁護士会 http://www17.ocn.ne.jp/~sagabgsk/soudan/soudan.htm
佐賀県佐賀市中の小路 4-16　佐賀県弁護士会内
予約受付　0952-24-3411
相談日時　月・水・金（14:30～16:30）（第 2、第 4 月曜を除く）

❖佐賀県弁護士会管内の法律相談センター
・鳥栖地区相談センター（鳥栖市）0952-24-3411
・武雄地区相談センター（武雄市）0952-24-3411
・唐津地区相談センター（唐津市）0955-73-2985

■長崎県弁護士会　　http://www.nben.or.jp/
長崎市栄町 1-25 長崎 MS ビル 4F　長崎法律相談センター
予約受付　095-824-3903
相談日時　水・土 13:00～16:00（火曜日無料相談もあり）

❖長崎県弁護士会管内の法律相談センター
・佐世保市相談センター（佐世保市）0956-22-9404
・大村法律相談センター（大村市）095-824-3903

■熊本県弁護士会　　http://www.kumaben.or.jp/
熊本市中央区水道町 1-23　加地ビル 3 階
予約受付　096-325-0009
相談日時　月～土 10：00～12：00、13:00～16:00

❖熊本県弁護士会管内の法律相談センター
※予約受付 096-325-0009
・天草法律相談センター（天草市）
・県南・八代法律相談センター（八代市）
・阿蘇法律相談センター（阿蘇市）
・人吉・球磨法律相談センター（人吉市）
・荒尾・玉名地区法律相談センター（玉名市）
・山鹿・菊池地区法律相談センター（山鹿市）

■大分県弁護士会　　http://www14.plala.or.jp/oitakenben/
大分市中島西 1-3-14　大分県弁護士会
予約受付　097-536-1458（平日 09:00～17:00）
相談日時　月・金 9：30～11:30、月～金 14:00～16:00

❖大分県弁護士会管内の法律相談センター
※予約受付 097-536-1458
・ソレイユ（大分県労働福祉会館）内（大分市）
・杵築・国東・速見法律相談センター（杵築市）
・竹田・豊後大野法律相談センター
・佐伯法律相談センター（佐伯市）
・日田法律相談センター（日田市）
・中津・豊後高田法律相談センター（中津市）

■宮崎県弁護士会　　http://www.miyaben.jp/
宮崎県宮崎市旭 1-8-2　宮崎県弁護士会
予約受付　0985-22-2466
相談日時　月・木・金 13:30～16:30、第 2・4・5 火 13:30～16:30、土 09:30～12:30

■鹿児島県弁護士会　　http://www.kben.jp/
鹿児島市易居町 2-3　鹿児島県弁護士会館内会議室
鹿児島法律相談センター
予約受付　099-226-3765
相談日時　平日 09:30～11:30（月曜日を除く）、13:00～16:00（木曜日を除く）

❖鹿児島県弁護士会管内の法律相談センター
・霧島法律相談センター（霧島市）099-226-3765
・薩摩川内法律相談センター（薩摩川内市）099-226-3765
・鹿屋法律相談センター（鹿屋市）099-226-3765
・奄美法律相談センター（奄美市）0997-52-1111 内線 715

■沖縄弁護士会　　http://www.okinawabar.or.jp/
那覇市松尾 2-2-26-6　沖縄弁護士会館 2 階　法律相談センター那覇
予約受付　098-865-3737（平日 9:00～12:00、13:00～17:00）
相談日時　月～金 10:00～12:00、13:00～15:00（夜間）水 18:00～20:00、第 2、第 4 日曜 10:00～12:00

❖沖縄弁護士会管内の法律相談センター
・法律相談センター沖縄支部（沖縄市）098-934-5722
・名護有料法律相談センター（名護市）0980-52-5559

[著者略歴]

橋本　俊和・智子（はしもと　としかず・ともこ）

弁護士　橋本俊和
　　1972 年 11 月生まれ
　　1996 年 3 月　京都大学法学部卒業
　　2003 年 10 月　弁護士登録（大阪弁護士会）
　　2008 年 1 月　あおば法律事務所開設

弁護士　橋本智子
　　1972 年 10 月生まれ
　　1996 年 3 月　慶應義塾大学法学部卒業
　　2003 年 10 月　弁護士登録（大阪弁護士会）
　　2008 年 1 月　あおば法律事務所開設

モラル・ハラスメント
――こころのDVを乗り越える

2014年7月20日　初版第1刷発行	定価2400円＋税
2015年6月20日　初版第2刷発行	

著　者　橋本俊和・智子 ©
発行者　高須次郎
発行所　緑風出版
　　　　〒113-0033　東京都文京区本郷2-17-5　ツイン壱岐坂
　　　　[電話] 03-3812-9420　[FAX] 03-3812-7262　[郵便振替] 00100-9-30776
　　　　[E-mail] info@ryokufu.com　[URL] http://www.ryokufu.com/

装　幀　斎藤あかね　　　イラスト　大津明美
制　作　R企画　　　　　印　刷　　中央精版印刷・巣鴨美術印刷
製　本　中央精版印刷　　用　紙　　大宝紙業　　　　　　　　　E500

〈検印廃止〉乱丁・落丁は送料小社負担でお取り替えします。
本書の無断複写（コピー）は著作権法上の例外を除き禁じられています。なお、複写など著作物の利用などのお問い合わせは日本出版著作権協会（03-3812-9424）までお願いいたします。

© Printed in Japan　　　　　　　　　　ISBN978-4-8461-1405-3　C0036

◎緑風出版の本

■全国のどの書店でもご購入いただけます。
■店頭にない場合は、なるべく書店を通じてご注文ください。
■表示価格には消費税が加算されます。

メンタルヘルスの労働相談

メンタル・ヘルスケア研究会著

四六判並製
二四四頁
1800円

サービス残業等の長時間労働、成果主義賃金により、職場いじめ、うつ、自殺者などが急増している。本書は、相談者に寄り添い、相談の仕方、会社との交渉、職場復帰、アフターケアなどを具体的に解説。相談マニュアルの決定版。

職場いびり
[アメリカの現場から]

ノア・ダベンポート他著／アカデミックNPO訳

四六判上製
三三六頁
2400円

職場におけるいじめは、不況の中でますます増えてきている。欧米では「モビング」という言葉で、多角的に研究されている。本書は米国の職場いびりによって会社をやめざるをえなかった体験から問題を提議した基本図書。

ひとりでも闘える労働組合読本【三訂増補版】
[リストラ・解雇・倒産の対抗戦法]

プロブレムQ&A

ミドルネット著

A5判変並製
二八〇頁
1900円

リストラ、解雇、倒産に伴う労使間のトラブルは増え続けている。派遣・契約・パートなどの非正規労働者問題を増補。個別労働紛争救済機関新設など改正労働法制に具体的に対応。労働条件の切り下げや解雇・倒産に、どう対処したらいいのか？ひとりでも会社とやり合うための「入門書」。

「解雇・退職」対策ガイド【三訂増補版】
[辞めさせられたとき辞めたいとき]

プロブレムQ&A

金子雅臣・小川浩一・龍井葉二著

A5判変並製
三四四頁
2200円

リストラ、解雇・倒産・配置転換・レイオフ・肩たたきにどう対応すればいいのか？ 労働相談のエキスパートが改正労働基準法を踏まえ、有期雇用問題を増補。解決法を完全ガイド。

転形期の日本労働運動
[ネオ階級社会と勤勉革命]

東京管理職ユニオン編

四六判上製
三二〇頁
2200円

慢性的な不況下、企業の倒産やリストラで失業者は増え続けている。だが、日本の労働運動は組織率が低下し、逆に混迷、無力化しつつある。本書は、一人一人が自立した連合をめざし、今後の展望と運動のありかたを提議した書。